KB233109

생산부문 학습조직, 어떻게 구축할 것인가?

- 생산부문 학습조직의 결정요인 -

생산부문 학습조직, 어떻게 구축할 것인가?

- 생산부문 학습조직의 결정요인 -

정 규 석 · 김 수 원 著

한국학술정보[주]

책머리에

오늘날, 과거의 지식, 리더십, 전략 및 기술로는 내일의 성공을 기대할 수 없다는 것을 많은 수의 조직구성원들이 인식하게 되었다. 계속적인 기업 간의 합병, 급속한 기술변화, 거대한 사회구조의 변화, 그리고 치열해지는 경쟁 등과 같은 환경 속에서 기업이 성공적으로 활동하려면 기업의 학습 능력을 증진시켜야 한다는 것은 이제 명백한 일이 되었다. 따라서 이러한 변화에 부응하여 부단히 자기 쇄신을 추구하는 방법을 학습하는 학습조직은 21세기 지식정보화 사회의 핵심 경영혁신기법인 것이다.

최근 우리나라 기업들은 학습조직의 중요성과 필요성에는 상당히 공감하고 관심을 가지고는 있으나, 실제 현장에서의 학습조직 구축 노력은 아직 미미한 실정이다. 이는 학습조직의 개념이 추상적이고 포괄적이며, 또한 아직은 정형화된 학습조직 구축 방법이나 도구가 없기 때문이라고 볼 수 있다. 또한 이러한 학습조직과 관련된 실증적 연구들은 대부분 서비스업의 관리ㆍ사무직 근로자를 주 대상으로 하는 탐색적, 기술적 연구가 많았고, 제조업과 제조업 내 조직구성원의 다수를 구성하는 생산부문의 근로자를 주 대상으로 하여 생산부문의 특성 및 여건을 고려한 연구는 없었다.

따라서 본 저서에서는 이러한 시각에 입각하여 생산부문의 학습조직과 학습성과와의 관계를 실증적으로 검정하고, 이를 통한 생산부문의 학습조직을 구축하는 데 효과적인 학습조직 요인을 모색하는 데 초점을 두었다.

본 저서에서는 연구의 목적을 달성하기 위하여 문헌연구와 실증연구를 병행하여 실시하였다. 문헌연구에서는 학습조직 및 학습성과, 생산지식 학습에 대한 이론적 고찰을 통하여 생산부문의 학습조직 구성요인과 학습성과 요인을 추출하였고, 이를 중심으로 연구모형을 설계하고 가설을 설정하였다. 실증연구에서는 21세기 지식정보화시대를 대표하고, 우리나라 제조업 중에서 생산직 근로자의 학력 및 경력수준이 평균치라고 판단되는 전자업종의 생산현장 근로자,

생산부서 책임자, 인력개발 책임자 등을 대상으로 설문조사를 실시하였다.

본 저서의 연구가설을 검정한 결과와 일반적인 실태 및 개선방안을 설문한 결과는 다음과 같다.

첫째, 학습조직의 영역과 학습성과의 관련성에 대한 가설을 검정한 결과를 살펴보면, 조직원차원의 성과에는 학습조직의 영역 중 개인차원 변인이 가장 큰 영향을 미치는 것으로 나타났다. 이는 개인차원 변인이 조직구성원 개개인의 직무목표와 비전 달성을 목표로 하는 학습이라는 점에서 당연한 결과라고 보여진다. 한편, 조직원차원의 성과 중 직장생활 만족에 있어서는 개인차원과 업무차원 변인이 모두 영향을 미치는 것으로 나타나, 기업에서 종업원의 직장생활 만족도를 높이려면 개인의 역량 및 기술개발, 자기개발과 함께 부서원의 상호협력과 탐구과정에 대한 지원이 필요한 것으로 판단된다. 또한 조직차원의 성과에는 학습조직의 영역 중 조직차원과 환경차원 변인과 같이 회사 전체적인 수준에서 행하는 학습이 큰 영향을 미치는 것으로 나타났다.

둘째, 학습조직의 지원시스템과 학습성과의 관련성에 대한 가설을 검정한 결과를 살펴보면, 조직원차원의 성과에는 전반적으로 학습조직의 지원시스템 중 리더십과 보상시스템 변인이 가장 큰 영향을 미치는 것으로 나타났다. 이러한 이유는 조직원차원의 성과가 학습활동 유도 및 지원의 역할을 하는 리더십에 의해 좌우될 가능성이 많고, 조직구성원들은 일반적으로 학습과정이나 결과에 대한 보상시스템을 많이 의식하고 있기 때문인 것으로 판단된다. 또한 조직차원의 성과에는 학습조직의 지원시스템 중 조직의 구조와 정보시스템 변인이 가장 큰 영향을 미치는 것으로 나타났다. 특히, 리더십 변인은 조직차원 및 조직원차원의 성과에서 모두 영향력이 있는 변수로서 나타나, 기업의 경영성과를 달성하는 데 매우 중요한 요소임을 알 수 있다.

셋째, 학습조직의 프로세스와 학습성과의 관련성에 대한 가설을 검정한 결과를 살펴보면, 조직원차원의 성과에는 학습조직의 프로세스 중 지식창출과 지식활용 변인이 가장 큰 영향을 미치는 것으로 나타났다. 이러한 이유는 지식창출과 지식활용이 조직구성원 개개인의 활동과 능력에 의해 개개인의 역량과 기술을 개발하고 더 나아가 전문가가 될 수 있기 때문인 것으로 판단된다. 또한 조직차원의 성과에는 전반적으로 학습조직의 프로세스 중 지식공유 변인이 가장 큰 영향을 미치는 것으로 나타났다. 지식공유는 조직의 단위 및 구성원들 간에 지식과 정보를 공유함으로써 학습을 향상시키고 새로운 지식이나 이해를 창조할 수 있으므로, 조직의 발전을 위해서는 필수적인 요소라고 판단된다.

본 연구의 결과는 우리나라 기업체의 생산부문 학습조직을 구축하는 데 필요한 학습조직 핵심요인을 추출하여 제공함으로써 생산부문 학습조직화를 빠른 시일 내 구축하여 정착시키고, 더 나아가 직무능력 향상, 직장생활 만족, 조직몰입과 같은 조직원차원의 성과는 물론 생산성 향상, 품질 향상, 생산혁신과 같은 조직차원의 성과를 달성함으로써 기업과 국가의 발전을 이룩하는 데 도움이 될 것으로 판단된다.

목 차

Ⅲ. 연구모형 및 가설 설정 ·· 87

Ⅳ. 연구의 결과 및 분석 ··· 113

표 목차

그림목차

Ⅰ. 서 론

1. 연구의 배경 및 목적

1) 연구의 배경

21세기는 지식이 모든 경제활동의 가장 중요한 원천으로 등장하는 지식사회가 되었다. 물질적 유형자산을 중심으로 하는 과거의 경제 및 산업구조 전반이 이제는 인간의 창조적 아이디어와 상상력을 매개로 창출되는 지식 중심으로 바뀌어가고 있는 것이다(국가경쟁력강화기획단, 1998). 즉, 개인의 근면성에 바탕을 둔 노동력이 생산을 좌우하던 봉건농업사회와 산업혁명 이후 기계에 의존한 대량 생산체제로는 더 이상 새로운 시장창출에 한계가 발생한 것이다. 특히, 나날이 급변하는 정보통신기술의 발전은 디지털경제로 대변되는 새로운 시장과 경제활동을 창출하면서 지식사회로의 발전을 더욱 가속화시키고 있다.

또한 과거 극단적인 이데올로기의 대결구도가 특징이었던 냉전의 종식 이후, 세계 질서는 군사력을 바탕으로 한 힘의 대결체제에서 점차 자국의 경제력을 바탕으로 한 시장경제와 자본주의에 입각한 철저한 자유경쟁 체제로 재편되고 있다.

세계화·정보화·지식화로 특징지어지는 21세기의 환경 변화는 결국 기업에도 막대한 영향을 미치게 되고, 이와 같이 급변하는 환경에서 기업의 생존과 경쟁우위를 유지하기 위하여 조직은 능동적으로 대처해 나갈 수 있는 능력이 요구되며(Garvin, 1993), 부단한 자기쇄신을 추구하는 방법을 학습하는(meta-learning), 이른바 학습조직이 21세기 지식기반사회에서 기업의 생존전략으로 여겨지게 되었다(박광량, 1994a). 이러한 변화는 제조업 분야의 생산부문에서도 종래의 물적 자본이나 단순노동이 아닌 학습조직을 통한 지식 관련 요소를 투입해야 함을 시사하고

20

있다.

학습은 기업의 존속 및 발전을 위해서 필요할 뿐만 아니라, 근로자 측면에서 볼 때도 필요하다. 인구의 고학력화와 고령화, 그리고 지식·기술의 다양화·전문화에 따른 평생학습사회로의 이행으로 인하여 근로자 자신의 장래를 위해서도 자기개발의 요구가 높아지고 있다는 것이다.

학습조직은 오래전부터 많은 학자들에 의하여 그 중요성이 강조되어 왔지만, 본격적으로 논의가 활발하게 시작된 것은 최근의 일이다. 즉, 학습조직이 변화하는 시대의 이상적 조직형태로서 부각된 것은 학습조직 이론의 창시자로 불리우는 대가인 Senge가 시스템이론에 입각하여 논의하면서부터라고 할 수 있다. Senge(1990a)는 학자들의 조직학습에 관한 이론적 논의를 기업현장의 학습조직 논의로 전환시키는 데 결정적인 역할을 하였고, 시스템역학 입장에서 5가지 수련(The Fifth Dicipline), 즉 개인적 숙련(personnel mastery), 정신적 모델(mental model), 비전의 공유(shared vision), 팀학습(team learning), 시스템사고(system thinking) 등을 핵심으로 하는 학습조직이라는 혁신의 비전을 논의하고 전파하였다. 그 후, 학습조직에 대한 논의는 시스템 철학적 입장(Senge, 1990a; Senge et al., 1994), 조직학습 이론적 입장(Lant & Mezias, 1992), 생산관리와 기술혁신 중시의 입장(Hayes, Wheelwright & Clark, 1988; Leonard-Barton, 1995), 기업연수·교육적 입장(Pedler, Burgoyne & Boydell, 1991; Watkins & Marsick, 1993), 경영관리론적 입장(Marquardt & Reynolds, 1994), 정보와 아이디어 개발 및 관리 중시의 입장(Nonaka, 1991) 등 학계의 다양한 분야에서 논의되고 있다(박광량, 1996a).

국내에서도 조직의 혁신과 변화의 관점(박광량, 1993, 1994b), 그리고 기업교육의 입장(유영만, 1996)에서 학습조직에 접근하고 있고, 정규석(2000)은 TQM(Total Quality Management)의 관점에서 학습조직을 다루고 있으며, 손태원·전상길(1996)은 Senge의 5가지 수련의 개념을 진단하는 도구를 개발하여 학습군과 학습조직의 효과성에 대한 실증적 연구를 시도하였다.

학습조직의 구축을 통해 나타나는 성과에 관한 연구로는 학습조직의 개념을 도입하여 실행한 기업들의 실질적 성과를 보여준 사례연구(Gephart et al,

1996; Dodgson, M., 1993)가 제시되고 있으며, 실증적 연구결과에서는 긍정적인(Pennings, J.M., Barkerman, H. & Doums, S., 1994)인 효과뿐만 아니라, 부정적인 효과가 있음을 밝힌 연구들도 제시되고 있다. 국내에서도 학습조직과 그 성과의 관계를 규명하려는 이론적·실증적 연구(손태원·전상길, 1996; 박광량, 1996c; 장승권 외 1996)가 이루어졌다.

학습조직의 핵심어인 학습의 개념이 경영이론으로 처음 등장한 것은 항공기 생산경험의 누적에 따른 제조단가의 하락이라는 경험곡선의 효과를 발견하면서부터라고 할 수 있다(Wright, 1936). 이에 입각한 생산관리이론들은 기술혁신, TQM(Total Quality Management) 등과 더불어 계속 발전하고 있는데, 이러한 흐름도 학습조직의 논의와 함께 중요한 배경이 되고 있다(Wheelwright & Clark, 1988; Leonard-Barton, 1995). 또한 TQM(Total Quality Management)의 대표적 모델인 미국의 말콤 볼드리지 품질상 기준에서는 개인학습과 조직학습의 지속적 개선을 핵심적 가치로 다루고 있으며(Blazy, 2001), 유력한 국제 품질인증단체인 IQNet에서 제시하는 TQM(Total Quality Management) 모델인 IBEC(IQNet Business Excellence Class)에서는 학습조직을 구성원 행동차원의 최종 달성수준으로 설정하고 있다(IQNet, 2000).

그러나 많은 국가 및 기업, 그리고 연구자들은 학습조직의 중요성과 필요성에 상당히 공감하고 관심을 가지고 있지만, 실제 현장에서의 학습조직 구축 노력은 아직 미미한 실정이다. 이는 학습조직의 개념이 추상적이고 포괄적이기 때문이며, 또한 아직은 정형화된 학습조직 구축 방법이나 도구가 없기 때문이라고 볼 수 있다. 따라서 학습조직이 갖는 중요성에도 불구하고 국내에서의 학습조직에 대한 실증적 연구는 매우 부족할 뿐만 아니라, 대부분은 학습조직의 구성요소 중 극히 일부만을 다루고 있는 실정이다. 또한 학습조직의 구축을 통하여 나타나는 성과에 관한 연구에서도 개념 정의의 혼란뿐만 아니라 성과지표 개발이 지연되고 있기 때문에(ASTD, 1996), 학습조직과 그 성과에 대한 실증적 연구는 미흡한 실정이다. 또한 이러한 학습조직과 관련된 실증적 연구들은 대부분 서비스업의 관리·사무직 근로자를 주 대상으로 하는 탐색적, 기술적 연구가 많았고, 제조업과 제조업 내 조직구성원의 다수를 구성하는 생산부문의 근로자를 주 대상으로

하여 생산부문의 특성 및 여건을 고려한 연구는 없었다.

따라서 이러한 시각에 입각하여 생산부문의 학습조직과 학습성과의 관계를 실증적으로 검정하고, 이를 통한 생산부문의 학습조직을 구축하는 데 효과적인 학습조직 요인을 모색할 필요성이 있다.

2) 연구의 목적

본 연구에서는 학습조직 이론의 실증적 검정과 기업 내 생산부문의 학습조직을 구축하는 데 기여하는 차원에서 다음과 같은 3가지 과제의 해결에 초점을 둔다.

첫째, 기존의 학습조직 이론과 생산부문 관련 학습 이론을 통하여 생산부문의 학습조직 정도를 파악할 수 있는 측정도구를 제시한다.

둘째, 생산부문의 학습조직 구성요인과 학습성과의 상호관계성을 규명함으로써 생산부문 학습조직의 구성요인을 파악한다.

셋째, 학습조직의 일반적인 실태, 개선사항 등을 파악함으로써 문제점 및 개선점을 모색한다.

2. 연구의 대상 및 범위

생산이란 재화와 서비스가 산출되는 과정이다. 다시 말하면 생산이란 기업이 활용할 수 있는 생산자원, 즉 인간·기계설비·원자재 등을 유효하고 적절하게 이용하여 제품이나 서비스로 바꾸어 나가는 하나의 변환과정(transformation process)을 말한다(김상한 외, 1986).

생산을 광의로 이해한다면 경제적 가치를 산출하는 모든 활동이라 할 수 있다. 따라서 제조업은 물론 정부기관·병원·운송회사 등 모두가 생산을 위한 체제로 인정된다. 그러나 이와 같이 광의로 생산을 해석하면 그 범위가 너무 넓어지므로 본 연구에서는 협의의 생산, 즉 유형재를 산출하는 제조업 중 전자업종에 국한하였다.

생산부문은 기업의 한 기능부문(functional area)으로서 회계부문, 재무부문, 마케팅부문, 인사부문 등 다른 기능부문과 유기적으로 연관되어 기업활동을 수행하는 하부시스템이다. 또한 생산부문은 [그림 Ⅰ-1]에서 보는 바와 같이 투입, 변환과정, 산출, 통제시스템, 그리고 피드백과 같은 5개의 기본요소로 구성되어 있다(이상문, 1999).

제조업 측면에서 생산부문의 기본요소를 자세히 설명하면 다음과 같다. 투입은 조직 내로 들어오는 모든 유·무형의 자원, 즉 인적자원, 자재, 재료, 장비 등을 주로 의미하고, 변환과정은 투입된 유·무형의 자원을 활용하여 제품을 산출하는 활동적 공정, 즉 규칙, 진행과정, 자원뿐만 아니라 개념, 업무절차, 무형의 기술까지도 의미하며, 산출은 변환과정의 결과, 즉 자동차와 같은 유형의 제품을 의미한다. 또한 통제시스템은 투입, 변환과정, 산출 등의 구성요소들 속에 연계되어 생산시스템들이 착오 없이 운영되도록 조정하는 시스템, 하나의 예를 들면 품질관리 시스템을 의미하고, 피드백은 생산시스템의 투입, 산출, 변환과정에서 제품의 물리적 구조와 형태를 나타내주는 정보로서 구두, 서면 또는 컴퓨터 등을 통해 전달된다.

본 연구에서는 사무직과 구분하기 위하여 이러한 생산시스템에 종사하고 있는 기술자와 기능공을 중심으로 하는 학습조직과 그 성과에 대해 분석하였다.

[그림 Ⅰ-1] 생산시스템

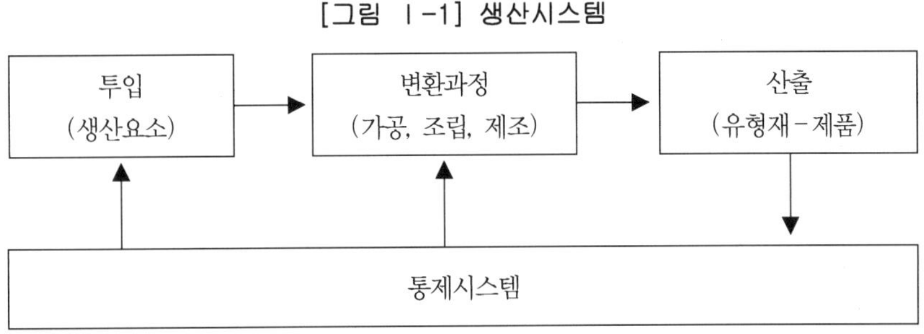

3. 연구의 방법 및 구성

본 연구에서는 연구의 목적을 달성하기 위해 문헌연구와 실증연구를 병행하여 실시하였다.

문헌연구에서는 지식정보화사회의 도래와 21세기 HRD(Human Resource Development) 패러다임의 변화에 따른 지식경영의 측면에서 학습조직의 필요성을 역설하였고, 학습조직의 개념과 특성을 정립하여 학습조직 구성요인을 추출하였다. 또한 학습조직 구성을 통하여 나타나는 학습성과의 개념 정립과 함께 학습성과 요인을 추출하고, 생산지식 학습에 관한 이론을 고찰하였다.

실증연구에서는 학습조직, 학습성과, 생산지식 학습 등의 이론적 고찰을 통하여 추출된 생산부문의 학습조직 구성요인과 학습성과 요인의 상호관계성을 분석하였다.

본 연구의 구체적인 연구과정과 주요 내용은 [그림 Ⅰ-2]와 같다.

Ⅰ장 서론에서는 연구의 배경 및 분석틀, 연구방법 등을 기술하였다.

Ⅱ장에서는 본 연구의 이론적 바탕인 지식경영과 학습조직의 필요성에 대해 서술하였고, 학습조직, 학습성과, 생산지식 학습 관련 이론에 대한 많은 학자들의 견해와 선행적 연구결과를 정리하였다.

Ⅲ장에서는 학습조직 구성요인과 학습성과 요인을 중심으로 각 변수 간의 관계분석을 위한 연구모형을 설계하였고, 실증적 연구를 위해서 가설을 설정하고 변수의 조작적 정의를 하였다.

Ⅳ장에서는 본격적인 설문조사를 실시하기 위하여 조사대상과 측정도구를 선정하고, 조사결과의 통계적 처리방법에 대해 기술하였다. 또한 측정도구의 신뢰성 검증을 위해 SPSS 통계패키지를 이용하여 Chronbach'α 값을 구하였으며, 개념타당성을 검증하기 위하여 요인분석을 실시하였다. 또한 변수들 간의 상관관계를 알아보기 위하여 상관관계 분석을 실시하였고, 가설 검정을 위하여 다중회귀분석을 실시하였다.

Ⅴ장의 결론에서는 연구결과에 대한 해석과 시사점, 한계점 등을 기술하였다.

[그림 Ⅰ-2] 연구의 과정

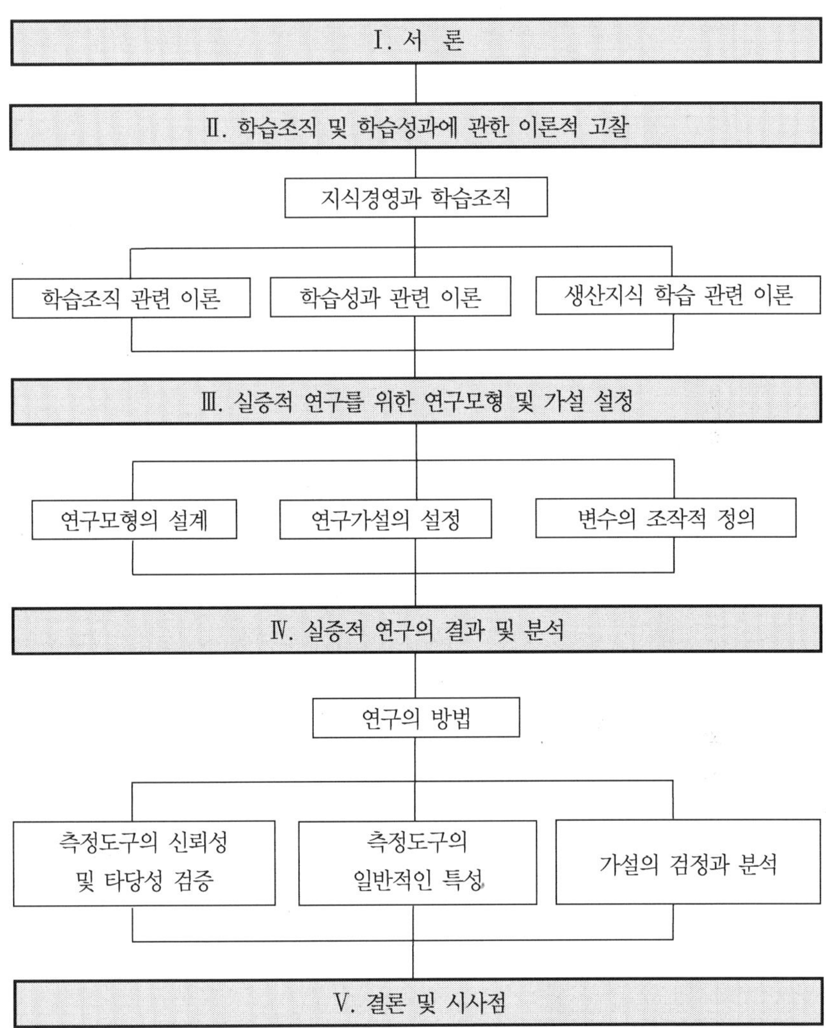

Ⅰ. 서 론
Ⅱ. 학습조직 및 학습성과에 관한 이론적 고찰
지식경영과 학습조직
학습조직 관련 이론
학습성과 관련 이론
생산지식 학습 관련 이론
Ⅲ. 실증적 연구를 위한 연구모형 및 가설 설정
연구모형의 설계
연구가설의 설정
변수의 조작적 정의
Ⅳ. 실증적 연구의 결과 및 분석
연구의 방법
측정도구의 신뢰성 및 타당성 검증
측정도구의 일반적인 특성
가설의 검정과 분석
Ⅴ. 결론 및 시사점

II. 학습조직 및 학습성과에 관한 이론적 고찰

1. 지식경영과 학습조직의 필요성

1) 경영환경의 변화

과거 극단적인 이데올로기의 대결구도가 특징이었던 냉전의 종식 이후, 세계 질서는 군사력을 바탕으로 한 힘의 대결체제에서 점차 자국의 경제력을 바탕으로 한 시장경제와 자본주의에 입각하여 철저한 자유경쟁 체제로 재편되었다. 이러한 상황에서 국가의 경쟁력은 해당 국가 내 기업들의 경쟁력의 총합이라고 볼 수 있으며, 기업이 처한 경영환경의 변화에 대한 대응력이 국가의 미래를 결정짓는 중요한 요인으로 등장하게 되었다.

(1) 세계화

교통수단의 발전 및 언어의 자유로운 구사 등으로 시작된 국제화 물결은, 정보기술의 발전이 가속되면서 기업의 경영에 있어 국경의 의미조차 희석시키고 있다. 다시 말해, 점차 인터넷 환경으로 통합되어가고 있는 기업경영 시스템은 기업 간 네트워크 형성을 촉진하고, 세계에서의 기업 간 상호의존성을 심화시켜 국가 간의 시간, 공간, 비용의 장벽을 더욱 낮추고 있다. 또한 특정한 국가의 특정한 기업이 자신의 핵심역량(core competency)을 보유하면서 인터넷의 잠재력을 최대한 활용하여 타국의 노동력, 자원, 자본을 결합하여 생산하는 형태를 보다 보편화시킬 것이다.

동시에 범국가적인 경쟁시장에서 소비자는 정보수집의 용이성으로 인하여 더 이상 해당 기업의 국적을 상품 선택의 기준으로 삼지 않을 것이며, 가장 좋은 품질의 제품만을 선택하여 구매하게 됨을 의미하는 것이다.

결국, 이러한 범세계적인 무한경쟁체제의 정착은 부족한 자연자원과 협소한 국내시장을 가진 우리 기업에게 넓은 세계시장을 대상으로 경영을 펼칠 수 있는 기회를 제공함과 동시에 세계의 다른 경쟁회사보다 우위의 제품기술 및 마케팅 능력을 확보하는 기업, 즉 세계 일류의 기업만이 도태되지 않고 살아남을 수 있는 위기상황이 다가왔음을 명시하는 것이다. 그런데 세계 일류에 이르는 길, 초일류기업이 되는 길은 각 기업마다 모두 동일하다고 볼 수 없으며, 각 기업은 고유의 문화, 역사 및 환경을 가지고 있기에 남보다 빨리 자신의 핵심역량을 발견하고 강화하여 경쟁력을 극대화하여야 하겠다.

(2) 과학기술발전의 가속화

앞서 밝힌 바 있듯이, 이제 그 나라의 국력은 경제력으로 대변되는 시대가 도래하였다. 그런데 이러한 경제력이란 것은 바로 초일류제품을 만들 수 있는 기술력이라고 해도 과언은 아닐 것이다. 이제 각 기업은 자신의 핵심역량을 통하여 개발된 최신 기술을 바탕으로 배타적인 권리를 행사할 것이고, 실제로 지적재산권 등으로 실현되고 있다.

그러나 우수한 기술력을 가진 기업이라고 할지라도 최근 기술혁신이 가속화됨에 따라 더 이상 현실에 안주할 수만은 없는 상황이 되었고, 오늘 새로운 기술이 개발되면 내일 다른 기업이 그보다 더 우수한 기술을 개발하는 현실 속에서 기술뿐만 아니라 상품이나 사업의 수명도 그만큼 짧아질 수밖에 없는 현실이 도래한 것이다.

이처럼, 점차 가속화되고 있는 기술혁신의 예는 우리 실생활에서 쉽게 느껴질 수 있는 것으로, 예를 들면 동일 가격당 마이크로프로세서의 정보처리능력은 18개월마다 두 배로 증가하고 있다는 것이다.

이러한 냉엄한 현실에 있어 기업이 살아남기 위하여 요구되는 우선 조건은 기술의 변화를 예측하고 사전에 준비하는 것이라고 할 수 있다. 즉, 시장을 선도할 수 있는 기술을 개발하여 구체적인 표준으로 정착시키고, 배타적인 권리를 행사하면서도 꾸준히 미래를 대비하여 새로운 기술개발의 씨를 뿌리고, 묘목을 잘 가꾸는 기업만이 생존할 수 있는 것이다.

(3) 지식의 시대

정보화가 진전된 21세기의 새로운 경제는 자료, 문자, 그림, 음성, 동영상 등이 디지털 신호로 전환되어 컴퓨터에 저장되어 다양하게 가공되며, 네트워크를 통하여 자유롭게 전달되어 부가가치를 창출할 수 있기 때문에, 디지털 경제(digital economy)라 불리고 있다. 또한 이러한 새로운 경제체제의 사회에서는 인간의 지식 그 자체뿐 아니라, 그것을 창조적이고도 자발적으로 활용하고 응용할 수 있는 능력인 지력(knowledge-power)이 중시된다는 의미에서 지식사회라고 불리기도 한다.

Daniel Bell(1973)이나 Peter Drucker(1992) 등 일련의 미래학자들도 이미 이러한 변화가 현재의 산업구조와는 전혀 다른 구조를 가진 사회, 즉 지식사회를 야기할 것이라고 주장하였다. 그들은 사회와 산업구조상의 근본적 변화로서 제기되는 새로운 양상이 기업의 생존을 위한 구조와 전략에 결정적인 전환을 촉진한다고 보는데, 이때 이러한 이동을 촉진한 핵심요소이자 자원으로서 '지식'에 주목한다. 여기서 지식은 기업이 경쟁적 우위를 얻을 수 있는 중요한 원천이자 사회를 규정하는 핵심요소로서의 의미를 갖는다.

인류는 채집문화에서 농경문화로 발전하면서, 그리고 산업혁명 이후 산업사회로 발전하면서 각각 엄청난 크기의 변화를 경험한 바 있으나, 그 변화의 속도나 범위로 보아 최근 전개되고 있는 지식정보화사회로의 변화는 현재까지의 변화과정을 모두 합친 것과 맞먹는 엄청난 것이라고 할 수 있다. 결국 이러한 지식기반사회에 적합한 기업의 체질 변화가 향후 기업경영의 핵심이 될 것이다.

'지식기반사회'란 여러 가지 단편적인 정보들이 이제는 그 자체가 자원으로 활용되고 상품적 가치를 지니는 사회를 의미한다고 할 수 있다. 이러한 상황에서 각 조직은 가공된 지식을 사용·교환하고, 재구성하며, 거기서 창출되는 생산적 힘과 사회적 가치에 의존하게 되는 것이다.

이처럼 정보와 지식의 창출 및 활용을 특징으로 하는 지식기반사회에서는 전통적 의미의 기존 제조업보다는 지식기반산업이 새로운 성장주도 산업으로 부상하고, 지식기반의 제품과 서비스의 교역 비중이 증가할 것이다. 또한 이에 따른 정보·지식·기술이 확산되어 고도로 숙련된 인력에 대한 수요와 인적자산 등 무형자산에 대한 투자가 증대되고, 협력과 네트워크를 중시하는 기업 전략이 강조될 것이다.

2) 조직구조의 변화

많은 기업들은 경영의 주요 자원이 자본, 인간, 또는 기계설비가 아니라 오히려 지식과 정보 그리고 아이디어라는 것을 인식함에 따라 조직을 관리하기 위한 새로운 경영기법들을 개발하였다. 모든 지역에서 기업들은 통합된 조직, 글로벌 네트워크와 규모가 작고 간소화된 회사본부를 만들거나 재구성하고 있다. 조직은 점점 더 유동적이 되어가고 있으며 규모, 형태 및 배치에서도 변화가 일어나고 있다.

최근 인기 있는 조직 재구성의 다른 형태는 가상조직(virtual organization)이다. 가상조직은 독립된 기업, 공급업체, 고객이 포함되고, 심지어는 연관되는 경쟁업체까지도 서로의 시장에 대한 접근방법과, 숙련도, 비용을 공유하기 위하여 참여하는 정보기술을 활용한 일시적인 네트워크 조직이다. 가상조직의 가장 순수한 형태는, 각 기업은 그 기업이 가진 최고 역량에만 초점을 두기로 하고, 각각 다른 전문적인 역량을 가진 기업들과 연계하는 형태이다.

Charles Savage(1990)은 네트워크형 조직의 출현이 〈표 Ⅱ-1〉과 같이 전통적인 관료조직을 대체하고 있음을 보여준다(Marquardt, 1997).

<표 II-1> 조직의 변화

차 원	관료적 조직	네트워크 조직
주요 업무	육체적	정신적
관계	관료적	대등관계
단계	많음	적음
구조	기능적	다기능 팀
경계선	고정	투과(permeale)
경쟁적 요인	수직적 통합	외부자원 활용과 제휴
경영 스타일	독재적	참여적
문화	순종과 전통	헌신과 결과
구성원	동질적	다양
전략적 초점	효율성	혁신

자료: Marquardt, M.(1997). *Building the Learning Organization*, McGraw-Hill Book Co.

새롭고 정보화된 조직에서는 지식의 확산이 매우 중요하다. 학습은 더 이상 근로현장에 투입되기 전 또는 동떨어진 교실환경에서 발생하는 격리된 활동이 아니다. 근로현장이 교육현장이 되어야 하고, 학습의 목적과 생산의 목적은 하나이고 동일한 것이 되어야 한다. 다시 말하면, 학습은 생산활동의 중심이며, 노동의 새로운 형태이다. 또한 학습은 경영자 집단의 전유물이 아니라, 근로자가 스스로 자신에게 필요한 지식이나 능력을 학습해야 하는 것이다.

3) 새로운 직업기술과 지식근로자

사회가 산업시대에서 지식시대로 옮겨감에 따라 직업기술에도 변화가 요구되고 있다. 현재 우리는 제조의 시대(the age of manufacturing)에서 정신제조 (mentofacturing)시대로 이행하고 있는데, 이것은 생산이 손으로 보다는 좀더 정신적인 면에서 이루어지는 시대를 의미한다. 즉, 근로자들은 단순하고 반복적인 기능을 가진 사람으로부터 예기치 못한 일과 예외적인 상황을 잘 다룰 줄 아는 사람으로, 기억력과 사실에 의존하는 사람으로부터 자발적이고 창조적인 사람으로, 위험을 피하던 사람으로부터 위험을 받아들이는 사람으로, 그리고 전략과 절차에 초점을 두는 사람에서 다른 사람들과 협력관계를 형성하는 사람으로 변화해 가는 것이다.

직업에 있어서 근로자들의 역할 또한 많은 변화를 보이고 있다. Peter Drucker(1992)는 조직이 갈수록 많은 지식노동자들로 구성될 것으로 보았다. 상급 관리자뿐만 아니라 모든 수준에 있는 고용자들은 고도로 교육을 받고 고도로 숙련된 지식노동자가 될 것이다. 새로운 포스트자본주의 사회에서 지식은 생산, 토지, 노동 및 자본 등의 전통적인 요소들에 수반되는 단지 추가적인 자원이 아니라, 노동력에서 유일하게 의미를 갖고 있는 자원인 것이다. 지식에 기반하는 경제에서는 지식노동자가 가장 중요하고 유일한 자산이다.

기업의 주요 자산은 유형의 것이 아니고, 특정 문제점을 능히 해결할 수 있는 숙련도와 과거로부터 축적된 성공에서 얻어진 명성이다. Alan Webber(1993)는 제조와 서비스 간에 예상되었던 차이는 실제로 점점 작아지고 있다고 지적하였다. 정보경제에서 가장 중요한 효과는 작업현장에서 서로 공유할 수 있는 환경을 조성하는 것이다. 지식 근로자에게 가장 매력적인 면은 생산수단 자체를 그들이 소유하고 있고, 언제라도 그 수단과 함께 다른 곳으로 옮길 수 있다는 것이다. 그러므로 경영자는 지식근로자들로부터 호감을 얻고 동기를 부여하며, 보상과 인정과 계속적인 고용을 책임지며, 훈련과 교육을 통해 작업을 개선시켜야 한다. 그리고 무엇보다 중요한 것은 그들을 존중하고 만족시킬 수 있어야 한다는 것이다. 조직은 지식근로자가 그들의 지식을 적용시킬 수 있는 기회를 제공해야만 하며, 특히 다른 지식근로자들과 서로 정보를 공유할 수 있는 기회를 제공해야 한다. 왜냐하면 다른 지식근로자와 정보의 공유를 통해 아이디어를 세련시키고 개선시키는 방법을 찾을 수 있기 때문이다.

4) 지식경영의 의의와 한계

(1) 지식경영의 의의

물적 자산과 근면성으로 승부하던 시대에서 아이디어와 상상력, 이를 결합시킨 지식과 전문성으로 경쟁우위를 점유하는 지식기반사회로 빠르게 전환되고 있다. 이에 따라 물질적 유형자산으로 이루어지던 경제활동이 눈에 보이지 않는 지식과 같은 무형자산을 매개로 이루어지고 있는 것이다. 따라서 기업에 있어 경쟁력의 원천은 해당 기업의 핵심역량을 지원해주는 지적자산을 얼마나 잘 규명하고 개발하며 체계적으로 관리하느냐에 달려있다(유영만, 2000).

지식경영은 조직이 지니는 지적자산뿐만 아니라 구성원 개개인의 지식이나 노하우(know-how)를 체계적으로 발굴하여 조직 내부의 보편적인 지식으로 공유하고, 이의 활용을 통해 조직 전체의 경쟁력을 향상시키는 경영활동이다(포스코 경영연구소, 1998). 현장에서 수준 높은 업무를 수행하기 위해서는 필요한 지식이 파악되어야 하며, 또한 필요한 지식을 갖고 있는 부서나 종업원으로부터 지식을 응용해야 하는 부서나 종업원에게 지식이 전이되어야 한다. 즉, 모든 분야에서 지식을 이용해서 기업의 목표를 달성할 수 있는 기회를 적극적으로 모색하여야 한다.

이와 같이 지식경영의 목적은 지식을 더 효과적으로 이용하여 기업의 성과를 높이는 것에 있다. 구체적으로 지식경영은 다음과 같은 4가지의 세부적인 목적을 만족시킬 수 있어야 한다(Wiig, 1994). 첫째, 업무를 수행하는 데 필요한 지식의 축적, 둘째, 업무를 더 효과적으로 수행하기 위한 지식의 응용, 셋째, 업무방식을 더 효과적으로 만들기 위한 지식의 응용, 넷째, 제품과 서비스에 대한 지식의 내재 등이다.

지식 관련 행동은 학습이나 교육을 통해서 더 큰 효과를 거둘 수 있다(이순철, 1996). 즉, 필요로 하는 지식을 창출하고 제공하기 위한 '교육과 학습목표의 선정', 지식을 전이하는 '학습수단과 학습방식의 디자인', 학습을 통한 '기업목표의 만족'으로 해석할 수 있다.

(2) 지식경영의 한계

컴퓨터나 통신네트워크 등의 정보기술을 이용한 기술의 인프라와 도구는 지식경영을 가속화하는 데 크게 기여하였다. 그러나 정보기술은 단지 촉매 역할에 불과할 뿐이다. 즉, 정보기술 없이 지식경영을 이룩하는 것은 어렵지만 정보기술만으로 지식경영이 이루어지는 것은 아니다(이순철, 1996).

기술을 구현하는 데에는 실질적인 기술의 구현 외에 더 많은 시간을 써야 한다. 지식의 내역, 조직문화, 동기부여 등을 종합하여 기술을 개발해야 하기 때문이다(Davenport & Prusak, 1998). 지식을 전이하기 위해서는 지식의 제공자가 지식정보시스템에 지식을 투입해야 하며, 이용자는 다른 종업원이 만든 지식을 이용해야 하므로 기술을 개발할 때 다른 요인과의 상호작용을 종합적으로 고려하는 것이 필요하다(이순철, 1999). 다시 말하면, 지식경영시스템을 이용하기 위해서는 이에 대한 교육과 학습이 뒤따라야 하며, 지식경영시스템을 이용한 경우에 대한 보상이 이루어져야 한다.

이와 같은 현상은 지식경영뿐만 아니라 다른 경영기법에서도 마찬가지일 것이다. 따라서 교육과 학습은 기업경영에 있어 매우 중요한 요소이다. 그러나 교육과 학습의 중요성에도 불구하고 기업이 어려움에 처하게 되면 교육에 대한 투자는 가장 먼저 영향을 받기 쉽다. 이는 현재의 상황에서 많은 비용이 투자되고 있는 교육이 가시적인 효과를 창출하는 것이 미비하기 때문이다.

5) 새로운 패러다임의 학습조직

과거는 대량 생산에 의한 생산자 위주의 시대였으나 이제는 환경의 변화에 따라 민첩하게 행동해야 하는 소비자의 시대로 접어들었다. 이에 따라 경영의 세계에서도 리엔지니어링, 시간경쟁, 핵심역량 등의 신경영에 대한 단어가 등장하고 있다. 이와 같은 신경영은 기업의 패러다임을 전환시켜야 함을 의미한다. 새로운 패러다임은 다음과 같다(McGill & Slocum, 1994).

첫째, 과거의 사업을 답습하기보다는 환경에 따라 기업을 적응시켜야 하며, 더 나아가서는 환경을 기업에 맞도록 변화시키는 것과 같은 적극적인 방안이 모색되어야 한다. 즉, 새로운 기술을 창출하고, 이를 고객에게 수용할 수 있도록 노력하는 패러다임이 필요하다.

둘째, 대량 생산, 규모의 경제, 수직적 계열화와 같은 대기업으로서의 장점보다는 민첩하게 행동할 수 있는 소기업의 기업가적 역량이 필요하다. 즉, 기회를 빨리 포착하고 이를 이용하기 위해서는 언제나, 어디서나, 무엇이든 학습할 수 있는 학습조직으로서의 전환이 경쟁우위에 더 기여할 수 있다.

셋째, 고정자산에 투자하는 것보다는 기회에 투자하는 것이 더 바람직하다. 고정자산인 설비나 기기 등은 장부상의 가격을 상승시킬 수 있으나, 기업의 민첩성을 저해시킬 수도 있다. 즉, 지식과 같은 무형자산은 큰 비용 없이 기업의 미래역량을 창조할 수 있으므로 무형자산인 지적자산을 향상시킬 수 있는 학습조직을 추구해야 한다.

넷째, 계속적인 혁신을 추구할 수 있는 분위기가 조성되어야 한다. 실수를 용납할 수 있어야 계속적인 시행착오를 통해서 혁신을 추구할 수 있다.

다섯째, 학습의 원천을 다양화시켜야 한다. 과거의 공급업체나 제휴업체는 원가절감의 대상이었다. 그러나 이런 파트너로부터 새로운 것을 학습할 수 있어야 한다. 또한 고객도 단순히 판매의 대상이 아니라 학습을 제공하는 중요한 지식의 원천으로 간주해야 한다.

이와 같은 경영의 패러다임 전환은 학습조직의 목표와 유사하다. 학습조직은 지식을 창출을 통한 고부가가치화를 이룩하는 것을 목적으로 하는 전략적 도구로서 의도적으로 기획된 접근방식에서 비롯되었다고 볼 수 있다(유영만, 1995).

2. 학습조직에 관한 이론적 고찰

1) 학습조직의 개념과 특징

(1) 학습조직의 개념에 대한 논의

학습조직이라는 용어는 학자 또는 기업에 따라 다양하게 정의되고 실현되고 있다. 기업조직에서 학습에 대해 설명하는 것은 교육학에서의 학습의 개념과 기본적인 차이점이 있다. 기업 내 학습의 의미는 전통적 교육의 장면을 연상시키는 학문적 의미라기보다 경영현장에서 일어나는 업무 그 자체이며, 현장에서 요구되는 성과(performance)를 얻기 위하여 능력을 배양하는 데 목적이 있는 것이다. 그러나 학습조직에 대한 통일된 개념은 아직까지 정립되고 있지 않다.

본 연구에서는 Senge(1990a), Garvin(1993), Pedler, Burgoyne & Boydell (1991), Marquardt & Reynolds(1994), Hosley, Lau, Levey & Tan(1994), Wishart, Elam & Robey(1996), 유영만(1994), 박광량(1996b) 등의 선행연구에서 제시된 학습조직의 정의에 대하여 살펴보고, 그 정의를 제시하기로 한다.

Senge(1990a)은 학습조직을 "조직구성원들이 진실로 원하는 성과를 달성할 수 있도록 지속적으로 역량을 확대시키고, 새롭고 포괄적인 사고능력을 지속적으로 배우는 조직"이라고 정의하였다. 이는 미국의 50대 대기업의 HRD(Human Resource Development) 전문가와 일선관리자, 조직개발 컨설턴트들이 선호하는 정의이기도 하다(Calvart et al., 1994).

Garvin(1993)은 좀더 실천적인 차원에서 학습조직이란 "새로운 지식을 창조하고 습득하고 변환시킬 수 있는 능력을 갖춘 조직으로서, 지식의 창조·습득·변환 과정을 통해서 얻은 지식과 통찰력을 끊임없이 조직 전체 활동에 적용함으로써 조직 전반을 변환시키는 조직"이라고 정의하였다. 그는 Senge(1990a)가 학습조직의 구축원리를 개인수준의 5가지만 제시한 점을 비판하면서 조직수준에서의 지식의 창출 및 관리의 과정을 강조하고 있다.

Pedler, Burgoyne & Boydell(1991)은 학습조직을 "모든 구성원들의 학습활동을 촉진시킴으로써 조직 전체에 대한 근본적인 변화를 지속적으로 촉진시키는 조직"으로 정의하였다. 그들은 생명력이 없는 기계적 이미지인 학습조직보다는 살아 숨쉬는 이미지를 내포하고 있는 학습기업(learning company)이라는 용어를 사용하면서 동태적이고 역동적인 의미를 특히 강조하고 있다.

Marquardt & Reynolds(1994)는 학습조직이란 "사람들에게 권한 확대(empowerment)를 부여하고, 직업생활의 질과 품질혁신 운동을 통합시켜 학습을 위한 여유를 갖고, 협력과 이익 공유를 도모하고, 질의 및 연구를 촉진시키며, 지속적인 학습기회를 창출하는 조직"이라고 정의하였다. 그들은 글로벌 기업에 있어서의 조직학습을 촉진시키는 요소들을 제시하고 있다.

Hosley, Lau, Levey & Tan(1994)는 학습조직이란 "개인, 팀, 그리고 조직의 학습을 향상시키는 데 초점을 맞추면서 끊임없이 적응하는 기업으로서, 이는 변화하는 고객 요구를 만족시키고, 경쟁세력의 역동성을 이해하고 시스템사고를 조장함으로써 가능하다."라고 설명하고 있다. 이는 고객만족과 경쟁세력에 대한 이해와 같은 실질적인 기업 이슈를 달성하기 위해서 개인, 팀, 조직 단위의 학습을 향상시키는 데 초점을 둔다.

Wishart, Elam & Robey(1996)는 "학습조직이란 그들의 정신적 모델과 행동관행, 중요한 사업이슈에 관한 핵심적 가정들을 잠재된 상태에서 의식화할 수 있는 상태로 끌어내고 점검하며, 주기적으로 조직의 기업을 수정하여 새로운 도전에 효과적으로 대응하도록 하는 조직이다."라고 정의하였다. 이는 조직이 스스로를 어떻게 끊임없이 혁신시켜 나가는지를 잘 설명해주고 있다.

유영만(1994)은 학습조직이란 "격변하는 외부환경에 대처하고 조직의 내적 성장능력을 극대화하기 위해 조직의 전 구성원이 끊임없이 새로운 지식을 창조·습득·전파하고, 이러한 활동 속에서 일정한 노력의 결과를 산출해내며, 이에 대한 비판적 분석과 성찰적 종합을 통해 조직의 당면문제 해결이나 미래의 비전 및 경영전략을 체계적으로 정립하는 조직"이라고 정의하였다. 그는 지식경제시대에 있어서 학습체제로서의 조직의 필요성을 외부 환경 변화에의 대처능력과 조직의 내적인 성장능력 육성으로 보면서 지속적이고 집단적 학습활동을 제시하고 있다.

박광량(1996b)은 학습조직을 "늘 새로운 학습을 일상적으로 되풀이함으로써 위기상황이든 아니든 관계없이 자기변화가 신속하고 효과적으로 일어날 수 있는 상태에까지 이른 조직"으로 정의하였다. 그는 조직의 핵심역량을 늘 새롭게 구축할 수 있는 변화 역량을 갖춘 조직을 강조하고 있다.

이상의 국내·외 연구에서 제시된 학습조직의 정의를 분석해 보면 〈표 II-2〉와 같다.

〈표 II-2〉 학습조직의 정의

학습조직 항목	1)	2)	3)	4)	5)	6)	7)	8)
성과 달성	○							
역량 확대	○						○	
사고능력 학습	○						○	
신지식 창조/습득	○	○					○	
신지식 전파							○	
신지식 적용		○						
학습활동 촉진			○	○				
조직변화 촉진			○	○	○			○
권한 확대				○				
협력과 이익의 공유				○				
탐구활동 촉진				○				
정신적 모델 수정					○			
행동관행 수정					○			
사업이슈 수정					○			
개인·팀·조직학습 향상						○		
환경 변화 대처						○	○	
고객요구 만족						○		
시스템사고 조장						○		
반복학습								○
비전 및 전략의 정립							○	

주: 1) Senge(1990a), 2) Garvin(1993), 3) Pedler, Burgoyne & Boydell(1991), 4) Marquardt & Reynolds(1994), 5) Wishart, Elam & Robey(1996), 6) Hosley, Lau, Levey & Tan(1994), 7) 유영만(1994), 8) 박광량(1996b).

그러므로 이를 종합하여 보면, 학습조직이란 "주위 환경의 변화와 위기에 대처하기 위해 새로운 지식의 창조·습득 등 학습활동과 비판적 분석 및 성찰을 통하여 조직의 역량을 확대하고 변화를 촉진시켜 나가는 조직"이라고 정의할 수 있을 것이다.

(2) 학습조직의 특성

학습조직의 특성을 명확하게 규정한다는 것은 매우 어려운 일이며, 여러 가지 측면에서 다르게 규정할 수 있다.

Hitt(1995)는 전통적 조직과 학습조직의 비교를 통해 그 특징을 제시하였는데, 조직이 관료제 조직에서 성과 위주 조직, 학습조직으로 발전한다고 지적하였다. 〈표 II-3〉은 Hitt가 말하는 기존의 전통적 조직과 학습조직의 특징을 비교한 내용이다.

〈표 II-3〉 전통적 조직과 학습조직의 특성 비교

구 분	전통적 조직	학습 조직
공유비전	효과성, 효율성	탁월성, 조직적 변화
리더십 유형	통제자	촉진자
팀	작업집단	시너지 팀
전략	안내 지도(Road Map)	학습 지도(Learning Map)
구조	계층적 구조	역동적 네트워크
스텝	지식인(People who know)	학습인(People who learn)
기술	적응 학습	생성 학습
성과지표	재무제표	BSC(Balanced Score Card)

자료: Hitt(1995). The learning organization: some reflections on organizational renewal, *Leadership & Organization Development*, 16(8), p.19.

Birker & Birkner(1998)는 전통적인 관료조직과 학습조직의 구분에 있어 Senge의 5가지 수련을 기업문화로 적용시킨 연구결과를 발표하였는데, 학습조직의 개념을 임기응변의 해결책이 아닌 과정으로 인식하고 있는 점이 전제되었다.

박광량(1996c)은 학습조직의 특징을 그 구축과정과 운영방안, 기대성과 측면에서 다음과 같이 설명하고 있다. 첫째, 학습조직은 일종의 풍선과 같아서, 학습한 내용이 많은 학습조직이 되면 될수록 학습해야 할 영역 또한 증대되어 학습의 필요성을 더 절감하고 더욱 빨리 학습조직화 된다. 둘째, 학습조직은 습관적으로 학습을 반복해야 하고 학습이라는 것 자체가 이제까지와는 다른 새로운 지식이나 행동능력을 보일 수 있느냐의 여부에 의해 판단되기 때문에 어느 시점에서 학습조직이 '완료'되었다고 말할 수가 없다. 셋째, 학습조직에 일단 구축된 학습역량은 전 조직에 광범위하게 확산·분산되어 있는 경향이 있으므로 그 효과는 지속적이며, 다른 조직들이 이를 단기간에 모방하여 이식하기도 힘들다. 넷째, 학습조직은 강제적으로, 일시에, 과격하게, 외부 주도적으로, top-down식으로 구축될 수 있는 것이 아니다. 다섯째, 학습조직은 그 구축과정과 학습조직이라는 최종결과가 분리될 수 없다. 즉, 학습조직을 구축해가는 그 과정 자체에서 학습조직도 구축되어 간다고 볼 수 있다. 여섯째, 학습조직이라는 비전의 내용을 초기에 어떻게 규정하였든지 간에 학습조직 구축과정을 통하여 새로운 학습이 일어나면 학습조직 그 규정 자체가 달라질 수도 있는 열린 개념이자 시스템이다.

이순철(1996)은 학습조직을 실행가능성과 적용가능성을 조직의 관점에서 다음과 같이 조명하였다. 첫째, 학습조직은 학습을 바탕으로 하여 조직의 성취도 개선을 이룩해야 한다. 둘째, 학습조직은 창의와 적응을 위한 의도적인 조직이다. 셋째, 학습조직은 격변하는 외부환경에 대처하고 조직의 내적 성장능력을 극대화하기 위해 끊임없이 학습을 추구하는 조직이다. 넷째, 학습조직은 모든 조직구성원의 학습활동을 촉진시킴으로써 조직 전체에 대한 근본적인 변화를 지속적으로 촉진시키는 조직이다(Pedler, Burgoyne & Boydell, 1991). 다섯째, 학습조직은 학습을 통하여 창출된 지식과 통찰력을 반영할 수 있도록 행동을 변화시키는 데 능숙한 조직이다.

장승권 외(1996)는 기존의 혁신기법과 학습조직이 조직의 요구사항에 대한 대응의 관점에서 어떠한 차이가 있는지를 고찰함으로써 학습조직이 갖는 특성을 명확히 하였다(〈표 Ⅱ-4〉 참조).

<표 II-4> 기존 경영혁신기법과 학습조직의 비교

조직의 요구사항	기존의 경영혁신기법	학습조직
신속한 환경적응력과 지식/정보의 수용력	단기적 지식은 창출하지만 지적 자산의 축적은 안 됨	지식 공유·축적으로 변화 대응력 향상
미래 대응력	당면 과제의 해결	초과 지식의 축적
창조적 문제 발견, 환경 주도	기존 문제 해결 중심	창조를 통한 환경주도력 배양
항시적 혁신을 위한 기초체력	대증 요법	기초체력 보강
조직원의 자아성장 욕구	조직만족, 고객만족 (즉, 업무와 고객 중심)	조직만족, 고객만족, 조직원 만족
혁신의 주체는 전 조직원	상위계층 중심의 혁신	현장 중심의 학습 주도로 혁신세력 배양

자료: 장승권 외(1996). 학습조직의 이론과 실제: 학습조직과 경영혁신, 삼성경제연구소, p.379.

여러 학자들이 정의한 학습조직의 특징을 종합해 보면, 다음과 같이 7가지로 요약할 수 있다(이영현 외, 2001, 재정리).

첫째, 지식의 창출, 공유 및 활용에 뛰어난 조직이다.

학습조직은 조직의 내·외부의 상황과 환경을 직관적 혹은 경험적으로 지각하고 당면한 문제를 해결하기 위하여 지식을 창출하고, 이 지식을 조직의 관련된 사람들과 집단이 공유할 뿐만 아니라 효과적으로 활용하는 데 뛰어난 조직이다. 따라서 이러한 지식을 활용하여 조직의 문제를 해결하거나 조직의 기존 행동패턴을 창조적으로 변화시키는 데에 숙달된 조직이다.

둘째, 창조적 변화능력의 촉진조직이다.

학습조직은 창조적인 변화가 이루어질 수 있도록 전략을 구상하고 그것을 실현하는 조직이다. 학습을 통해서 조직구성원과 조직은 재창조되어야 하며, 전에는 할 수 없었거나 비효율적으로 했던 일을 학습함으로써 할 수 있게 되거나 효율적으로 수행할 수 있어야 한다. 또한 학습을 통해서 외부세계와의 관계에 대하여 재인식하여야 하며, 학습을 통해서 창조능력을 확장시켜야 한다.

셋째, 탈관료제 지향의 조직이다.

관료제조직의 단점에 대비된 학습조직의 장점을 살펴보면 다음과 같다. 첫째, 관료제조직에서는 공식적인 규정과 문서에 근거한 업무수행을 강조하나, 학습조직은 조직의 효율성을 높일 수 있는 비공식적이고 현실적이며 신축성 있는 원칙을 중요시한다. 둘째, 관료제조직에서는 계층제적 권위에 의한 집권적 의사결정과 하향적인 지시·명령에 의하여 조직을 관리하는 것이 특징이나, 학습조직은 분권과 참여, 그리고 구성원의 자율성을 토대로 하는 상향적 업무수행을 강조한다. 셋째, 관료제조직에서는 형식적, 수단적 합리성과 인간의 감정을 초월하는 비인간적 업무처리를 지향하나, 학습조직은 실질적 합리성(substantial rationality)과 인간주의적 조직 관리 전략을 강조한다. 넷째, 관료제조직은 하나의 기계나 도구로서 조직을 은유하나, 학습조직에서는 조직을 하나의 살아 있는 유연한 유기체로 본다.

넷째, 현실을 자각하고 현실의 변화방법을 모색하는 조직이다.

조직은 다양한 역할을 수행하는 개인과 집단들로 구성되며, 유동적이고 복잡한 환경 속에 존재한다. 따라서 효율적인 조직은 성공과 실패, 장점과 단점, 당면문제 등의 현실을 정확히 지각하고 이해하며 필요한 경우에는 적절한 비전을 설정하고 현실의 변화를 추구해야 한다. 또한 조직 내의 개인과 팀, 그리고 조직 전체에 의미 있는 학습활동이 이루어짐으로써 조직구성원들은 조직의 현실에 대한 정확한 지각과 이해, 의미의 공유 및 상호주관성(inter-subjectivity)을 형성하며, 그것을 통해서 현실의 바람직한 변화방법을 탐구하고 선택할 수 있는 것이다.

다섯째, 학습자의 주체성·자율성·참여성이 존중되는 조직이다.

학습조직은 학습자의 주체성·자율성·참여성이 존중되는 조직이다. 관리자의 독단적·강제적·하향적 결정에 따라 수동적으로 학습하는 것이 아니라 개개인의 학습자가 주체가 되어 자율적으로 학습에 참여함으로써 학습의 목표를 최대한으로 달성하는 것이다. 조직의 관리자들은 다만 조직에 개방적인 학습풍토를 조성하고 학습의 효과를 거둘 수 있는 제반 기반을 구축하고 지원하는 일을 한다.

여섯째, 연속적인 학습이 이루어지는 조직이다.

학습조직에서의 학습은 일시적인 어떤 목표를 정해 놓고 그것에 도달하면 종료되는 것이 아니라, 연속적이고 지속적으로 이루어지는 것이다. 이는 마치 길을 가는 사람이 자기 앞에 있는 자신의 그림자와 더불어 계속 앞으로 걸어가듯이 가야 하는 연속적 과정이다. 따라서 학습의 목표가 달성되면 그 목표는 완료되는 것이지만 또 다른 새로운 목표를 다시 설정하여 학습활동을 계속 진행하여야 한다.

일곱째, 조직, 조직구성원, 고객을 만족시키는 조직이다.

학습조직은 조직이 지향하는 새로운 가치를 창조하고 그것을 실행할 능력을 향상시키며 조직활동에 의한 구체적인 성과를 통하여 조직과 조직의 구성원, 더 나아가 고객에 대한 만족을 지향하는 조직이다. 다시 말하면, 학습조직은 조직의 질적 수준을 높이고, 관리의 능력을 향상시키고, 활발한 창조활동을 유발하며, 성과를 향상시킴으로써 조직의 만족을 달성케 한다. 또한 조직구성원들에게 성취감과 자율성을 부여하고, 창의성을 북돋으며, 이를 통해 고객에 대한 서비스를 개선함으로써 그들을 만족시키는 조직인 것이다.

2) 학습조직화의 기본 체계

학습조직에서는 조직 내의 모든 수준, 즉 개인, 집단/팀, 그리고 조직의 수준에서 학습이 이루어져야 한다. 다시 말하면, 이러한 3가지 수준에서 학습을 독려하고 극대화하는 능력을 요구한다.

개인학습(혹은 개별학습)은 조직의 가장 기본이 되는 조직구성원 개개인이 주체가 되어 수행하는 모든 학습을 말한다. 개인학습의 유형으로는 자기관리라는 측면에서 실시하는 학습, 동료로부터의 영향에 의한 학습, 컴퓨터활용을 통한 학습, 매일 매일의 경험을 통한 학습, 프로젝트의 특별한 과제해결을 위한 학습, 그리고 개인적인 통찰력의 배양과 같은 것들이 있다(Marquardt, 1997). Peter Senge(1990a)는 "조직은 오직 배우는 개개인을 통해서만 학습한다. 개인의 학습이 반드시 조직의 학습을 보장하는 것은 아니지만 개인의 학습이 없이는 조직의 학습이 발생할 수 없다"고 말하였다. Chris Agyris & Donald Schon (1978)은 이에 동의하면서 "개인의 학습은 필요하다. 그러나 조직의 학습은 개인학습만으로는 불충분하다"고 주장하였다. 따라서 개인학습은 조직의 학습을 위해 필요한 기본적 조건이긴 하지만, 그것으로서 조직의 학습이 완성되는 충분조건은 아니다.

집단 및 팀 학습은 집단 또는 팀 등 조직의 하위단위들에 의해서 수행하는 모든 학습을 말한다. 집단학습은 경험의 공유를 통해서 가장 빈번히 이루어진다. 집단학습은 집단이나 팀의 구성원들이 추구하는 학습과 그 성과를 창출하기 위해 집단의 능력을 개발하고 조정하는 과정에 중점을 둔다. 집단 및 팀 학습이 활성화되기 위해서는 다음과 같은 3가지의 필수적인 구성요소가 있어야 한다(Marquardt, 1997). 첫째 복잡한 문제에 관해 통찰력 있게 사고할 필요성과 많은 정신적인 잠재력을 일깨울 수 있는 방법의 개발, 둘째, 혁신적이고 조정된 행동의 필요성, 셋째 다른 집단 및 팀의 학습을 격려하고 자극할 수 있는 능력 등이 필요하다.

조직학습이란 하나의 조직 전체의 목표달성을 위하여 조직 전체의 차원에서 수행하는 모든 학습을 말한다. 조직학습의 개념은 Hert Simon, James March, Richard Cyert와 같은 선구적인 조직이론가들에 의해 1950년대에 제시된 이래, 근래에 이르러 다수의 학자들에 의해 관리이론의 새로운 시각 또는 패러다임으로 집중적으로 연구되고 있으며, 실무가들도 학습조직화를 추구하기 위해 적극적으로 수용하고 있다(권석균, 1996b). 조직학습은 개인학습 및 집단학습과 상호 연관되지만, 그것들의 총합은 그 이상의 것이 된다. 조직을 구성하는 개인이나 집단이 각 수준에 맞는 독자적인 인지와 기억체계를 갖듯이, 조직은 조직 전체의 수준에서 그것을 갖게 된다. 즉, 조직학습은 조직 전체의 전략과 시스템 차원에서 이루어지는 것이다. Analog Device사의 최고경영자인 Ray Stata는 조직학습은 다음과 같은 2가지 측면에서 개인 및 집단/팀 학습과 다르다고 주장한다(Marquardt & Reynolds, 1994). 첫째, 조직학습은 구성원들 사이에서 공유된 통찰력과 지식 및 정신모델을 통해 발생한다. 둘째, 조직학습은 전체 조직이 축적한 과거의 지식과 경험, 즉 정책·전략·분명한 모델과 같은 교육적 메커니즘에 의존하는 조직의 기억력을 바탕으로 이루어진다.

이상과 같은 개인학습, 집단/팀 학습, 조직학습은 상호 밀접한 관계를 갖는다. 개인학습은 집단학습을 일어나게 하고, 집단학습은 조직학습을 일어나게 하는 요소가 되며, 개인학습이 직접 조직학습에 연결되기도 한다. 또한 조직학습이 개인학습이나 집단학습을 촉진하고 지원하기도 한다. 이들 학습수준 간의 관계를 통해서 학습조직화가 되는 과정을 구체적으로 언급하면 다음과 같다.

우선, 개인학습은 조직 내부에 있는 구성원들의 개인차원에서 전개되는 모든 배움의 활동을 의미한다. 특히, 학습조직에 있어서의 개인학습은 타율적 훈련보다 자율적 학습을 강조한다. 따라서 조직은 조직구성원들의 자발적인 학습활동이 발생할 수 있도록 문화적이고 제도적인 노력을 기울여야 한다. 왜냐하면 이러한 점은 개인학습을 조직학습으로 발전시킬 수 있는 문제와 직결되기 때문이다(유영만, 1995).

이러한 개인학습 행위가 조직의 전략적 목표와 연관되어 조직 내에 공유·확산되면서, 그 해당 행위능력의 유발이 더 이상 특정 개인에게만 국한되지 않을 때(공간적 확대) 조직학습이 발생했다고 할 수 있으며, 이러한 특정의 행위능력뿐만 아니라 새로운 능력들에 대해서도 습관적으로 조직적인 차원에서 학습이 반복되는 수준까지 이르게 되었을 때(시간적 확대) 이를 학습조직이라고 말할 수 있다(박광량, 1996c). 따라서 조직학습은 과정(processes)의 개념이며 학습조직은 결과(outcomes), 엄격히 말해 중간 결과물의 개념이다. 즉, 학습조직은 구축된 최종 결과물이 아니라 부단한 조직 학습을 통해서 조직구성원과 조직의 학습력이 향상됨으로써 조직의 대내·외적 경쟁력이 제고된 상태를 의미하는 반면에, 조직학습은 개인학습이 체질화되고 습관화된 상태를 의미한다(유영만, 1995).

이와 같이, 학습조직은 조직 전체의 차원에서 지식이 창출되고 이에 기초하여 환경적응력과 경쟁력을 증대시켜 가는 조직 자체를 일컫는다. 따라서 학습조직은 [그림 Ⅱ-1]에서와 같이 개인학습, 집단 및 팀 학습, 조직학습의 활성화를 통해서 복합적으로 이루어진다.

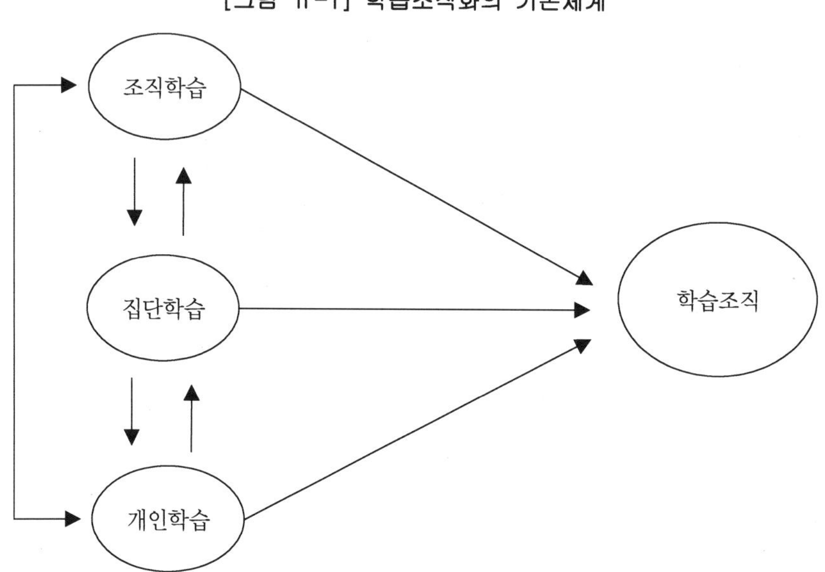

자료: 권석균(1996b). 학습조직의 이론과 실제: 조직학습의 이론과 논쟁, 삼성경제연구소, p.31.

3) 학습조직의 구축 모형 및 요인

급변하는 기업환경에서 경쟁력을 갖추기 위해서는 기업 내부와 외부 환경을 고려한 학습조직의 구축이 중요하다. 이러한 효과적인 학습조직의 구축을 위해서는 학습조직 프로세스를 통한 개발과 실천전략이 요구된다. 본 연구에서는 효과적인 학습조직의 구축을 위한 Senge(1990a), Peddler, Burgoyne & Boydell(1991), Bennet & O'Brien(1994), Watkins & Marsick(1993), Marquardt & Reynolds (1994), Schwandt(1992), Gould, Dibella & Nevis(1995), Redding(1997), Nonaka (1994), Dixon(1994), 박광량(1994b), 권석균(1996a), 유영만(1997) 등의 학습조직 구축과 관련한 선행연구를 살펴보고, 본 연구의 실증적 연구에 사용할 학습조직 구성요인을 추출하였다.

(1) Senge의 5가지 수련

Peter Senge(1990a)는 「제5의 수련(the fifth discipline)」에서 기업의 학습조직으로의 전환을 촉진시키는 5가지의 학습원칙 또는 기술을 규명하였다. 이는 변화관리(change management)와 관련되어 기존의 조직이론 분야나 조직행동론 분야의 모든 이론들을 통합하는 포괄적 특성을 지니고 있다. 학습조직을 구축하고자 하는 조직구성원은 이 5가지 원리를 이해하고 일상업무에서 이를 구체화해야 한다는 것이다.

○ 공유비전(Shared Vision): 비전은 특정 개인이나 소수 집단에 의하여 제시되는 것이 아니라, 전 사원 개개인의 비전과 리더의 비전 간에 끊임없는 대화를 통해 얻어지는, 모든 구성원이 공감대를 형성할 수 있는 공동의 비전을 의미한다. 그러므로 비전의 설정은 통보(telling), 설득(selling), 검정(testing), 자문(consulting), 공동창조(co-creating) 등의 일련의 단계들을 필요로 한다. 이를 위해서는 모든 구성원을 동등하게 대우하며 그들의 의견과 이견을 조율하고 수렴할 수 있는 참여적 조직문화의 정착이 필요하며, 동시에 비전적 리더십 또는 변혁적 리더십의 역량이 요구된다. 이 구성요인의 이론적 배경으로는 조직행동론의 리더십 영역과 기업문화 등이 중심이 되고 있다.

○ 사고모형(Mental Model): 사고모형이란 주변에서 발생하는 현상들을 이해하는 인식체계로서 학습조직을 위한 철학적 기반이며, 인식과 사고의 내면에 놓여 있는 준거의 틀이나 전제 또는 마인드 세트(mind set)를 의미한다. 이는 개인과 조직의 사고체계와 행동양식에 직접적인 영향을 미치며, 이러한 철학적 기반을 부단히 성찰(reflecting)함으로써 새로운 사고의 전환을 기할 수 있게 한다. 근본적으로 인지적 이론(perceptual theories)에 바탕을 두고 있으며, 전략적 사고의 영역과 연계되어 새로운 변화관리를 주도할 수 있는 유용성을 지니고 있다는 데 그 의의가 있다.

○ 자아완성(Personal Mastery): 자아완성이란 개인이 진정으로 지향하는 근본적이면서도 본질적인 가치의 돌출을 위하여 개인적 역량을 지속적으로 넓

혀가고 심화시켜나가는 행위를 의미한다. 조직구성원의 자아완성도를 성숙시키기 위해서는 패기(self-efficacy)에 근거한 개개인의 권능확대(empowerment)가 이루어져야 하며, 일상업무 속에서 경험하는 시행착오들에 의하여 축적된 지식(know-how)과 사건의 밑바탕에 깔려 있는 기본적인 원리(know-why)를 지속적으로 발견하고, 만들어내고, 개발할 수 있는 동기부여가 있어야 한다. 이 구성요인의 이론적 배경은 조직행동론의 미시영역인 동기부여, 권능확대, 패기이론들을 망라하고 있다.

○ 팀학습(Team Learning) : 팀학습을 위해서는 타인의 관점이나 의견을 존중하면서 자신의 의견을 밝히는 가운데 서로의 생각들이 유연하게 교감할 수 있는 대화(dialogue)와 토론(discussion) 문화의 정착이 필요하다. 기능 전달 문화에서 비롯되는 벽을 해소하고 보다 신속한 혁신의 결과들을 가져오기 위해 다기능팀(cross-functional team)을 조성하여 학습능력을 증진시킬 필요성이 증대되고 있다. 팀학습 개념의 이론적 배경으로는 집단역학(group dynamics)에서의 문제해결과정(problem-solving process)과 의사소통이론 등이 중심이며, 이를 넘어서는 집단적 문제해결 내지 창의적 문제해결과정과 긴밀한 이론적 연계를 맺고 있다고 하겠다.

○ 시스템사고(Systems Thinking) : 시스템사고란 현상을 이해하고 이를 바탕으로 문제를 해결하려는 수단이다. 이러한 사고는 선형적 관계를 전제로 변수와 변수 간의 부분적 현상을 이해하거나 또는 이에 집착하는 것을 배제하는 한편, 전체를 인지하고 이에 포함된 부분들 사이의 순환적 인간관계 또는 역동적인 관계를 이해할 수 있게 하는 사고의 틀을 의미한다. 아울러, 다양한 상황들에 대해 선행적으로 어떤 결과들이 도출될 것인가에 대한 지속적인 사고를 가능케 하는 시뮬레이션의 틀이기도 하다. Senge는 책의 제목을 제5의 수련이라고 칭할 정도로 이를 중요하게 부각시키면서 조직의 학습능력을 배양하는 가장 중요한 요인이라고 주장한다.

[그림 Ⅱ-2] Senge의 학습조직 구축요인

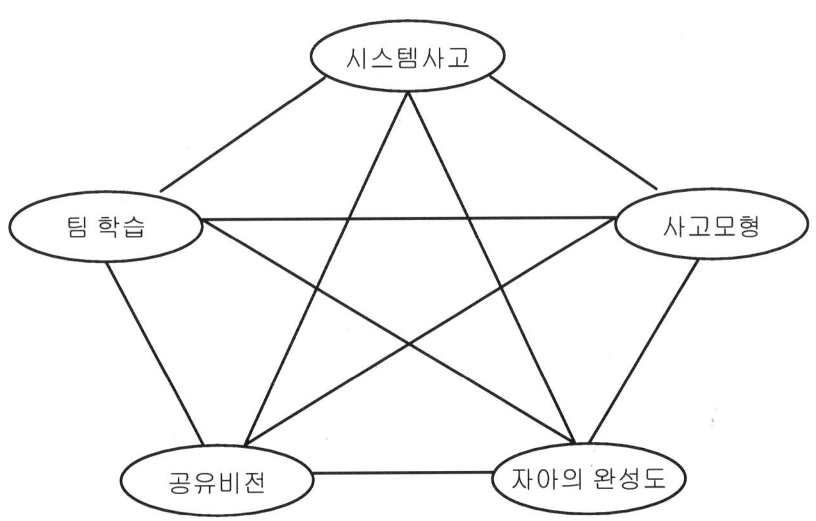

자료: 손태원(1996). 학습조직의 이론과 실제: 학습조직과 시스템사고, 삼성경제연구소, p.183.

(2) Pedler, Burgoyne & Boydell의 학습기업

Pedler, Burgoyne & Boydell(1991)은 생명력이 없는 정적 이미지의 학습조직이라는 개념보다는 살아 숨쉬는 동적 이미지의 '학습기업(learning company)'이라는 개념을 사용하고 있는데, 조직이라는 용어가 추상적이고 생동감 없는 기계적 뉘앙스를 풍긴다면, 기업이라는 용어는 공동목표를 달성하기 위해 일단의 팀 구성원들이 서로 협력해서 프로젝트를 추진하는 생명력 있는 유기체임을 강조한다.

학습기업은 다음과 같은 11가지 요소를 그 특징으로 가진다(Pedler et al., 1991; Watkins & Marsick, 1996).

○ 전략에 대한 학습적 접근(learning approach to strategy): 학습기업은 조직의 정책과 전략을 짜고, 이를 실행·평가하며, 평가 결과를 토대로 수정·보완하는 일련의 과정을 의식적인 학습과정으로 간주하여 정책과 전략을 질적으로 향상시키고자 한다.

○ 참여 지향적 정책 형성(participative policy-making)∶정책과 전략 형성과정에 모든 조직구성원을 적극적으로 참여시켜 구성원들의 다양한 관점과 시각을 반영할 수 있는 기회를 부여함으로써 전략이나 정책의 형성과정이 조직구성원 전체의 공동 책임임을 인식시킨다.

○ 정보공유의 촉진(informating)∶학습기업은 첨단 테크놀로지를 활용하여 다양한 정보를 공유할 수 있는 메커니즘이나 채널을 구축한다는 특징을 가지고 있다.

○ 형성적인 회계와 통제(formative accounting and control)∶학습기업은 회계, 예산 및 보고체계가 학습활동을 촉진시킬 수 있도록 재구성하고, 금융이나 재무 담당자가 조직 내부의 회계 관련 컨설턴트 역할을 수행할 수 있도록 한다.

○ 사내 커뮤니케이션의 촉진(internal exchange)∶학습기업은 부서 내부의 구성원들이 지속적으로 커뮤니케이션 활동을 촉진시켜 상호간의 요구, 기대사항, 갈등 요인 등을 스스로 해결하려는 분위기를 만들어 나간다.

○ 보상구조의 융통성(reward flexibility)∶학습기업이 활성화되기 위해서는 조직구성원의 창의성과 혁신적인 아이디어의 실천 정도에 따라 그에 상응하는 효과적이고 다양한 보상체계를 구축해야 한다.

○ 유연한 조직구조(enabling structures)∶학습활동이 효과적으로 발생하기 위해 조직구조가 과거 통제 중심의 관료적 조직구조에서 의사 결정이 신속하게 이루어지고 외부 환경에 능동적으로 대처할 수 있는 융통성이 있는 수평적 구조로 재편되어야 한다.

○ 외부 정보채널의 구축(boundary workers as environmental scanners)∶조직 내부에 새로운 정보가 계속적으로 유입되기 위해서는 조직 외부와의 공식적 혹은 비공식적인 정보채널이 구축되어야 한다.

○ 기업 간 학습활동(inter-company learning)∶기업 상호간에 배울 수 있는 학습기회를 지속적으로 형성해가야 한다.

○ 학습분위기의 조성(learning climate)∶자기개발의 기회(self-development opportunities for all)를 확대해 나간다.

이와 같은 11가지 요소는 학습기업의 활동에서 각각 전략, 조직 내부, 조직 외부, 학습기회, 조직구조 등의 영역으로 나누어 볼 수 있다([그림 Ⅱ-3] 참조).

[그림 II-3] Pedler et al.의 학습기업 모형

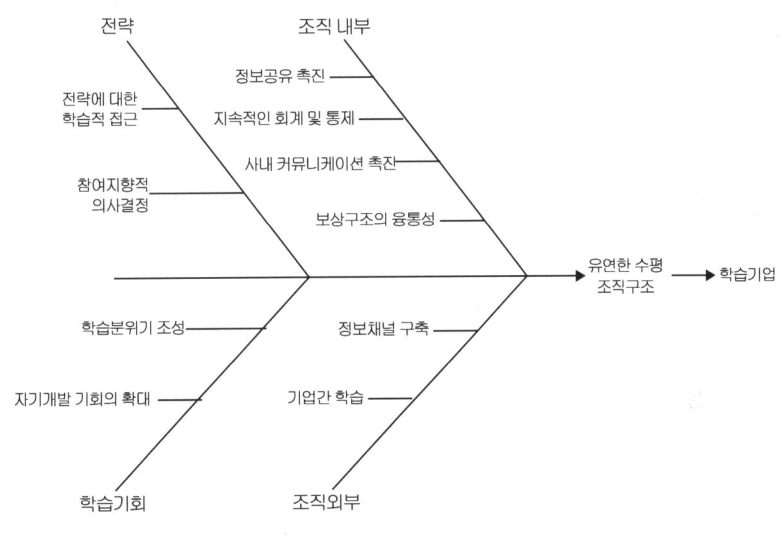

자료: 유영만(1995). 지식경제시대의 학습조직: 한국기업의 학습조직 구축방안. 고도컨
설팅그룹, p.140.

(3) Bennet & O'Brien의 학습조직 구축요인

Bennet & O'Brien(1994)은 이전의 학습조직 모델이 제시하는 이상이나 행동특성을 그대로 유지하면서 기업현장에서 학습조직을 적용하거나 실천할 수 있도록 구체적이고 실제적인 학습조직 구축요인들을 다음과 같이 제시하였다.

① 전략과 비전의 공유　　② 최고 경영진의 실천
③ 관리자들의 실천　　④ 개인과 팀의 실천
⑤ 작업 프로세스　　⑥ 업무성과 목표와 프로세스
⑦ 개방성과 신뢰의 분위기　　⑧ 학습을 지원하는 조직의 구조
⑨ 정보의 흐름　　⑩ 훈련과 교육
⑪ 개인과 팀의 개발　　⑫ 보상과 인정

(4) Watkins & Marsick의 학습조직

Watkins & Marsick(1993)은 학습조직의 일반적 특징을 반영하는 모형을 [그림 Ⅱ-4]와 같이 제시하고 있다.

위의 삼각형은 회사의 사회적 제도에 의해 창조되는 구조와 문화를 나타내고, 아래의 삼각형은 조직을 구성하는 사람들을 나타낸다. 개인들은 학습을 하고, 조직은 학습을 지지하고 촉진하는 구조·정책·문화를 창조해 가는 것이다.

Watkins & Marsick에 의하면 학습조직이란 개인, 집단, 조직, 사회적 수준에서 학습이 일어나는 것으로서, 이러한 각 수준에서 학습이 일어나기 위해서 요청되는 6가지 필수행동을 제시하였다. 개인수준에서는 계속적인 학습기회를 창출하고, 대화와 탐구심을 촉진하여야 하며, 집단수준에서는 협력과 팀학습을 조장하여야 한다. 조직수준에서는 학습을 포착하고 공유할 수 있는 체제를 구축해야 하며, 공통된 비전을 가질 수 있도록 사람들에게 권한을 부여하여야 한다. 마지막으로, 사회적 수준에서는 조직을 그 환경에 연결하여야 한다.

[그림 Ⅱ-4] Watkins & Marsick의 학습조직 모형

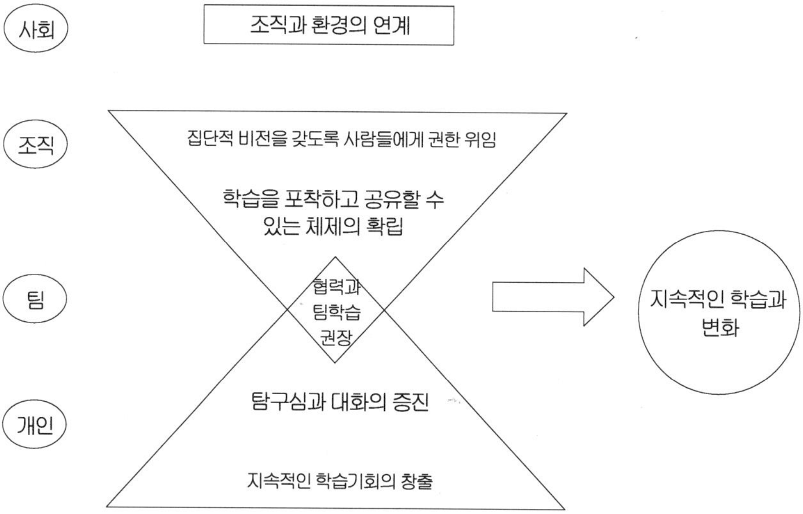

자료: Watkins K. E. & Marsick V. J.(1993). Sculpting the Learning Organization: Lessons in the Art and Science of Systemic Change, San Francisco: Jossey-Bass.

(5) Marquardt & Reynolds의 글로벌 학습조직

Marquardt & Reynolds(1994)의 글로벌 학습조직은 개인이나 집단 차원의 학습과 조직차원의 학습, 글로벌 차원의 학습으로 대별하여 글로벌기업의 학습조직에서 고려하여야 할 11가지 필수적 요인과 글로벌 학습을 촉진시키는 6가지 요인을 지적하고 있다. [그림 Ⅱ-5]에서 보는 바와 같이 중간 구인 학습조직 활동을 결정짓는 특징으로는 수평적 조직구조와 같은 적절한 구조, 기업학습문화, 권한과 능력의 함양, 주변 환경에 대한 대처능력, 지식창출과 이전, 학습공학과 정보기술, 질 위주의 경영, 학습전략, 지원 분위기, 팀워크와 네트워킹, 비전의 공유 등이 제시되고 있다. 다음으로 바깥 구인조직 성공을 위한 글로벌 학습을 촉진시키는 요인으로서는 문화 변용, 국가 간 경계의식의 극복, 세계화, 언어능력, 리더십, 노동력의 다양성 등을 밝히고 있다.

[그림 II-5] Marquardt & Reynolds의 글로벌 학습조직 모형

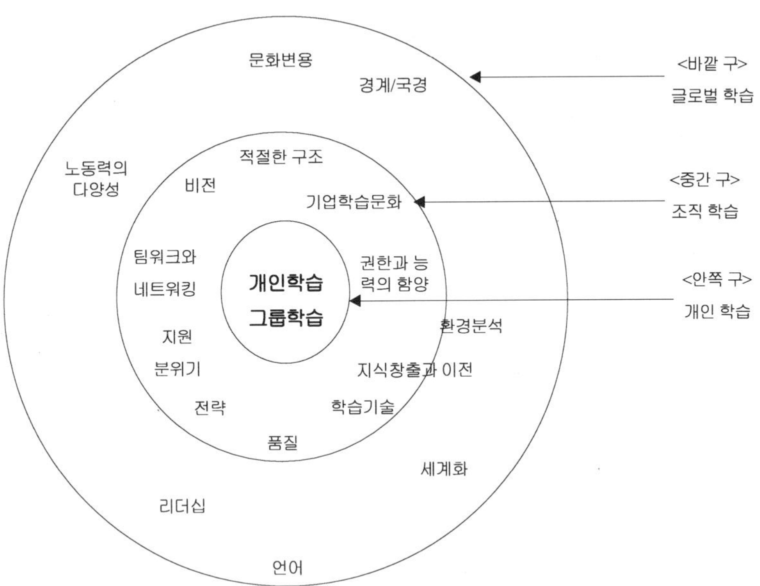

자료: Marquardt, M. & Reynolds, A.(1994). Global Learning Organization, New York, Irwin Inc.

(6) Schwandt의 학습조직 모형

Schwandt(1992)는 학습과 변화의 개념을 통합하는 조직의 학습모델을 개발하였다. 이 모델에서는 4가지의 하위시스템들(환경적 상호연계, 행동과 반성, 기억과 의미, 유포와 확산) 간의 상호작용이 어떻게 조직 내·외의 환경 변화를 이해하고 그에 따라 적응하며 생존하는가를 나타내고 있다.

'환경적 상호연계'는 학습조직에 대한 정보를 제공하는 창구 역할을 하며, 적응기능을 제시하고 있다. 이 기능은 기업의 환경을 개관하고 시험하는 조직의 활동과정에서 나타나며, 기업에 투입될 요소를 선택한다.

'행동과 반성'은 조직의 활동과 조직활동의 인과관계를 검토하며, 새로운 정보로부터 지식창출을 하고 조직의 학습목표가 성취되도록 지원한다. Schwandt는 이러한 조직활동 중에 나타나는 이러한 기능으로 실험, 연구, 평가, 비판적 사고와 문제해결을 든다.

'기억과 의미'는 조직으로 하여금 판단, 선택, 초점, 통제에 대한 기준을 창출함으로써 조직의 환경 변화와 경험에 의미를 부여하도록 지원한다. 여기서는 문화적 믿음, 가치, 전제, 그리고 조직의 실용 예를 유지하고 창출한다.

'유포와 확산'은 학습시스템의 요소들을 조화시키고 구성한다. 커뮤니케이션 네트워킹, 전자적 자료 교환의 기술적 프로세스, 그리고 리더십 역할 결정 등을 포함한다.

[그림 II-6] Schwandt의 학습조직 모형

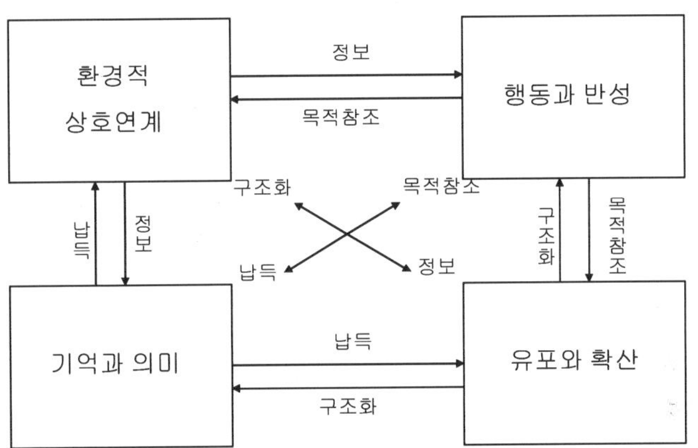

자료: Schwandt, D.(1992). Thoughts on Organizational Learning
Theory, Unpublished Paper, p.29.

(7) Gould, DiBella & Nevis의 촉진요인

Gould, DiBella & Nevis(1995)도 학습조직 초기 연구자들이 제시한 핵심들을 그대로 유지하면서, 학습조직이 지나치게 이상주의적이라는 비판을 극복하기 위해서 조직들이 현재 수행하고 있는 학습활동 스타일들을 객관적으로 제시하고자 하였다. 이들은 현재 기업체들이 수행하고 있는 학습활동 스타일을 지식의 출처(내부 대 외부), 제품프로세스 초점(무엇을 대 어떻게), 지식의 소유 양태(사적 대 공적), 지식의 전파 양태(공식적 대 비공식적), 학습량의 초점(점진적 대 혁신적), 가치사슬 초점(설계 대 유통), 기술개발 주체(개인 대 집단) 등 7가지로 제시하였다. 또한 학습조직 촉진요인을 환경검색, 업무성과 격차, 측정에 대한 관심, 실험정신, 개방적 분위기, 지속적인 교육, 운영의 다양성, 다수의 주창자, 참여의 리더십, 시스템적 관점 등 10가지로 제시하였다.

(8) Redding의 측정요인

Redding(1997)은 학습조직의 측정단계를 제1단계 학습조직의 평가목적 규명,

제2단계 학습조직의 평가도구와 방법의 선택, 제3단계 학습조직의 평가시행과 결과분석, 제4단계 학습조직 실천 전략의 개발, 제5단계 학습조직의 현실적 실행안 설계, 제6단계 학습조직의 현실적 실행안 시행으로 구분하였고, 학습조직의 현실적 실행안을 학습의 수준과 조직의 시스템 2가지로 구분하였다(〈표 Ⅱ-5〉 참조). 또한 학습의 수준에는 개인학습, 팀학습, 조직학습 등 3가지의 실행요인을 제시하였고, 조직시스템은 비전과 전략, 리더십과 경영관리, 문화, 구조, 커뮤니케이션/정보/지식 시스템, 성과관리, 기술 등 7가지의 실행요인을 제시하였다.

<표 Ⅱ-5> 학습조직의 현실적 실행안

범 주	추진방법	대표적 사례
▶ 학습 수준		
개인학습	·자기주도형 학습 ·개인학습 계획 ·지속적 학습 ·Processes	College Pro Painters Ernest & Young PPG Rohm and Hass
팀학습	·대화법 ·행동성찰학습	British Mutinational Corp. Grace Cocoa Intel
조직학습	·전략적 행동학습 ·프로젝트 결과보고 ·교훈정리 학습	Motoroloa Senior Executive -Program Ultrasound Coronary Systems
▶ 조직 시스템		
비전과 전략	·조직변화 활동 (large group intervention) ·시나리오 계획	Intermedics Orthopedia Environment Protection Agency TRW Space & Defense
리더십과 경영관리	·행동학습 ·학습모델화를 위한 리더십 역할	Morrison Communications Volvo Truck Xerox
문화	·조직수준학습으로의 문화의 변용	Swiss Postal Service General Electric Honeywell Micro Switch
구조	·자율조직형 조직구조	Johnsonviille Foods ABB
커뮤니케이션/정보/지식 시스템	·지식 관리 및 이전 시스템	Andersen Consulting Corning
성과관리	·학습과 성과 측정, 보상의 연계	Johnsonville Foods Honeywell Micro Switch
기술	·학습촉진을 위한 테크날러지의 활용	Tennessee Valley Authority Caterair Rohm and Hass

자료: Redding, J.(1997). "Hardwiring the Learning Organization", *Training and Development*, ASTD, p.62.

(9) Nonaka의 지식창출 모형

Nonoka(1994)는 개인과 조직이 지식을 어떻게 창출해 나가는지를 보여주었다. [그림 Ⅱ-7]에서 보는 바와 같이, 암묵적 지식(implicit knowledge)과 명시적 지식(explicit knowledge) 간의 상호작용을 통해서 개인과 조직의 지식을 창출해나가는데, 암묵적 지식에서 암묵적 지식으로 상호 작용하면서 지식을 창출하는 과정을 사회화, 암묵적 지식에서 명시적 지식으로 상호 작용하면서 지식을 창출하는 과정을 외형화, 명시적 지식에서 명시적 지식으로 상호 작용하면서 지식을 창출하는 과정을 조합, 명시적 지식에서 암묵적 지식으로 상호 작용하면서 지식을 창출하는 과정을 내면화라고 하였다.

Nonaka는 일본 기업의 경쟁력의 주된 원천은 조직구성원들이 가지고 있는 암묵적 지식을 명시적 지식으로 전달하는 관계에 있다고 보았으며, 형태화되어 있지 않거나 문서화되어 있지 않는 지식들이야말로 다른 회사나 다른 사람들이 모방할 수 없는 기업의 핵심능력에 해당된다는 점을 부각시켰다. Nonaka의 암묵적 지식에 대한 강조는 조직구성원들의 오랜 경험과 숙련에서 나온 노하우나 지식들을 공유할 필요성과 방법론을 제시하였다는 데 큰 의미가 있다. 그 밖에도, 그는 그의 지식창출 방법론이 서양의 전통, 특히 데카르트적 전통에서 안고 있는 '아는 자와 알려진 것' 간의 분리문제를 극복하고, 앎의 주체(아는 자)와 대상(알려진 것) 간의 구별을 없애려는 시도를 함으로써, 동양적 관점을 현대의 조직경영에 기여할 수 있는 구체적인 방법론으로 제시했다는 데 그 의의가 크다고 할 수 있다.

[그림 Ⅱ-7] Nonaka의 지식창출 모형

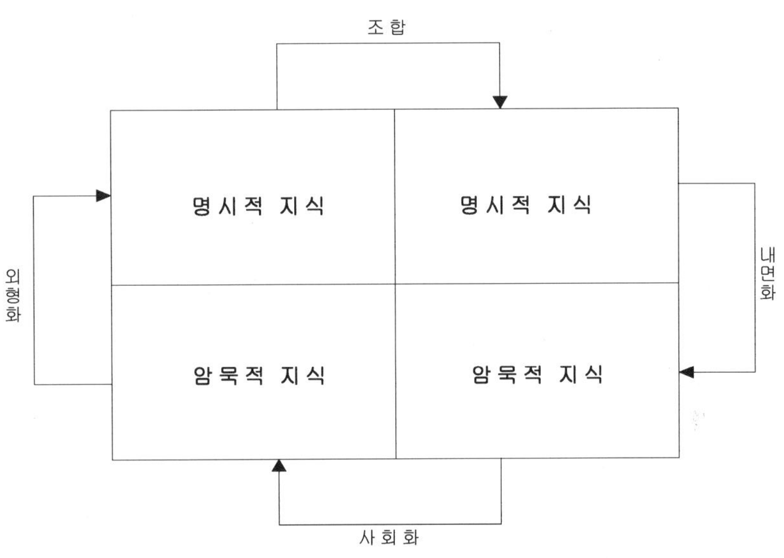

자료: Nonaka(1994). A Dynamic Theory of Organization Knowledge Creation, Organization Science, 5(1).

(10) Dixon의 조직학습 사이클

Dixon(1994)은 지식의 창출과 조직의 혁신과정을 통합적인 관점에서 보고, 이를 '의미구조(meaning structure)'라는 매개적 개념을 통하여 설명하고자 하였다. Dixon은 조직이 학습을 수행해 나가는 과정을 사적인 의미구조(private meaning structure), 집합적 의미구조(collective meaning structure) 간의 상호작용 관계로 보았다.

Dixon에 의하면, 개인의 학습은 주로 사적인 의미구조에서 이루어지며, 조직의 학습은 접근 가능한 의미구조 영역에서 이루어진다. Dixon은 접근 가능한 의미구조 영역에서 일어나는 조직의 학습사이클을 정보의 창출, 통합, 해석, 행동의 4단계로 제시하였다.

정보의 창출은 조직구성원들이 고객, 공급자, 컨퍼런스 등 외부환경으로부터 정보수집활동에 참여하거나, 새로운 정보를 창출하는 작업에 참여하는 것을 의미한다. 통합은 새롭게 창출된 정보를 조직의 맥락 속에 통합시키는 것이다. 해석은 다양한 관점에서 다양한 방식으로 정보를 해석하는 것으로, 조직의 학습은 정보에 대한 해석의 차이가 있을 때 일어난다. 마지막으로, 집단적 해석에 근거해서 행동하는데, 행동은 해석을 검증하고, 지속적으로 학습하기 위해서 새로운 정보를 창출하는 출발점이 된다.

Dixon의 모형은 '조직구성원 스스로에 의하여 조직 자체를 끊임없이 혁신시켜 나가는' 학습조직에 적합한 조직혁신 프로세스를 의미구조들 간의 상호작용 관계로서 설명하였다는 데 그 의의가 크다고 할 수 있다.

[그림 II-8] Dixon의 조직학습 사이클

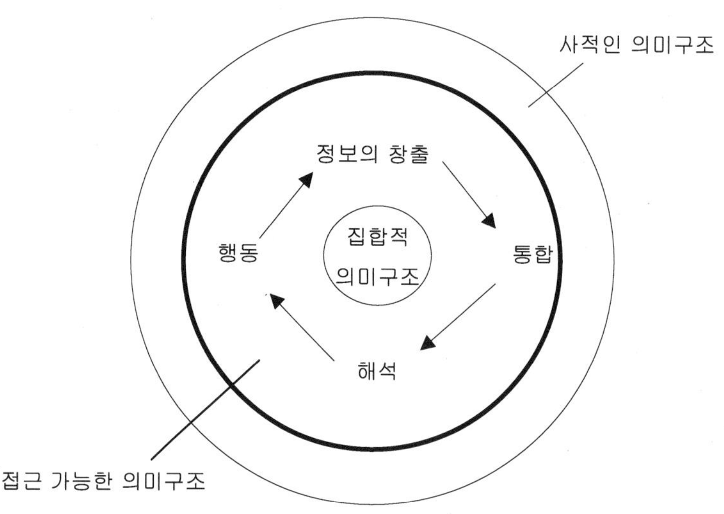

자료: Dixon, N.(1994). The Organization Learning Cycle, McGraw-Hill International (UK) Ltd.

(11) 박광량의 4가지 차원

박광량(1994b)은 학습조직 구축의 4개 주요 영역을 환경, 조직, 과업, 인간 차원으로 보고, 각 영역에서의 주요한 행동지침을 영역별 학습조직 구축의 '4C' 전략이라고 하였다.

환경차원에서 학습조직 구축의 핵심은 연결짓기 'Connect'전략으로서, 조직의 주요 환경변수들, 특히 고객과의 연결망을 그 질적, 양적 측면에서 증대시키는 것이다.

조직차원에서는 학습행위가 체계적으로 전개되고 학습내용이 전 조직에 확산, 공유되도록 하는 'Communicate'가 핵심전략이다.

과업차원에서는 부단한 혁신을 위하여 일상 업무과정에서 도전, 실험, 그리고 학습이 촉진되도록 하는 'Challenge'전략이 있다.

인간차원에서는 조직원 개개인의 습관적 학습행위를 통해 인적자본 가치가 높은 학습인을 양성하는 'Capitalize'전략이 있다.

(12) 권석균의 학습공동체

권석균(1996a)은 학습공동체의 구현모형에서 학습공동체의 핵심가치를 학습문화와 연계시키고 있다. 그는 학습공동체란 개인·집단·조직·사회 등의 모든 차원에서 새로운 지식의 창출이 자유롭게 이루어질 뿐만 아니라, 더 나아가 이들 개인·집단·조직·사회 수준 간의 다차원적인 지식 이전을 통한 이차적 지식창출이 활성화되어 있는 기업의 모습이라고 정의를 내린다. 그리고 이와 같은 학습공동체의 구현방안으로서는 개인학습에 필요한 학습문화로서 열정의 부여, 창조성의 발휘, 전문능력의 강화를, 집단학습에서는 신뢰기반 구축, 커뮤니케이션의 활성화, 팀워크 강화 문화를, 조직학습에서는 시스템사고, 전략공유, 권한 확대의 확산 문화가 필요함을 역설하였다.

[그림 II-9] 권석균의 학습공동체 모형

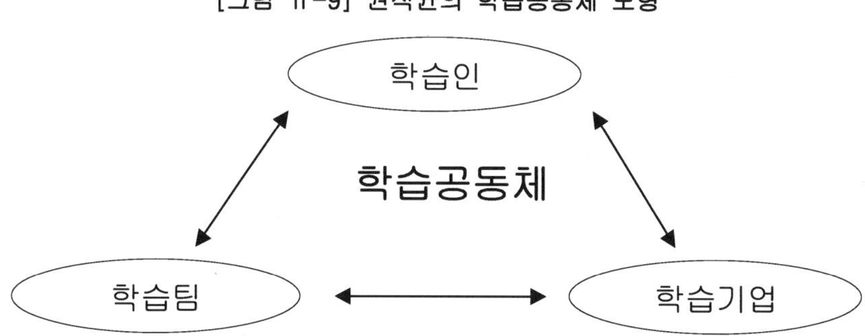

자료: 권석균(1996a). 21세기를 향한 인재육성전략: 한국적 학습조직 구축방안－조직학습과
학습문화, 제1회 교육발전 심포지엄, 현대인력개발원, p.27.

(13) 유영만의 4가지 차원

유영만(1996)은 학습조직의 구축은 기업의 문화, 사람, 경영관리, 테크놀러지
의 4가지 차원에서의 총체적 노력이 필요하다고 하였다.

문화차원에서는 학습조직의 구축과정에서 기본적인 토대 역할을 하는 학습
문화의 구축이 필요하다. 즉, 일상적인 업무활동과 함께 하는 조직원의 학습활
동이 적극적으로 권장되고 고무될 수 있는 저변문화 조성작업과 정보공유의
문화 조성작업이 필요하다.

학습활동의 주체인 사람에 관한 차원에서는 학습의 필요성이나 중요성의 인
식, 학습활동과 전체 경영활동의 연결 인식, 벤치마킹, 팀학습, 실천적 성찰학습
과 같은 각종 학습전략이 포함된다.

경영관리 차원에서는 팀제나 네트워크 조직 또는 가상조직 등 조직구조나
운영방식을 혁신하여 조직의 유연성을 확보하고 조직구성원의 창의력 촉발과
자율성 확대, 권한 위임 등을 통해 학습의 가능성을 높이려는 전략이 포함된다.
또한 조직의 지식관리 측면의 전략이 필요하며 학습활동을 적극 권장하는 각
종 제도의 확립 등이 필요하다.

마지막으로, 정보인프라와 각종 정보공유채널을 포함하는 테크놀러지 측면의
전략은 21세기형 기업조직을 구상하는 과정에서 필수적이다. 다양한 정보를 입

수, 가공하고 지식을 창출하며, 이를 전파하고 보급하는 과정에서 컴퓨터와 네트워킹 기술을 도입하는 전략이 필요하다.

이상과 같은 국내·외 연구에서 제시된 학습조직의 구축을 위한 주요 요인을 정리하면 〈표 II-6〉과 같다.

〈표 II-6〉 학습조직의 구축요인

구축요인			주장자												
			1)	2)	3)	4)	5)	6)	7)	8)	9)	10)	11)	12)	13)
학습조직의 영역	개인차원	−권한 위임				○	○							○	○
		−끊임없는 자기개발	○	○	○					○			○	○	○
		−끊임없는 도전정신			○	○			○				○		○
		−끊임없는 계획성												○	
		−위험감수태도												○	
	업무차원	−업무를 통한 학습	○		○	○				○				○	
		−상호교류와 협력				○	○								○
		−부서의 응집력				○	○								○
		−개방적 탐구·대화			○	○		○	○				○		
		−교육훈련기회 제공		○	○		○		○						
	조직차원	−상호신뢰			○				○						○
		−개방적 의사소통		○	○		○	○	○	○				○	○
		−의사소통의 구축			○				○	○			○		
		−비전의 공유	○	○	○	○	○			○				○	○
		−부서 간의 협력		○			○								
		−시스템적 사고	○					○	○					○	○
	환경차원	−경쟁업체	○	○		○	○	○	○						
		−고객	○	○		○	○	○	○				○		
		−협력업체	○	○		○	○	○	○						
		−기술/산업 동향	○	○		○	○	○	○						

구축요인			주장자												
			1)	2)	3)	4)	5)	6)	7)	8)	9)	10)	11)	12)	13)
학습조직의 지원시스템	리더십	-학습의 핵심가치화			○		○		○	○					
		-학습의 확인 및 평가			○		○		○	○					
		-역량의 강화 및 창출			○		○		○	○					
		-학습활동 지원		○	○		○	○	○	○				○	
	정보시스템	-시스템 구축정도			○		○			○				○	
		-시스템 접근용이성								○				○	
		-업무에의 활용								○				○	
	보상시스템	-아이디어 창출		○	○					○					
		-지식/기술 습득		○	○					○					
		-지식/노하우 공유		○	○					○					
		-아이디어 실행		○	○					○					
	조직의구조	-유연성		○			○		○	○				○	
		-지식/정보교류 지원			○		○			○				○	
		-한시적 팀 운용					○			○				○	
학습조직의 프로세스	지식창출	-조직 내부					○	○			○	○		○	○
		-조직 외부					○	○			○	○		○	○
		-내·외부의 조화						○			○	○		○	○
	지식공유	-전수 유무					○	○			○	○	○	○	
		-신속성/원활성						○			○	○	○	○	
		-빈도성						○			○	○	○	○	
		-분위기 조성					○	○			○	○	○	○	
	지식저장	-지식의 DB화						○			○	○		○	
		-지식의 표준화						○			○	○		○	
		-정기적 업그레드						○			○	○		○	
		-영구적 보존						○			○	○		○	
	지식활용	-타인 지식의 활용									○	○			
		-타 부서 지식의 활용									○	○			
		-사외 지식의 활용									○	○			

주: 1) Senge(1990a), 2) Peddler, Burgoyne & Boydell(1991), 3) Bennet & O'Brien(1994), 4) Watkins & Marsick(1993), 5) Marquardt & Reynolds(1994), 6) Schwandt(1992), 7) Gould, Dibella & Nevis(1995), 8) Redding(1997), 9) Nonaka(1994), 10) Dixon(1994), 11) 박광량(1994b), 12) 권석균(1996a), 13) 유영만(1996).

(14) 본 연구에서의 학습조직 모델

1990년대 초반까지 학습조직의 초기 연구경향은 학습조직을 촉진시킬 수 있는 조직구성원의 행동규범이나 행동특성에 초점을 맞추는 것이 대부분이었다. 반면에, 1990년대 후반에 접어들면서부터는 학습조직 촉진을 지원하고 실질적으로 기업경영에 실천하기 위한 지원시스템 및 학습프로세스를 체계화하며, 다양한 학습활동의 기회를 제공할 수 있는 전략과 방안에 초점을 맞추고 있다.

본 연구에서는 앞의 〈표 II-6〉에 근거한 지금까지의 학습조직의 연구 경향들을 종합적으로 체계화하여 학습조직 모델을 [그림 II-10]과 같이 설정하였다.

[그림 II-10] 학습조직의 모델

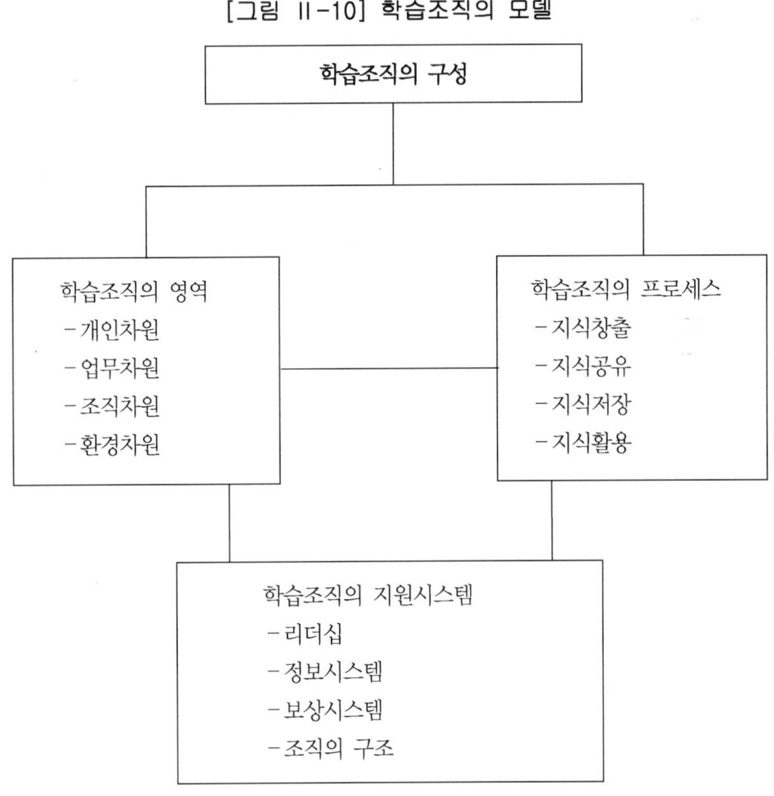

앞의 학습조직 모델은 최근의 연구경향과 실질적으로 기업현장에 학습조직을 실현할 수 있는 실천요인을 중심으로 설정하였으며, 개인의 행동특성요인은 학습조직의 영역인 개인차원, 업무차원, 조직차원, 환경차원 등에서 학습촉진을 위한 하위요인으로 설정하였다.

3. 학습성과의 이론적 고찰

학습조직이 추구하는 학습성과의 개념은 연구자들의 관점이나 기준이 다르기 때문에 이론적 합일점을 찾지 못하고 있는 실정이다. 그렇지만 학습조직에 있어서의 성과나 결과를 평가하기 위한 측정기준을 설정하고 각 이론 간의 합의점을 발견하려는 노력은 계속되고 있다. 본 절에서는 본 연구의 목적인 학습조직과 그 성과와의 실증적 연구에 앞서 그 관계성을 논의하고자 한다.

1) 학습성과의 개념

서구 산업계(Royal Dutch, Sell, Motorola, Ford Motor, 3M, FedEx 등)에서는 1990년대 초반부터 학습조직을 구축하여 그 성과를 입증하고 있다(Gephart et al., 1996). 일반적으로, 학습조직의 성과는 조직구성원의 성과와 연계되고, 조직구성원의 성과는 조직의 성과로 승화된다고 한다.

학습조직의 성과에 대한 연구는 여러 가지 이론적인 관점, 그리고 측정기준이나 방법의 다양성으로 인해 통일된 모습을 보여주지 못하고 있다. 하나의 예를 들면, 행동과학이론에서는 인간의 행위적 요소가 학습조직의 성과를 향상시킨다는 관점에서 조직구성원들의 직무만족, 사기, 조직몰입, 응집성 등 행위적 차원을 강조하는 반면, 시스템이론과 이에 영향을 받은 이론들에서는 개방적이고 체계적 관점에서 외부환경에의 적응을 학습조직의 성과를 결정하는 요인으로 강조하고 있다.

여러 학자들은 학습조직의 성과를 다음과 같이 정의하고 있다.

Price(1968)는 학습조직의 성과를 조직의 현실적 활동지침을 통해서 추구하는 목표를 달성하는 정도로 정의하면서, 생산성, 적합성, 사기, 적응성, 제도화 등을 지표로 포함하였다.

Robbins(1983)는 장·단기 목표의 달성도를 학습조직의 성과로 정의하면서, 목표를 설정하는 데는 전략적 이해관계자 요소가 반영되어야 하고, 이에 평가자의 이해관계와 그 조직의 수명주기 단계의 특성도 반영되는 것이라고 하였다.

Draft & Steers(1986)에 따르면, 학습조직의 성과는 조직이 그 목적을 달성하는 정도로서, 공식적 운영목표, 즉 수익성, 생산성, 종업원 복지, 고객만족 등을 측정기준에 포함하였다.

Mott(1972)는 학습조직의 성과를 조직이 행동하고 생산하며 적응하기 위하여 발휘하는 능력으로 정의하면서, "조직이 효율적으로 되면, 다른 기업보다 다량의 고품질 제품을 생산하고 조직 내부의 문제와 외부환경에 보다 적절히 적응한다"라고 주장하였다.

한편, Denison(1990)은 학습조직의 성과를 다음과 같은 4가지 함수관계로 설명하고 있다. 첫째, 학습조직의 성과는 조직구성원에 의해 형성된 가치와 신념의 함수이다. 둘째, 조직이 사용하고 있는 정책과 경영관행의 함수이다. 셋째, 핵심가치와 신념을 정책과 경영관행으로 일관되게 이전시키는 함수이다. 넷째, 핵심가치와 신념, 정책과 경영관행, 경영환경 등의 사이의 상관관계의 함수이다.

이상에서 살펴본 바와 같이, 학습조직의 성과는 다차원적(Campbell et al., 1974; Steers, 1977; Robbins, 1990)인 개념으로, 이는 학습조직의 성과를 결정하는 요인의 다양성에서 기인된다. 또한 학습조직의 성과에 관한 이론이나 접근법이 매우 다양하기 때문에 다르게 측정·평가되고 있는 것이다.

학습조직의 성과에 대한 접근법으로는 목표 접근법, 시스템 접근법, 인간관계 접근법, 경쟁가치 접근법 등이 있는데, 이를 간단히 살펴보면 다음과 같다.

첫째, 목표 접근법은 가장 전통적인 방법으로 조직의 산출 측면에서 측정 가능한 목표의 달성정도를 평가한다. 목표는 조직 내의 전반적인 합의와 의견일치를 통해 설정되고, 이러한 목표를 향한 진행과정은 추정 가능해야만 한다(Robbins, 1990).

둘째, 시스템 접근법은 개방 체제적 관점에서 조직의 구조 및 과정과 같은 수단을 강조하며, 외부환경에 대한 적응성을 학습조직의 성과를 결정하는 요인으로 보고 있다. 이에 따라, 학습조직의 성과를 목표 달성과정에서 일어나는 종업원의 만족, 화목, 그리고 환경과의 관계로 평가하는 것으로 경영자들에게 장기적인 관점에서 성과를 추구하도록 해주고 조직활동의 상호의존성에 대한 인식을 증대시킨다.

셋째, Likert를 중심으로 한 인간관계 접근법은 조직이 생산성, 이익 등과 같은 구체적인 효율성뿐만 아니라 구성원의 욕구 충족, 즉 만족도를 함께 추구해야 한다는 관점이다. 즉, 구성원의 응집성과 사기의 제고, 인적자원의 가치 및 개발을 통해 학습조직의 성과를 평가하도록 제안하였다(박종수, 1992).

넷째, 경쟁가치 접근법(Quinn & Rohrbaugh, 1983)은 가장 최근에 나온 접근법으로 Campbell이 제시한 30개의 학습조직 성과기준들 중에서 서로 공통적인 기준을 모색하는 것으로부터 조직구조와 관련된 유연-통제 차원, 조직의 중심을 어디에 두는가 하는 인간-조직 차원, 과정과 목표 달성을 강조하는 수단-목적 차원 등 3가지 범주의 측정기준을 마련하였다. 또한 유연-통제 차원과 인간-조직 차원을 결합하여 4가지 학습조직 성과모형(인간관계 모형/개방체제 모형/합리적 목표모형/내부과정 모형)을 형성하였다. 특히, 이 접근법의 특징은 조직 수명주기 단계에 따라 성과기준이 다르게 적용된다는 점이다. 그러나 이 접근법은 기존 관점들의 통합과 조직 발전 단계별 성과 적용가능성을 제시한 점에서 기여를 하였지만, 구분된 성과기준의 식별이 어렵고, 성장단계와의 결합시점 판단의 불명확성과 실증적 연구의 부족 등의 어려움 등이 한계로 지적된다(박종수, 1992).

2) 학습성과의 요인

일반적으로, 학습조직의 성과에 관한 이론이나 접근법은 성과의 초점을 어디에 두느냐하는 것과 조직적 상황을 어떻게 이해하는가에 따라 분류되고 있다(신유근, 1987). 또한 성과 관련 연구에서는 객관적 지표에 의한 성과를 이용할 것인가 아니면 주관적 지표에 의한 성과를 이용할 것인가에 대해서도 많은 논란이 있어 왔다(김명형, 1999). 지금까지 학습조직의 성과 혹은 유효성을 규명하려는 연구는 지극히 단편적이고 제한적이었지만 일부의 학자들에 의해서 서서히 체계화된 모습을 띠고 있다.

Price(1968)는 학습조직의 성과 측정에 관한 모범적인 연구사례를 제시하였는데, 이 연구에서 생산성, 적합성, 사기, 적응성, 제도화를 측정지표로 삼았다.

Campbell(1977)은 학습조직의 성과에 관한 기존의 연구들에서 성과 측정지표로 제시된 변수들을 30가지로 정리하였는데, 이를 크게 2가지 즉, 경제적·재무적 차원과 심리적·행위적 차원으로 나누어 볼 수 있다(Dalton et al., 1980). 경제적·재무적 차원의 대표적인 예로서는 수익성, 성장성, 생산성, 총매출액 등이 있고, 심리적·행위적 차원의 대표적인 예로서는 조직구성원들의 사기, 직무만족, 조직몰입 등이 있다. 그런데 기존 연구들은 대부분 경제적·객관적 지표보다는 심리적·주관적 지표를 주로 활용하여 연구를 진행해 왔다.

박광량(1996c)은 학습조직의 성과를 크게 환경, 조직, 업무, 인간의 4가지 영역별로 접근하고 있다. 환경차원에서는 특정 시장에의 진입이나 철수가 경쟁자들에 비해 빨라 수익성이 높아진다. 또한 기존 상품이나 서비스에 대한 고객의 만족뿐만 아니라, 고객이 명확히 의식하지도 못했던 니즈를 발굴하고 충족시키며, 때로는 교육도 시키는 활동을 통해 고객을 감동시킨다. 또한 환경의 불확실성과 변화가 학습조직에게는 위협이 아니라 오히려 기회요인이 되어 환경의 불확실성이 높을수록 다른 기업들보다 더 빨리 성장하게 된다. 조직차원에서는 인당 부가가치 공헌도가 지속적으로 높아지기 때문에 고임금을 지불하면서도(매출액 또는 이익 대비) 인건비율은 낮출 수 있다. 또한 소수 정예화 됨으로써 조직 내 거래(결재)시간이나 비용이 줄어들고, 개개인의 높은 학습역량으로 인해 관리비용(monitoring cost)을 절약할 수 있다. 또한 환경적·사업적 요구에 따라 비교적 쉽고 빠르게 조직을 재구축할 수 있는 유연성도 발생한다. 업무차원에서는 지속적 개선을 통해 생산성과 품질이 향상되고 불량률을 줄이게 된다. 또한 신제품 개발 및 출하 시간이 줄어들고 특허권의 증대를 기대할 수 있다. 또한 담당업무가 일종의 학습과제가 되어 자율적으로 업무프로세스 개선이 일어나고, OJT(On the Job Training)가 활발하게 이루어져 능력개발과 교육에 드는 추가적인 시간과 비용을 절약할 수 있다. 인간차원에서는 개개인의 능력개발이 이루어져 외부 노동시장에서 높은 가치를 인정받게 된다. 또한 새로운 능력이나 지식의 지속적 습득이 주는 즐거움 내지는 성취감으로 인해 직무만족도가 높아지고 이직률이 줄어든다. 또한 조직원들은 겸손하게 되고, 인사를 둘러싼 불만이 비교적 줄어들게 된다. 또한 우호적이고 역동적인 분위기로 인해 기존 인력들의 직장만족도가 높아지고, 능력 있는 인재들이 많이 모여들게 된다.

장승권 등(1996)은 이와 유사한 맥락에서 학습조직의 성과를 가치창출을 통한 고객만족, 조직만족, 조직원만족 등 3가지 관점에서 보고 있다. 고객만족은 고객의 요구를 만족시킬 수 있는 제품 및 서비스를 개발해내는 것이다. 조직만족은 조직의 질적 수준 제고, 원가절감, 경영의 스피드 향상, 활발한 창조가 나타남을 의미한다. 조직원만족은 학습조직이 다른 경영혁신 활동과는 다른 독특한 특징이다. 그것은 조직원들이 자율적 업무처리 및 권한위임(empowerment)을 통해 성취감을 맛보며, 개인의 자산가치를 상승시켜 자신의 위치와 관계없이 자신 있게 업무를 수행하고, 환경 변화에 대한 불안감이 없어지고, 일에 재미를 느끼며, 타인과의 상호작용을 통해서 집단 소속감을 갖게 된다.

한편, 학습조직의 개념을 도입하여 실행한 기업들의 실질적 성과를 보여준 사례연구를 살펴보면 다음과 같다.

Gephart et al.(1996)는 미국 남가주대학의 The Center for Effective Organization과 Arthur Yeung et al.의 조사결과에 대한 사례를 소개하였다. The Center for Effective Organization의 조사결과에 의하면, 학습조직이 회사의 실질적 재무

성과에 긍정적 효과를 미친다는 결과를 내놓았다. 즉 학습조직은 고객중심 사고, 지속적 업무 개선, 종업원 몰입도, 전반적 업무성과와 같은 조직원들의 성과 측정에 있어 상당한 효과를 보이고 있다는 것이다. 또한 Arthur Yeung, Steve Nason, Dave Ulrich & Mary Ann Von Glinow 등에 의해 1992년 411개 회사 1,532명의 중역을 대상으로 시행된 조사결과에 의하면, 학습조직이 혁신(innovation)과 경쟁력(competitiveness) 향상에 효과가 있다는 점을 밝히고 있다. 이 조사에서는 실질적 훈련과 실험이 혁신 향상에는 효과를 미치나, 경쟁력 증진에는 별다른 영향을 미치지 않고, 반면에 지속적 개선과 습득된 지식은 경쟁력을 높여주지만 혁신을 낳지 못하는 것으로 나타났다.

Tom Boydell(1995)는 '실행: 학습조직의 창조(In Action: Creating The Organization Learning)'에서 British Insulated Callendar Cable사의 1992~1994년 사이에 학습조직 성공사례 결과를 다음과 같이 보여 주고 있다. 즉, 시장점유율 17%에서 40%로 증가, 종이 폐지 50% 절약, 정시 배달률 사상 최고, 종업원 생산성 113% 증가, 결근율 58% 하락 등이다.

Bontis(1999)는 '지식의 축적과 흐름의 정렬을 통한 조직학습 방법의 관리'에 관한 연구에서 32개 투자신탁산업 관련 기업체의 대표 임원급, 중견간부 및 평사원 등 15개 등급, 총 480명을 대상으로 설문조사를 실시하였다. 이 연구는 조직학습을 개인, 집단 및 조직의 수준 등에서 경험적 접근을 통하여 시스템이론을 개선하는 것을 목적으로 실시되었으며, 조직성과의 지표로는 매출액, 수익률 등이 사용되었다.

Jude et al.(1991)는 '조직학습의 환경에서의 개별학습자의 작업성과'에서 개별학습자들과 그들의 업무성과 간의 관계에 대한 조직학습 방법의 영향에 대해 조사하였다. 조사대상에는 공산품을 생산하는 대기업 5개 업체에서 194명이 참가했다. 학습환경은 개별 작업자에게 학습을 위해 제공되는 지원, 보강, 자원 등이 조사되어졌다. 직원들의 성과는 개인의 학습점수와 관리자에 의해 평가된 직무수행능력을 활용하였다.

위의 사례들은 학습조직의 재정적 이익이 가시화되고 있음을 보여준다. 더구나 많은 선도기업들, 즉 Royal Dutch Shell, Motorola, Ford Motor, 3M, FedEx 등은 시스템수준의 학습을 그들의 사업 전략의 일부로서 설정하고 있다. 그들은 격동기에 적응하고 변화하기 위해서 그들의 유연성과 능력을 향상시키는 데 학습조직화를 중요시 여기고 있다.

국내에서도 학습조직과 그 성과의 관계를 규명하려는 실증적 연구(김명형, 1999; 최재윤, 2000)가 이루어지고 있다.

김명형(1999)은 학습조직의 성과를 기술적 효과, 학습효율성, 재무적 효과 등 3개 차원의 주관적인 측정치를 성과변수로 사용하였다. 기술적 효과는 공정혁신, 제품혁신, 제품기술혁신, 공정기술혁신, 제조원가 개선 등 5가지 항목을 이용하였다. 학습효율성을 측정하기 위해서는 개발비용의 개선, 효율적인 개발기간 등 2가지 항목을 이용하였다. 마지막으로, 재무적 효과를 측정하기 위해서는 매출에 대한 공헌, 이익에 대한 공헌 등 2가지 항목을 이용하였다.

최재윤(2000)은 학습조직의 성과를 조직구성원의 주관적 · 심리적 지표와 조직체의 재무성과를 통해 구체적으로 나타나는 객관적 성과지표로 나누어 통합적으로 사용하였다. 주관적 성과지표는 조직만족도, 창의성 발현, 발전가능성 등 3가지 항목을 사용하였고, 객관적 성과지표는 재무지표 중 3년 6개월 동안의 경상이익률 추이를 사용하였다.

이상과 같은 국내 · 외 연구에서 제시된 학습조직의 성과에 대한 주요 요인을 정리하면 〈표 Ⅱ-7〉과 같다.

<표 Ⅱ-7> 학습성과 측정요인

성과요인			주 장 자									
			1)	2)	3)	4)	5)	6)	7)	8)	9)	10)
조직원 차원	직무능력향상	-전문지식 및 기술						○				○
		-직무기초능력						○				
		-정보수집·분석능력						○				○
		-의사소통능력						○				
		-계획수립·실행능력						○				○
		-습관·가치관·태도						○				
	직장생활만족	-보수 만족	○	○					○	○		
		-승진관리 만족	○	○					○	○		
		-미래비전 만족	○	○					○	○		
		-회사생활 만족	○	○					○	○		
		-이념·목표 만족	○	○					○	○		
		-회사일원임 만족	○	○					○	○		
	조직몰입	-발전 노력도		○	○					○		○
		-문제 동일성		○	○					○		○
		-근속 의지		○	○					○		○
		-헌신 정도		○	○					○		○
		-가치관 유사성		○	○					○		○
		-직무 만족		○	○					○		○
조직 차원	생산성향상	-노동생산성 증감정도	○	○		○			○			
		-재고회전율 증감정도					○			○		
		-제조시간 증감	○	○					○			
		-제조비용 증감	○	○		○			○	○	○	
	품질향상	-공정불량률 증감정도							○			
		-크레임률 증감정도							○			
		-외관 및 성능 수준							○		○	
		-소비자 욕구 만족도							○	○	○	
	생산혁신	-1인당 제안건수				○					○	
		-분임조당 활동횟수				○					○	
		-혁신활동의 활발성			○	○					○	
		-혁신활동의 효과성			○	○			○		○	
		-혁신의 우수성			○	○					○	

주: 1) Price(1968), 2) Campbell(1977), 3) Gephart et al.(1996), 4) Boydell(1995), 5) Bontis(1999), 6) Jude et al.(1991), 7) 박광량(1996c), 8) 장승권 등(1996), 9) 김명형(1999), 10) 최재윤(2000).

본 연구에서는 지금까지 제시된 학습조직의 성과들 가운데 학습의 효과가 조직 전체의 수준에서 나타날 수 있는 조직차원의 성과와 조직구성원 개개인의 수준에서 나타날 수 있는 조직원차원의 성과에 대해 파악하고자 한다. 조직차원의 성과는 구체적으로 생산부문을 중심으로 생산성 향상, 품질 향상, 생산혁신 등을 파악하고, 조직원차원의 성과는 조직원 개개인의 심리적·행위적 차원의 직무능력 향상, 직장생활 만족, 조직몰입 등을 파악하고자 한다.

3) 학습조직과 학습성과의 관계

학습조직을 구축하면, 과연 긍정적인 성과가 나타날 것인가? 그렇지 않으면 부정적인 성과가 나타날 것인가? 즉, 학습조직을 구축하면 학습성과가 높아지는지 아니면 떨어지는지에 대해 의문을 가지게 된다. 또한 학습조직이 학습성과를 결정하는 원인인지, 아니면 학습성과가 학습조직을 결정하는 것인지에 대해 의문을 가지게 된다. 이와 같이, 학습조직과 학습성과 간에는 과연 어떤 관계성이 있는지를 살펴보아야 할 것이다.

대부분의 학습조직 연구자들은 학습조직을 구축하면 학습성과가 높아질 것으로 가정하고 있다(Fiol & Lyles, 1985 ; Argyris & Schon, 1978). 또한 학습조직의 구축을 통하여 학습성과를 높인다는 것을 실증적으로 검정한 연구도 있다. 대표적인 연구로서 전통적인 학습곡선이론을 예로 들 수 있다. 학습곡선이란 누적 생산량이 두 배로 증가함에 따라 투입노동력의 감소율을 의미하는데, 학습곡선이론에 따르면 축적된 생산량, 혹은 누적된 경험이 생산성을 높인다고 한다. 또한 기업의 다각화와 관련한 연구에 따르면, 성공적인 다각화의 경험을 가진 기업이 그렇지 않은 기업보다 매출액, 성장률이 높게 나타났다고 한다(Pennings, J. M, Barkeman, H, & Douma S., 1994). 또한 분석대상이 기업이 아닌 국가를 대상으로 한 것이지만, 사전의 경험과 누적된 지식이 국가 전체의 경제성장률이나 산업성장률을 높인다는 실증적 연구도 있다(Romer, P. M., 1990).

그리고 학습조직과 그 성과의 관계를 학습능력을 중심으로 규명하려는 연구도 있다. 즉, 신속하게 학습할 수 있는 능력을 가진 기업이 지속적인 경쟁우위를 갖게 되고, 궁극적으로 그렇지 않은 기업보다 높은 성과를 갖게 된다는 것이다. 배종태(1987)는 기술학습능력을 9가지 변수(축적된 기술, 기술인력수준, 기술적 노력/투자, 기술학습 준비도, 최고경영자 지원도, 학습시스템 공식도, 학습동기, 기술선택 적합도, 목표설정 구체도)로 개념화하고, 이들과 기술학습성과(경제적 성과, 기술적 성과, 학습효율성)의 관계를 공작기계산업을 대상으로 실증적으로 분석하였다. 분석결과에 따르면, 학습성과 변수에 따라 약간의 차이는 있었지만 기술학습능력과 기술학습성과는 통계적으로 유의한 관련성을 갖는 것으로 분석되었다. 또한 Kusunoki et al.(1995)은 조직의 내부능력을 건축능력(architectural capabilities), 프로세스능력(process capabilities), 지역능력(local capability)으로 구분하고, 이들과 기술혁신의 성과(생산성, 품질, 혁신성)의 관계를 분석하였다. 분석결과에 따르면, 프로세스능력이 기술혁신의 성과에 가장 많은 영향을 미치는 것으로 나타났고, 성과변수별로 세부적으로 분석한 결과 혁신성은 지역능력의 영향을 많이 받는 것으로, 다른 성과변수는 프로세스능력의 영향을 많이 받는 것으로 나타났다.

그러나 학습조직이 오히려 장기적인 학습성과를 떨어뜨린다는 부정적인 견해도 일부 연구자에 의하여 제기되어 왔다. 즉, 학습을 통하여 축적된 경험이나 지식이 때로는 새로운 행동을 제약하고, 나아가 기업의 장기적 적응과 학습성과에 부정적인 영향을 준다는 것이다. Cohen & Levinthal(1990)은 실행 학습(learning by doing)은 조직이 기존 영역에 숙련효과는 있지만, 다른 한편으로는 다양한 지식을 배제함으로써 새로운 지식을 창출하는 데는 한계가 있다고 하였다. 또한 Tushman & Anderson(1986)에 따르면, 대부분의 조직은 능력(competency)을 상실하는 것을 싫어하기 때문에 능력 제고 학습은 잘하지만, 장기적으로 성과를 높일 수 있는 능력 파괴 학습은 못한다고 하였다. 또한 Nelson & Winter(1982)도 실행을 통한 기억(remembering by doing)은 특정한 활동에 집중함으로써 배경의 다양성을 상실시킨다고 하였다. 그러나 이러한 주장은 학습조직 현상의 일부분에 해당하는 조직 내·외부 환경에의 적응과정만을 강조한 것이라 할 수 있다.

 지금까지는 학습조직이 학습성과에 미치는 영향관계에 관하여 살펴보았다. 그러나 반대로 학습성과는 학습조직을 구축하는 데 긍정적 원인으로 작용할 수 있다. 즉, 생산성, 수익률, 매출액 등 조직의 성과가 높아질수록 학습조직의 수준도 높아질 것이다. 또한 학습조직은 대체로 조직이 당면한 문제로부터 출발한다. 여기서 조직의 문제란 학습성과의 차이, 즉 목표성과와 실제성과 차이를 가리킨다. 일찍이 March & Simon(1958)은 혁신 활동이란 기대 수준을 달성하지 못한 실패로부터 시작된다고 언급한 바 있다.

 이상과 같은 학습조직과 그 성과에 관한 관계를 종합하여 정리하면 [그림 Ⅱ-11]과 나타낼 수 있다.

[그림 Ⅱ-11] 학습조직과 학습성과 간의 인과관계

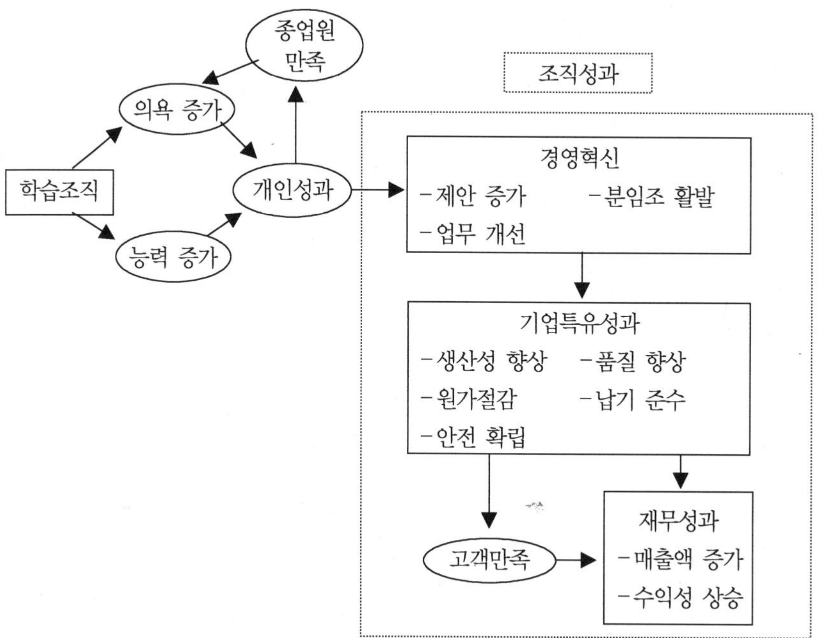

4. 생산지식 학습에 대한 고찰

1) 생산지식 학습의 개념

생산지식(Production Knowledge)이란 기업 생산활동의 중요한 일부이다. Arrow(1969)는 "기업은 순수한 생산지식(기술)의 창출에서 순수한 제품의 생산에 이르는 다양한 활동을 한다"고 보았다. 생산지식(기술)의 창출은 기업의 부수적 활동에 머무는 것이 아니라, 정당하게 계획되고 분배된 인적·물적 자원이 요구되는 제품 생산활동의 연장이다.

경제학자들은 공식적인—즉, 좁은 의미의—연구개발 활동이 기술적 진보의 핵심이라고 생각하였다. 그러나 개별 기업의 생산시스템 수준에서의 연구에 적용되기에는 너무 일반적인 내용에 그칠 수 있다. 생산프로세스 자체를 생산기술, 즉 생산지식 창출의 근간으로 이해하면서, Jaikumar & Bohn(1992)은 생산지식 창출의 3가지 방식을 제시하였다. 첫째 외부 생산지식의 구매, 둘째 생산시스템 외 기업의 R&D, 셋째 생산시스템 중심의 학습 등이다.

생산학습이론은 Arrow(1962)의 '작업에 의한 학습(learning by doing)'이라는 개념에 의해 널리 연구되게 된다. 그러나 Arrow의 개념적 혼란은 학습효과를 단순히 자본투자과정에서 생기는 부산물로 본 데서 기인한다.

생산학습이론을 능동적 의사결정이론의 관점에서 이해하고자 하는 노력이 생산(기술)관리론 분야에서 시작되었다. 특히, Mody(1989)는 "'작업에 의한 학습'은 공장 현장에서 직접 작업하는 엔지니어들의 팀에 의해 생산지식이 창출되는 과정으로 보아야 한다. 그러므로 학습이란 생산과정상의 단순한 부산물이 아니라, 의식적 의사결정과정의 중요 요소로 보아야 한다"고 주장한다.

본 연구에서는 생산지식 창출의 과정을 "생산기술 개발 메커니즘(mechanism)들 가운데 최적의 것을 선택하고, 이를 이용하는 과정에서 기업이 내리는 의식적이고 능동적인 의사결정 노력"으로 이해하는 논리를 수용한다.

2) 생산지식 학습의 경향

경영학의 관점에서 생산기술은 '생산프로세스 통제기술'로 정의될 수 있다 (Jakumar, 1988). Dosi(1982)는 기술을 다음과 같이 정의한다. "기술은 실질적이며 이론적인 지식, 노하우, 작업방식, 절차, 성공과 실패의 경험, 그리고 물리적 기구와 장비의 종합체이다."

본 연구에서는 생산기술을 '생산프로세스에서의 절차에 따르는 지식체계'로 본다. 따라서 생산기술은 생산과정에서의 문제해결활동 메커니즘과 관련된다.

생산기술을 하나의 체계적인 지식의 구현으로 봄으로써, 생산학습이라는 역동적인 요소의 중요성을 강조하게 된다. 생산기술 개발과 관련한 학습은 '체계화된 경험에 의한 생산기술에 관한 절차적 지식의 발전과정'으로 정의된다. 체계화된 경험이란 '경영자의 능동적 의사결정에 따른 의식적 경험'을 의미하며, Arrow가 제시한 수동적·자동적인 작업에 의한 학습과 다른 점을 강조한다.

생산기술 개발에 참여하는 경영자들은 시간이 흐름에 따라 특정한 방향성을 지니는 '생산학습 양식(pattern)'을 형성하게 된다. 즉, 선택적인 특정한 경험의 누적에 따라 그러한 특정한 방식에 따른 생산문제 해결능력이 선택적으로 향상하게 되는 것이다. 이러한 선택적 생산학습 양식은 조직경제학 관점에서 '경영자의 몰입(commitment)'으로 이해될 수 있다. 따라서 몰입은 기업의 활동에 실질적인 역동성을 부여하는 중요한 요인이 된다. Ghemawat(1991)는 몰입을 '전략의 지속성을 향한 방향성의 형성'으로 이해한다. 즉, 몰입은 기업들 간 성과의 지속적 차이를 일반화하여 설명할 수 있는 유일한 요소이다.

따라서 생산지식 학습이란 생산활동에서 경영자들이 투자하는 몰입의 역동적 진보에 따라 형성되는 생산지식 창출의 과정이며, 경영자들이 학습과 관련하여 형성하는 특정한 방향성을 '경영자의 생산학습 경향'이라고 정의하게 된다(김보원, 1996).

3) 생산지식 학습의 과정

(1) 생산지식의 창조과정

생산현장에서 일어나는 대표적인 지식창조과정은 다음과 같은 4가지를 들 수 있다(김영인, 1999). 첫째는 제조작업 시 발생하는 지식, 둘째는 생산설비의 유지관리 및 고장 수리 시 발생하는 지식, 셋째는 생산공정의 개발, 적용, 관리 시 발생하는 지식, 넷째는 품질의 안정적 관리를 진행할 때 발생하는 지식이라 할 수 있다.

첫째, 제조작업으로 인하여 발생하는 지식 중 대표적인 것이 작업방법의 개선이라 하겠다. 매일 반복적으로 똑같은 작업만 하는 제조작업자는 자기의 작업방법 중에서 불합리한 것을 찾아내면 자기가 가지고 있는 지식을 총동원하고 동료들과 협의하면서 그것의 문제점과 발생원인을 찾아내어 제거함으로써 그 작업방법을 개선한다. 작업방법을 개선한 작업자는 새로운 작업방법을 표준화시켜 동료 작업자에게 알리고, 규명된 발생원인을 주위에 알려 유사 작업에 반영하도록 한다. 그러면 동료 작업자들은 새로운 작업표준을 습득하고 작업에 반영함으로써 자신의 경험지식으로 만든다. 이것이 제조작업 시 발생하는 지식 창조과정의 대표적인 예라고 할 수 있다. 여기서 자신의 지식과 동료의 지식을 합쳐서 개선안을 찾아내고 발생원인을 규명하는 것이 공동화 과정이고, 새로운 작업방법을 표준화시켜 동료들에게 알려주는 것과 발생원인을 주위에 알리는 것이 표출화과정이다. 또한 동료작업자들이 새로운 작업방법을 습득하고 작업에 반영하여 경험지식을 쌓는 것이 연결화와 내면화 과정이다.

둘째, 생산설비의 유지관리 및 고장 수리 시 발생하는 지식 중 대표적인 것이 고장 수리라 하겠다. 설비에 고장이 발생하면 설비기술자는 고장난 것을 수리하게 된다. 고장 수리 시 설비기술자는 자신이 가지고 있는 경험지식을 이용하여 고장을 수리하고 고장 발생의 원인을 찾기 위해 연구하고 분석한다. 설비기술자는 고장 발생의 원인을 규명하여 원리를 찾아내며, 재발하지 않도록 설비를 개선한다. 이때 자신의 경험적 지식과 동료의 경험적 지식 등이 합쳐져 개선방안이 실시되며, 설비기술자는 자신이 개선한 내용을 표준화하고 고장 발생의 원인인 메커니즘(mechanism)을 정리하여 동료 및 작업자에게 알린다. 동료들은 자기가 맡고 있는 설비에 적용할 수 있는 지를 연구한다. 만약 자기설비에 반영할 것이 있다면 그것을 반영하고, 그 과정을 통해 체득하게 되는 지식을 자신의 지식으로 만든다. 이것이 고장 수리 작업 시 발생하는 지식창조과정의 대표적인 예라고 할 수 있다. 마찬가지로 자신의 경험적 지식과 동료의 경험적 지식을 합쳐서 고장 발생의 원인을 찾아내고 고장이 재발하지 않도록 개선안을 찾아내는 것이 공동화 과정이고, 개선한 내용을 표준화하고 고장 발생 메커니즘을 동료 및 작업자에게 알리는 것이 표출화과정이다. 또한 지식을 전수받은 동료들이 자기가 맡고 있는 설비에 반영하려고 연구하고, 그 결과를 반영하면서 자신의 지식으로 만들어 나가는 것이 연결화와 내면화 과정이다.

셋째, 생산공정의 개발, 적용, 관리 시 발생하는 지식 중 대표적인 것이 신규 공정의 개발 및 적용이라 하겠다. 신규 공정이 개발되면 이것을 실제 생산라인에 적용할 공정 기술자들은 공정 개발자들에게서 신규 공정과 관련된 노하우(know-how), 노화이(know-why), 기술 등을 전수받는다. 공정 기술자들은 전수받은 기술을 토대로 자신의 경험지식을 총동원하여 공정을 생산라인에 적용하는 작업을 실시한다. 이 작업 중에 많은 문제가 발생하기도 하며, 공정 기술자는 이 문제를 해결하기 위하여 문제의 발생원인을 분석하여 문제발생 메커니즘을 규명한다. 이 문제의 발생원인을 근본적으로 제거할 수 있는 방안이 마련되어 적용됨으로써 완벽한 공정이 생산라인에 적용된다. 공정이 생산라인에 적용되면 그것을 표준화시켜 동료 공정 기술자와 작업자에게 공유한다. 또한 공정의 개발 및 적용 시 발생했던 문제에 대한 문제발생 메커니즘을 다른 공정 기술자와 공정 개발자에게 알리어 다시는 똑같은 문제가 발생하지 않도록 한다. 작업자들은 표준화된 공정으로 생산작업을 하고 공정 기술자는 그 공정이 문제없이 진행되는가를 확인하며, 자신들의 새로운 경험지식으로 만들어 나간다. 이것이 신규 공정의 개발 및 적용 시 발생하는 지식창조과정의 대표적인 예이다. 여기서 공정 기술자들이 공정 개발자들로부터 노하우, 노화이, 기술 등을 전수받는 것이 공동화과정이고, 공정 기술자들이 신규 공정을 생산라인에 적용하고 그것을 표준화시켜 동료 공정 기술자와 작업자에게 공유하는 과정과 공정의 개발 및 적용 시 발생했던 문제에 대한 발생 메커니즘을 알려주는 것이 표출화과정이다. 또한 표준화된 공정으로 작업을 진행하고, 공정에 문제가 없는지 지속적으로 관찰하며 자신들의 경험지식으로 만들어 나가는 것이 연결화와 내면화 과정이다.

넷째, 품질의 안정적 관리를 위해서 발생하는 지식 중 대표적인 것이 불량품의 원인 파악 및 개선이다. 생산제품의 최종 검사 시 불량품이 발견되면 불량품이 발생한 원인을 찾게 된다. 품질관리 담당자는 제품/기술 개발자, 공정 기술자, 설비 기술자, 작업자들과 같이 품질 불량의 원인이 어디에 있는지를 찾게 된다. 품질관리 담당자는 불량의 발생원인을 찾아서 발생 메커니즘을 규명한다. 발생 메커니즘을 바탕으로 다시는 똑같은 불량이 재발하지 않도록 해결책을 마련하고 실시하여 품질불량의 발생원인을 제거한다. 이 담당자는 품질불량을 없애기 위한 문제 해결책을 실시하면서 경험적 지식들을 자신의 것으로 만들며, 개선된 사항을 표준화시켜 그 업무와 관련된 모든 사람에게 알린다. 또한 불량의 발생 메커니즘도 같이 알려 똑같은 불량이 다른 곳에서 발생하지 않도록 한다. 동료들은 표준화된 개선안을 자기가 맡고 있는 곳에 적용해 나가고, 이러한 개선과정 중에 경험적 지식이 발생하며, 이들은 그것을 자신의 것으로 만들어 나간다. 이것이 품질불량 발생시 문제해결을 하면서 발생하는 지식창조과정의 대표적인 예라고 할 수 있다. 여기서 품질관리 담당자가 여러 관련자와 같이 불량의 근본원인을 찾아내고, 불량발생 메커니즘을 규명하여 문제를 해결하고, 개선된 사항과 불량발생 메커니즘을 표준화시켜 관련자들에게 알리는 것이 표출화과정이다. 또한 표준화된 개선안을 자기가 맡은 영역에 적용해 나가면서 경험적 지식을 자신의 것으로 만드는 것이 연결화와 내면화 과정이다.

이상에서 살펴본 4가지 사례는 그 과정상 공통점이 있다. 이 공통점을 정리하면 〈표 Ⅱ-8〉과 같다.

생산현장에서의 지식창조는 대부분 〈표 Ⅱ-8〉에서 보는 바와 같은 단계를 밟게 되는데 첫 번째 단계가 문제의 발생이다. 두 번째 단계는 문제의 발생원인을 규명하는 단계로서 같이 일하는 동료들과 문제의 발생원인을 찾아 문제발생 메커니즘을 규명한다. 세 번째 단계는 두 번째 단계에서 찾은 문제발생 메커니즘이 다시는 재발하지 않도록 근본적인 개선대책을 도출하고 이것을 적용하는 단계이다. 네 번째 단계는 문제발생 메커니즘과 개선대책을 정리하고, 변경사항을 표준화하여 동료들에게 전달하는 단계이다. 다섯 번째 단계는 지식을 전달받은 동료가 자신의 업무에 반영하면서 새로운 경험을 맞이하는 단계이고, 여섯 번째 단계는 이렇게 발생한 경험지식을 자신의 것으로 만드는 단계이다.

지식의 창조과정은 공동화(socialization)→표출화(externalization)→연결화(combination)→내면화(internationalization)→공동화(socialization)의 프로세스를 따른다. 이 프로세스를 각 단계의 영문 앞 글자를 따서 세끼(SECI)모델이라 일컫는데, 앞의 첫 번째부터 세 번째 단계가 SECI 모델의 공동화 단계이고, 네 번째 단계가 표출화 단계, 다섯 번째 단계가 연결화 단계, 여섯 번째 단계가 내면화 단계이다. 이렇듯 생산현장에서 일어나는 문제해결 과정은 SECI 모델을 철저하게 따르고 있으며, 이러한 문제해결 과정은 생산현장의 대표적인 지식창조 과정이기도 하다(Nonaka, 1998).

〈표 Ⅱ-8〉 생산현장의 문제해결 과정

단계	문제해결 과정	QM 스토리	문제해결기법	SECI 모델
1	문제발생	주제 선정		
2	문제발생 원인 규명	현상 파악	파레토도	사회화
		원인 분석	특성요인도, 연관도	
3	개선안 도출 및 적용	대책 수립 및 실시	계통도, 실험계획법	
4	문제발생 메커니즘 정리 및 변경사항 표준화	효과 파악		표출화
		해결 지식의 표준화	매뉴얼 개발	
5	지식의 업무 반영	사후관리	관리도	연결화
		반성 및 향후 계획		
6	경험의 지식화	발표 및 교류		내면화

(2) 생산지식의 창조/축적/공유/활용 과정

앞 절에서는 개인에 의하여 지식이 창조되는 과정 위주로 분석을 해 보았고, 본 절에서는 창조된 지식의 흐름 위주로 분석하여 보면 다음과 같다(김영인, 1999).

생산부문에서 지식의 흐름은 크게 2가지로 나누어진다고 할 수 있다. 첫째 형식화를 통한 공유, 즉 개인이 알고 있는 것을 어떠한 형태의 문서로 만들어 타인에게 공유하는 것이고, 둘째 교육이다. 교육은 다시 3가지로 나눌 수 있는데, 직장 내 교육(On the Job Training), 직장 외 교육(Off Job Training), 자율학습(Self-Directed Learning)이 그것이다(〈표 II-9〉 참조).

〈표 II-9〉 지식의 전달방법

구 분	문서화	교 육		
		OJT	Off JT	자율학습
지식전달 방법	문서의 공유	체계적 OJT 프로그램	수시교육	집합교육	경험/체험, 사이버학습, 문헌

이러한 지식의 흐름은 다음과 같이 정리할 수 있다. 업무현장의 지식은 생성, 수집, 축적, 공유, 활용/전달이라는 사이클을 통해서 발전해 나간다. 이 사이클을 원활히 돌게 해 주는 요소는 개인, 정보수집 도구, 지식경영시스템, 네트워크 등이며, 이 중 하나의 요소라도 부족할 경우 이 사이클은 원활하게 이루어지지 않는다. 이것을 지식흐름의 모델이라고 정의하고 다음의 [그림 II-12]와 같이 나타낼 수 있다.

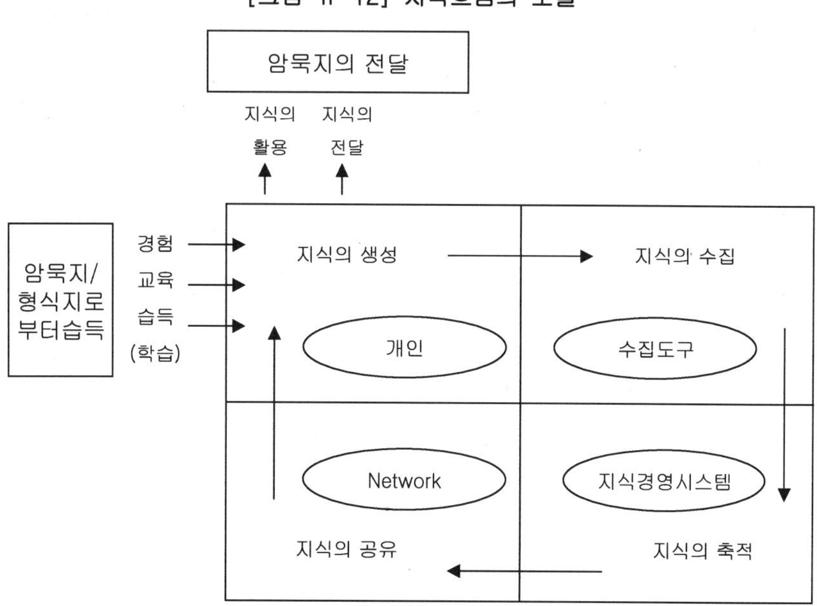

[그림 Ⅱ-12] 지식흐름의 모델

　[그림 Ⅱ-12]의 지식흐름 모델에 의하면 개인은 4가지 방법을 통해 지식을 습득한다. 첫 번째가 업무 경험, 두 번째가 교육, 세 번째가 지식의 습득, 학습이고, 네 번째가 지식이 공유된 시스템에서의 습득을 들 수 있다. 이러한 4가지 방법으로 개인에게 습득된 지식은 개인의 암묵지로 발전하고, 이 새로운 암묵지는 크게 2가지 방법으로 타인에게 전달된다. 하나는 지식의 활용 또는 교육 등을 통한 전달로서, 이는 암묵지 형태로 지식을 타인에게 전달하는 것이다. 다른 하나는 자신의 지식을 형식지로 만들어 전산시스템에 축적시키고, 네트워크를 통하여 타인에게 공유함으로써 지식을 전달하는 것이다. 이러한 2가지 방법으로 타인에게 전달된 지식은 각 개인의 새로운 암묵지로 발전되고, 또 다시 위의 과정을 밟아 타인에게 전달된다. 이렇게 계속적인 순환과정을 통하여 지식은 타인에게 전달되고 계속 발전하는 것이다.

　이와 같이, 지식의 창조와 흐름 과정은 크게 암묵지에서 지식이 만들어지는 지식창조 과정과 창조된 지식이 타인에게 전달되는 지식흐름 과정 2가지로 표현할 수 있다. 지식창조 과정의 초점은 자주성과 창의성에 의한 지식의 생성/발전이고, 지식흐름 과정의 초점은 지식의 생성→수집→축적→공유→활용 과정이다.

따라서 이러한 2가지의 과정을 합쳐 새로운 모델을 만들면 다음의 [그림 II-13]과 같다. 이 그림에서 자주성과 창의성의 촉진은 지식의 생성을 불러일으키며, 생성된 지식은 수집되고 축적되어 타인에게 공유·활용된다. 공유·활용되어지는 지식은 자주성과 창의성을 촉진시켜 준다. 지식의 창조/흐름 과정은 이와 같다고 할 수 있다.

[그림 II-13] 지식의 창조/흐름 과정

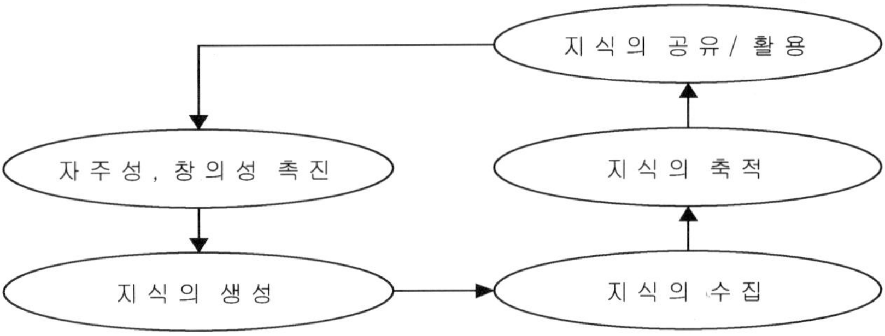

지식의 창조/흐름 과정 중에서 가장 중요한 것은 자주성과 창의성의 촉진 단계이며, 이를 구체화시켜 보면 다음과 같다. 일반적으로, 자주성과 창의성을 촉진하는 것 중 가장 확실한 것은 '하는 만큼 피드백(feedback)'하는 것이다. 즉, 다른 방법으로 촉진하는 것도 있지만 개개인이 한 만큼 보상해 줄 때 개인은 자주성과 창의성을 더욱 발휘하게 된다고 할 수 있다. 즉, 회사에서는 종업원의 지식으로 인해서 생성된 이익 중 일부를 종업원들에게 피드백 해 주게 되는데, 이러한 피드백이 자주성과 창의성을 촉진시키는 가장 중요한 요소라 할 수 있다.

한편, 지식의 공유, 활용 측면에서 살펴보면 기업에서 지식을 공유하고 활용하는 궁극적 목적은 회사의 경쟁력 강화이고, 이를 통한 최대이익의 확보라고 할 수 있다. 즉, 지식의 생성, 수집, 축적, 공유, 활용 과정을 원활하게 돌아가도록 함으로써 기업은 경쟁력을 확보하게 되고, 이에 따라 경쟁력이 우수한 제품을 판매하게 되며, 최대이익을 확보하게 되는 것이다.

이와 같은 2가지 사항을 [그림 Ⅱ-13]에 포함하면 다음의 [그림 Ⅱ-14]와 같이 표현할 수 있으며, 이는 기업 내에서 지식이 창조되고 이동하여 궁극적으로 회사의 경쟁력 강화에 이바지하는 지식경영 촉진 사이클이라 할 수 있다.

[그림 Ⅱ-14] 지식경영 촉진 사이클

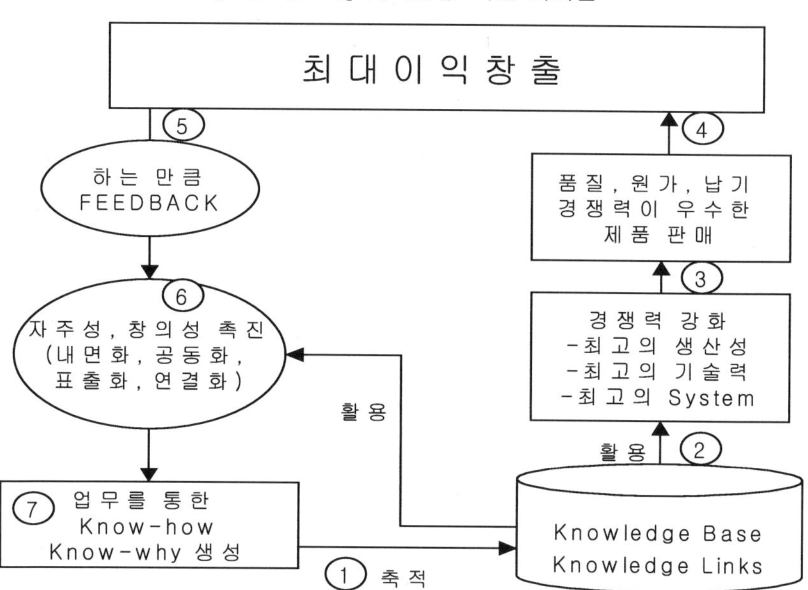

III. 연구모형 및 가설 설정

1. 연구모형의 설계

기업운영에 있어서 지식(knowledge)의 중요성이 부각됨과 동시에 경쟁력의 원천이 유형자산에서 무형자산으로 바뀜에 따라, 21세기 정보화사회에서는 지식, 정보력, 구성원의 창의성 및 열정 등과 같은 무형자산에 의해 더욱 큰 영향을 받고 있다. 따라서 현대의 기업이 살아남기 위해서는 지식자원을 체계적으로 축적하고 이를 조직전체에 확산시켜서 구성원의 능력이나 기술을 향상시키고 구성원 스스로 문제를 해결할 수 있는 조직, 즉 학습조직으로의 전환이 절실하다.

그러나 학습조직이 갖는 중요성에도 불구하고 국내에서의 학습조직에 대한 실증적 연구는 매우 부족할 뿐만 아니라, 제조업과 제조업 내 조직구성원의 다수를 구성하는 생산부문의 근로자를 주 대상으로 생산부문의 특성 및 여건을 고려한 연구는 없었다. 또한 학습조직은 기업의 규모 및 설립년도에 따라 적용되는 구성요인과 그 성과가 다를 수 있다.

따라서 본 연구에서는 이러한 문제의식을 가지고 학습조직 구성요인과 학습성과의 상호관계성을 알아보고, 효과적인 학습조직 구성요인을 파악하고자 하는 것이다. 이를 위하여 앞장에서 논의되어진 학습조직과 학습성과, 생산지식학습에 관한 이론적 고찰을 통하여 추출된 학습조직 구성요인과 학습성과 요인을 중심으로 연구모형을 설계하였다.

학습조직 구성요인은 학습조직의 영역, 학습조직의 지원시스템, 학습조직의 프로세스 등으로 크게 분류하였다. 학습조직의 영역에서는 Bennet & O'brien(1994), Watkins & Marsick(1993), Marquardt & Reynolds(1994) 등의 이론과 박광량(1994b)의 이론, 권석균(1996a)의 이론을 상호 보완 및 통합하여 개인차원, 업무차원, 조직차원, 환경차원이라는 변수들을 추출하였다. 학습조직의 지원시스템에서는 Redding(1997)의 이론과 Gephart, Marsick, Buren & Spiro(1996)의 이론, Bennet & O'Brien(1994)의 이론을 상호 보완 및 통합하여 리더십, 정보시스템, 보상시스템, 조직의 구조이라는 변수들을 추출하였다. 학습조직의 프로세스에서는 Nonaka(1994)의 이론과 Dixon(1994)의 이론, 유영만(1996)의 이론을 상호 보완 및 통합하여 지식창출, 지식공유, 지식저장, 지식활용이라는 변수들을 추출하였다.

학습성과 요인은 조직차원의 성과, 조직원차원의 성과 등으로 크게 구분하였다. 조직차원의 성과에서는 Campbell(1977)의 이론과 장승권 등(1996)의 이론, 김명형(1999)의 이론을 바탕으로 생산성 향상, 품질 향상, 생산혁신 이라는 변수들을 추출하였다. 조직원차원의 성과에서는 Campbell J. P.(1977)의 이론과 Jude et al.(1991)의 이론, 장승권 등(1996)의 이론을 바탕으로 직무능력 향상, 직장생활 만족, 조직몰입이라는 변수들을 추출하였다.

그리고 학습조직 구성요인과 학습성과 요인의 관계성에 있어 500인 미만의 중견기업과 500인 이상의 대기업 간, 산업사회에서 지식정보사회로 접어드는 1980년 전후를 기점으로 그 이전과 이후에 설립된 기업 간에 차이가 있을 수 있다는 가정하에 기업의 규모별, 기업의 설립년도별 등의 집단에 따른 차이를 검정하고자 한다.

우선, 기업의 규모 간 분류에 있어 대기업과 중소기업의 구분은 통계법 제17조(통계자료의 분류)의 규정에 의하여 통계청장이 고시하는 표준분류(2000. 1. 7.)에 의하였는데, 제조업의 경우는 상시근로자수 300명 또는 자본금 80억 원을 그 분류기준으로 하고 있다. 그러나 본 연구에서는 우리나라에서 학습조직의 형성이 대기업을 중심으로 이루어지고 있는 점을 감안하여 500인을 기준으로 조정하였다.

1980년까지 우리나라는 노동집약적 산업을 위주로 경제성장을 주도하여 왔으나, 1981년부터는 기술집약적 산업의 육성이 기술우위정책과 함께 본격적으로 추진되었다(이언오, 1999). Alvin Toffler(1980)는 세계가 사회의 기본 구성 및 방향을 변경시키는 탈공업화 시대, 즉 지식정보화사회로 접어들고 있다고 발표하였으며, 이러한 현상을 기술의 발전에 의해 야기되는 거대한 변화의 바다인 제3의 물결로서 표현하였다. 이 시기에 조직은 지식노동자들을 가장 가치 있는 자산으로 인식하고 그들의 지식을 적용할 수 있는 근무환경을 제공해야 했으며, 그에 상응하는 대우가 요구되는 시기였다. Masuda(1980)는 '정보사회'를 후기 산업사회 용어의 대체 개념으로 정의하면서, 정보사회는 근본적으로 정보통신기술에 의해 도래된다는 시각을 제시하였다. Masuda의 이러한 주장은 사회 전반적인 개혁에 대한 예견을 하여 기업들에도 이러한 정보사회의 도래를 인식하도록 하였다. Cyert and Mowery(1987)도 비슷한 맥락에서 정보사회의 도래로 인한 영향을 말하고 있다. 이들은 정보통신기술의 영향이 개별기업과 산업의 특성에 매우 민감하게 영향을 받는다는 사실을 주장하였다. 또한 1980년대를 기점으로 경제 전체의 지식기반화 진전과 더불어 숙련 노동자의 수요가 높아졌다. Berman, Bound & Grilliches(1994)는 1980년대에 노동자의 숙련화가 진전되었음을 밝혀내고, 이에 대한 원인이 컴퓨터 보급의 확산임을 지목하였다. 이와 유사하게 Autor, Katz & Krueger(1997)는 컴퓨터 보급이 확대됨에 따라 1970년에서 1990년 사이에 이와 관련한 노동수요가 30~59% 증가하였다고 주장하고 있다. 실제로, 대부분의 국가에서 1980년대 이후의 직종구조는 기능직, 단순 사무직 등의 비중이 감소하고, 전문직과 기술직, 관리직 등의 비중이 높아지는 추세를 나타내고 있다. 본 연구에서는 기업의 설립년도 간 분류를 이상과 같은 논의에 의하여 지식정보화사회의 도래가 이루어진 1980년을 기준으로 설정하였다.

본 연구의 통계처리는 SPSS 10.0 통계프로그램을 사용하였으며, 이상과 같은 연구의 모형을 그림으로 나타내면 [그림 Ⅲ-1]과 같다.

[그림 III-1] 연구의 모형

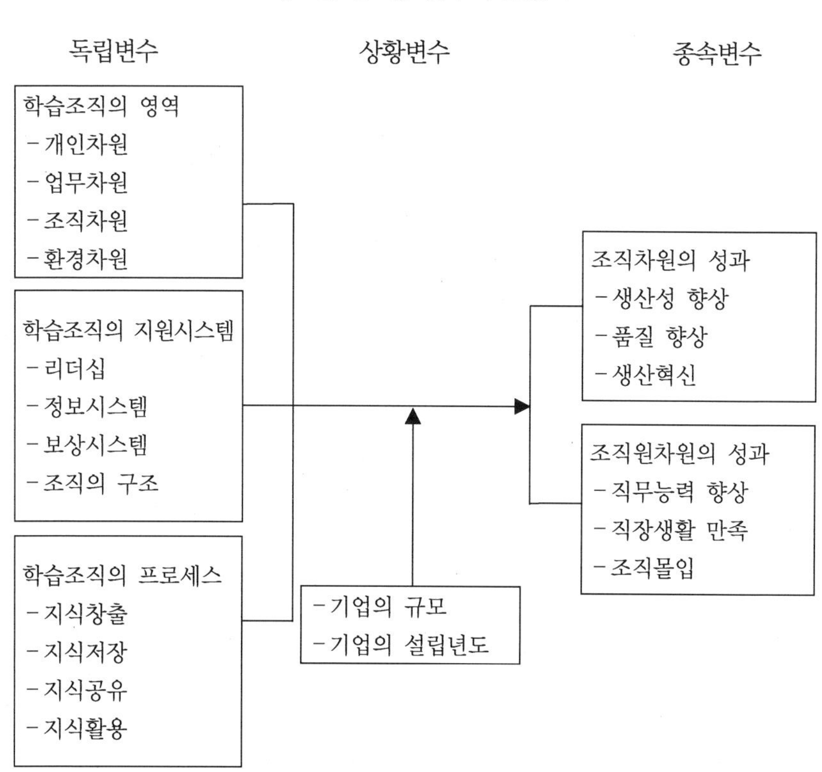

2. 연구가설의 설정

일반적으로, 학습조직의 성과는 조직원차원의 성과와 연계되고, 조직원차원의 성과는 조직차원의 성과로 승화된다고 한다. 이러한 학습조직의 성과는 다차원적(Campbell et al., 1974; Steers, 1977; Robbins, 1990)인 개념으로, 이는 학습조직의 성과를 결정하는 요인의 다양성에서 기인될 뿐만 아니라, 학습조직의 성과에 관한 이론이나 접근법이 매우 다양하기 때문에 다르게 측정·평가되고 있다는 것이다.

학습조직의 성과에 대한 접근법으로는 크게 목표 접근법, 시스템 접근법, 인간관계 접근법 등이 있는데, 본 연구에서는 인간관계 접근법을 사용하였다. Likert를 중심으로 한 인간관계 접근법은 조직이 생산성, 이익 등과 같은 효율성뿐만 아니라, 구성원의 욕구 충족, 즉 만족도를 함께 추구해야 한다는 관점이다. 즉, 구성원의 응집성과 사기의 제고, 인적자원의 가치 및 개발을 통해 학습조직의 성과를 평가하도록 제안하였다(박종수, 1992). 또한 기존 연구들은 대부분 경제적·객관적 지표보다는 심리적·주관적 지표를 주로 활용하여 연구를 진행해 왔다. 그러나 본 연구에서는 2가지를 모두 활용하여 평가하고자 한다.

학습조직과 그 성과 간의 관계에 대한 기존 연구들은 효과성에서 논란의 여지가 있으며, 그 인과관계 또한 확실히 밝혀지지 않고 있는 실정이다. 그러나 대다수의 실증적인 연구들이 보여주고 있는 대로 이들의 방향성과 효과성은 일반적인 결론을 내리기에 타당하다고 판단된다. 즉, 학습조직이 구축되면 그 성과가 증가한다는 견해를 본 연구에서도 지지한다.

학습조직의 구축을 통하여 나타나는 성과는 인력과 조직이 잘 갖추어진 대기업과 그렇지 못한 중소기업 간에 차이가 날 수 있으며, 그 성과에 미치는 학습조직의 구성요인도 대기업과 그렇지 못한 중소기업 간에 차이가 날 수 있다. 또한 일반적으로 지식과 역량이 크다고 볼 수 있는 설립이 오래된 기업과 그렇지 못한 기업 간에도 이러한 차이가 날 수 있다.

따라서 본 연구에서는 선행연구들에서 나타난 결과들과 본 연구에서 설정한 연구모형을 토대로 다음과 같은 가설을 설정하고 검정하고자 한다.

1) 학습조직 영역과 학습성과의 관련성에 대한 가설

학습조직에서는 조직 내의 모든 수준, 즉 개인차원, 부서차원, 조직차원에서 이루어져야 한다. 여기서 개인, 부서, 조직은 학습 주체이며, 각 주체별로 개인의 경우 내부 학습대상인 개인차원과 외부 학습대상인 업무차원, 조직의 경우 내부 학습대상인 조직차원과 외부 학습대상인 환경차원으로 다시 나눌 수 있다. 단, 부서의 경우는 개인차원의 외부 학습대상으로 보아 업무차원에 포함할 수 있다. 본 연구에서는 개인차원, 업무차원, 조직차원, 환경차원을 학습조직의 영역으로 정의하였으며, 학습조직의 영역별로 학습이 이루어지면 학습성과는 반드시 나타날 것으로 판단된다.

박광량(1996b)은 학습조직 구축의 4개 주요 영역을 환경, 조직, 과업, 인간차원으로 보고, 각 영역에서의 주요한 행동지침을 설정하였다. 즉 환경차원에서는 조직의 주요 환경변수들, 특히 고객과의 연결망을 그 질적·양적 측면에서 증대시키는 것, 조직차원에서는 학습행위가 체계적으로 전개되고 학습내용이 전 조직에 확산·공유되도록 하는 것, 과업차원에서는 부단한 혁신을 위하여 일상 업무과정에서 도전, 실험, 그리고 학습이 촉진되도록 하는 것, 인간차원에서는 조직원 개개인의 습관적 학습행위를 통해 인적자본 가치가 높은 학습인을 양성하는 것 등이다. 또한 박광량(1996c)은 학습조직의 성과를 크게 환경, 조직, 업무, 인간의 4가지 영역별로 접근하였다. 즉, 환경차원에서는 수익성, 성장성, 고객 감동 등이 기대되고, 조직차원에서는(매출액 또는 이익 대비) 인건비율 하락, 관리비용 절약, 조직의 유연성 발생 등이 기대되며, 업무차원에서는 생산성 향상, 품질 향상, 불량률 감소, 신제품 개발 및 출하시간 감소, 특허권 증대, 업무프로세스 개선, 교육훈련시간 및 비용 절약 등이 기대되고, 인간차원에서는 노동시장에서의 개인가치 인정, 직무만족도 향상, 이직률 감소, 겸손 유지, 인사적인 불만 감소, 직장만족도 향상, 유능한 인재모집 용이 등이 기대된다고 주장하였다.

학습조직의 영역과 그 성과를 실증적으로 연구한 문헌에서도 이들에 대한 긍정적인 결과를 보여주는 연구들이 있다. Jude et al.(1991)는 '조직학습의 환경에서의 개별학습자의 작업성과'라는 연구에서 5개 공산품 생산업체의 관리자 및 근로자를 대상으로 설문조사를 실시한 결과, 개인차원이라는 학습조직의 영역이 직무수행능력이라는 조직원차원의 성과에 긍정적인 영향을 미치고 있음을 증명하였다. Bontis(1999)는 '지식의 축적과 흐름의 정렬을 통한 조직학습 방법의 관리'에 관한 연구에서 32개 투자신탁산업 관련 기업체의 임원급, 중견 간부 및 평사원 등 총 480명을 대상으로 설문조사를 실시하였다. 그 결과, 개인차원, 업무차원, 조직차원이라는 학습조직의 영역이 기업의 매출액 및 수익률과 같은 조직차원의 성과에 긍정적인 영향을 미치고 있음이 증명되었다. 기업의 경영성과인 매출액, 수익률 등은 본 연구에서 측정하려는 변수인 생산성 향상, 품질 향상, 생산혁신 등 조직차원의 성과 후에 나타나는 지표라고 할 수 있다.

국내 연구에서도 이들에 대한 긍정적인 결과를 보여주는 연구들이 있다. 김명형(1999)은 정보통신 관련 22개 업체의 45개 기술 분야를 대상으로 신제품 개발을 중심으로 한 성과를 측정한 결과에서, 조직차원, 환경차원이라는 학습조직의 영역이 기술적 효과, 학습효율성, 재무적 효과 등에 긍정적인 영향을 미치고 있음을 증명하였다. 최재윤(2000)은 경험된 학습이 기업의 학습조직 유형에 대한 관계성 및 기업성과 간 관련성을 검정하기 위한 실증분석을 위하여 국내의 11개 업종 49개 기업체를 대상으로 설문지를 이용한 정량분석과 기업환경 및 재무성과 분석을 위한 정성분석을 실시하였다. 그 결과, 업무차원, 조직차원, 환경차원이라는 학습조직의 영역이 조직만족도, 창의성 발현, 발전가능성 등 주관적 성과지표와 재무지표 중 경상이익률 추이인 객관적 성과지표에 긍정적인 영향을 미치고 있음을 증명하였다.

따라서 이상과 같은 논의를 종합하여 보면, 학습조직의 영역인 개인차원, 업무차원, 조직차원, 환경차원 등은 조직차원의 성과인 생산성 향상, 품질 향상, 생산혁신 등과 조직원차원의 성과인 직무능력 향상, 직장생활 만족, 조직몰입 등에 긍정적인 영향을 미치고 있을 것으로 판단된다.

그러므로 본 연구에서는 가설 1과 그 하부가설인 가설 1-1, 가설 1-2를 설정하고자 한다.

가설 1: 학습조직 영역과 학습성과의 관련성에 대한 가설
　가설 1-1. 학습조직 영역의 요인들은 조직차원의 성과요인들에 긍정적 영향을 미칠 것이다.
　가설 1-2. 학습조직 영역의 요인들은 조직원차원의 성과요인들에 긍정적 영향을 미칠 것이다.

2) 학습조직 지원시스템과 학습성과의 관련성에 대한 가설

학습조직의 지원시스템인 리더십과 정보시스템, 보상시스템, 조직의 구조 등은 학습조직을 구축하고 그 성과를 보다 빠르게 내도록 하는 데 필요불가결한 요인이며 시금석이라고 할 수 있다. 즉, 학습조직의 지원시스템은 학습조직을 직접적으로 촉진하는 개인차원, 업무차원, 조직차원, 환경차원 등과 같은 학습조직의 영역과 지식창출, 지식공유, 지식저장, 지식활용 등과 같은 학습조직의 프로세스를 간접적으로 지원하는 것이다. 따라서 학습조직의 지원시스템은 학습성과에 직접적이기보다는 간접적으로 그 성과를 줄 것으로 판단된다.

Bontis(1999)는 '지식의 축적과 흐름의 정렬을 통한 조직학습 방법의 관리'에 관한 연구에서 32개 투자신탁산업 관련 기업체의 임원급, 중견간부 및 평사원 등 총 480명을 대상으로 설문조사를 실시하였다. 그 결과, 정보시스템이라는 학습조직의 지원시스템이 기업의 매출액 및 수익률과 같은 조직차원의 성과에 긍정적인 영향을 미치고 있음이 증명되었다. 기업의 경영성과인 매출액, 수익률 등은 본 연구에서 측정하려는 변수인 생산성 향상, 품질 향상, 생산혁신 등 조직차원의 성과 후에 나타나는 지표라고 할 수 있다.

Jude et al.(1991)는 '조직학습의 환경에서의 개별학습자의 작업성과'라는 연구에서 5개 공산품 생산업체의 관리자 및 근로자를 대상으로 설문조사를 실시한 결과, 리더십이라는 학습조직의 지원시스템이 직무수행능력이라는 조직원차원의 성과에 긍정적인 영향을 미치고 있음을 증명하였다.

김명형(1999)은 국내의 정보통신 관련 22개 업체의 45개 기술 분야를 대상으로 신제품 개발을 중심으로 한 성과를 측정한 결과에서, 리더십, 조직구조 등 학습조직의 지원시스템이 기술적 효과, 학습효율성, 재무적 성과 등에 긍정적인 영향을 미치고 있음을 증명하였다.

따라서 이상과 같은 논의를 종합하여 보면, 학습조직의 지원시스템인 리더십과 정보시스템, 보상시스템, 조직의 구조 등은 조직차원의 성과인 생산성 향상, 품질 향상, 생산혁신 등과 조직원차원의 성과인 직무능력 향상, 직장생활 만족,

조직몰입 등에 긍정적인 영향을 미치고 있을 것으로 판단된다. 그러므로 본 연구에서는 가설 2와 그 하부가설인 가설 2-1, 가설 2-2를 설정하고자 한다.

가설 2: 학습조직 지원시스템과 학습성과의 관련성에 대한 가설
  가설 2-1. 학습조직 지원시스템의 요인들은 조직차원의 성과요인들에 긍정적 영향을 미칠 것이다.
  가설 2-2. 학습조직 지원시스템의 요인들은 조직원차원의 성과요인들에 긍정적 영향을 미칠 것이다.

3) 학습조직 프로세스와 학습성과의 관련성에 대한 가설

학습조직의 프로세스인 지식창출, 지식공유, 지식저장, 지식활용 등은 조직적인 차원에서 조직의 학습사이클을 제시한 것이며, 조직구성원 스스로에 의하여 조직 자체를 끊임없이 혁신시켜 나가는 요인이라고 할 수 있다. 따라서 학습조직의 프로세스는 조직차원의 성과는 물론 조직원 차원의 성과에 긍정적인 영향을 미칠 것으로 판단된다.

Bontis(1999)는 '지식의 축적과 흐름의 정렬을 통한 조직학습 방법의 관리'라는 연구에서 32개 투자신탁산업 관련 기업체의 임원급, 중견간부 및 평사원 등 총 480명을 대상으로 설문조사를 실시하였다. 그 결과, 지식저장과 지식공유라는 학습조직의 프로세스가 기업의 매출액 및 수익률에 긍정적인 영향을 미치고 있음을 증명하였다. 기업의 경영성과인 매출액, 수익률 등은 본 연구에서 측정하려는 변수인 생산성 향상, 품질 향상, 생산혁신 등 조직차원의 성과 후에 나타나는 지표라고 할 수 있다.

최재윤(2000)은 경험된 학습이 기업의 학습조직 유형에 대한 관계성 및 기업성과 간 관련성을 검정하기 위한 실증분석을 위하여 국내의 11개 업종 49개 기업체를 대상으로 설문지를 이용한 정량분석과 기업환경 및 재무성과 분석을 위한 정성분석을 실시하였다. 그 결과, 지식창출, 지식공유, 지식활용이라는 학

습조직의 프로세스가 조직만족도, 창의성 발현, 발전가능성 등 주관적 성과지표와 재무지표 중 경상이익률 추이인 객관적 성과지표에 긍정적인 영향을 미치고 있음을 증명하였다.

따라서 이상과 같은 논의를 종합하여 보면, 학습조직의 프로세스인 지식창출, 지식공유, 지식저장, 지식활용 등은 조직차원의 성과인 생산성 향상, 품질 향상, 생산혁신 등과 조직원차원의 성과인 직무능력 향상, 직장생활 만족, 조직몰입 등에 긍정적인 영향을 미치고 있을 것으로 판단된다.

그러므로 본 연구에서는 가설 3과 그 하부가설인 가설 3-1, 가설 3-2를 설정하고자 한다.

가설 3: 학습조직 프로세스와 학습성과의 관련성에 대한 가설
    가설 3-1. 학습조직 프로세스의 요인들은 조직차원의 성과요인들에 긍정적 영향을 미칠 것이다.
    가설 3-2. 학습조직 프로세스의 요인들은 조직원차원의 성과요인들에 긍정적 영향을 미칠 것이다.

4) 상황변수에 따른 학습조직 구성요인과 학습성과에 대한 가설

가설 1, 가설 2, 가설 3은 학습조직의 영역, 학습조직의 지원시스템, 학습조직의 프로세스가 조직차원과 조직원차원의 성과에 미치는 영향에 대한 내용이었다. 이러한 가설들의 인과관계는 그 관계의 방향성이 반대이거나, 그 효과가 부정적인 결과도 있을 수 있다. 변수에 따라서는 이미 여러 연구들에서 이러한 인과관계를 밝히기 위한 연구가 행해졌고, 본 연구의 가설들은 생산부문을 중심으로 종합적인 재검정을 위해 수립되었다.

그러나 가설 4는 이러한 인과관계들을 조절할 수 있는 변수를 제시하고자 한다. 이미 논의된 바와 같이, 기업의 규모와 기업의 설립년도가 가설 4에서 제시되는 상황변수이다. 이러한 상황변수가 학습조직 구성요인과 조직차원 및

조직원차원의 성과의 상호관계성을 다르게 할 수 있을 것이라는 것이 가설 4의 가정이다.

기업의 규모를 나타내는 지표에는 매출액, 종업원수, 자본금, 고정설비 등 여러 가지가 있을 수 있다. 그 기준이야 어디에 있든 기업규모가 중요시되는 것은 그것이 직접 단위당 생산원가에 영향을 주고 있기 때문이다. 즉, 기업규모가 크다는 것은 그만큼 일정한 기간의 생산량도 많음을 의미하기 때문에 단위당 고정비용이 감소하여 결국은 단위당 생산원가도 하락하게 되는 결과를 가져온다는 것이다. 또한 기업규모가 크다는 것은 대외거래에 있어서도 유리한 입장에 있게 되어 원자재의 구매나 자금의 조달 시 할인혜택을 받을 수가 있게 되고, 예기치 못한 수요의 변동에 대한 자원의 비축이라는 점에서도 대기업이 중소기업보다 유리한 입장에 있게 된다. 그렇다고 해서 기업의 규모가 반드시 커야만 생산원가라는 점에서 유리한 것만은 아니다. 봉제, 완구, 수리, 수예, 부품 등과 같이 업종에 따라서는 오히려 중소규모로 운영될 때보다 경제적인 경우가 있다(최병용, 1997).

학습조직은 1990년대 초에 수많은 기업들이 학습조직이 되기 위한 시금석을 놓기 시작하였다. 미국에서는 GE(General Electric), Corning, Federal Express, Ford, Motorola, 그리고 Pacific Bell, 유럽에서는 Sheerness Steel, 그리고 Rover, 아시아에서는 Singapore Airline과 한국의 삼성이 초기에 성공적인 선두주자에 속한다(Marquardt, 1997). 우리나라에서는 삼성에 이어 LG, 현대 등 일부 대기업을 중심으로 이를 검토하여 기업현장에 적용을 시도하고 있다. 이와 같이, 학습조직의 형성은 우리나라를 비롯한 세계 여러 나라에서 대기업을 중심으로 이루어지고 있다.

따라서 인력과 조직이 잘 갖추어져 있고 학습조직을 먼저 도입한 대기업과 그렇지 못한 중소기업 간에는 학습조직의 구축을 통하여 나타나는 성과는 차이가 날 수 있고, 그 성과에 미치는 학습조직의 구축요인도 대기업과 그렇지 못한 중소기업 간에 차이가 날 것으로 판단된다.

그리고 우리나라는 1980년을 기점으로 노동집약적 산업에서 기술집약적 산업으로 전환을 모색하였고, Alvin Toffler(1980), Masuda(1980), Cyert & Mowery

(1987) 등은 정보통신기술에 의한 지식정보화사회의 도래와 함께 지식근로자의 등장을 예견하였다. 또한 1980년대를 기점으로 경제 전체의 지식기반화 진전과 더불어 숙련 노동자의 수요가 높아졌고, 직종구조는 기능직, 단순 사무직 등에서 전문직과 기술직, 관리직 등의 비중이 높아지는 추세이다. 이러한 변화는 기업의 학습조직화를 요구하는 계기가 되었고, 이 시기를 전후로 설립된 기업 간에도 학습조직화와 그 성과에 차이가 있을 수 있다. 다른 한편으로는 설립이 오래된 기업은 오랜 경험과 지식의 축적으로 인한 역량이 강한 기업이 대부분일 것이고, 그렇지 않는 기업은 빈약한 경험과 지식으로 인한 역량이 약한 기업이 많을 것이라는 일반적인 추론을 할 수 있다.

따라서 1980년 이전에 설립된, 즉 설립이 오래된 기업과 1981년 이후에 설립된, 즉 설립이 오래되지 않는 기업 간에는 학습조직 구성요인과 학습성과의 인과관계에 차이가 날 것으로 판단된다.

그러므로 본 연구에서는 가설 4와 그 하부가설인 가설 4-1, 가설 4-2를 설정하고자 한다.

가설 4: 상황변수에 따른 학습조직 구성요인과 학습성과에 대한 가설
　　가설 4-1. 학습조직 구성요인과 학습성과의 관련성은 회사규모에 따라 차이가 날 것이다.
　　가설 4-2. 학습조직 구성요인과 학습성과의 관련성은 회사 설립년도에 따라 차이가 날 것이다.

3. 변수의 조작적 정의

본 연구에서는 학습조직과 그 성과의 변수들에 대한 분석이 이루어지는데, 주로 설문조사 방법에 의해 조직구성원들의 주관적인 지각 반응을 측정하고, 이를 분석에 활용하고 있다. 학습조직과 그 성과의 관계에 대한 가설들을 검정

하고자 제시되는 변수들은 학습조직의 영역(개인차원, 업무차원, 조직차원, 환경차원), 학습조직의 지원시스템(리더십, 정보시스템, 보상시스템, 조직의 구조), 학습조직의 프로세스(지식창출, 지식저장, 지식공유, 지식활용), 조직차원의 성과(생산성 향상, 품질 향상, 생산혁신), 조직원차원의 성과(직무능력 향상, 직장생활 만족, 조직몰입) 등으로 이러한 변수들에 대한 조작적 정의와 측정은 다음과 같다.

1) 학습조직의 영역

(1) 개인차원(Individual Dimension)

개인차원의 학습은 학습 주체가 팀이나 집단이 아닌 개인단위로 이루지는 학습으로서, 개인의 직무목표와 비전 달성에 필요한 역량 및 기술을 개발하거나, 자기를 개발하는 활동을 말한다. 그러나 각 개인은 조직의 일원이므로, 개인차원의 학습은 업무나 조직차원에까지 영향을 미치고 업무나 조직차원으로 연결되고 있다.

본 연구에서는 개인차원의 학습조직 정도를 측정하기 위하여 권한 위임, 끊임없는 자기개발, 끊임없는 도전정신, 끊임없는 계획성, 위험감수 태도 등 5개 문항을 책정하여 리커트 7점 척도로 설문하였다.

(2) 업무차원(Work Dimension)

업무차원의 학습은 업무를 추진하는 과정에서 업무를 통하여 학습하는 것으로서, 개인이 개별적이고 고립적으로 학습하는 것이 아니라, 부서원 상호간 협력적인 상호작용과 탐구과정이 있고 업무 구조가 잘 구축되어 있어야 한다.

본 연구에서는 업무차원의 학습조직 정도를 측정하기 위하여 업무를 통한 학습, 부서원 간의 상호교류와 협력, 부서의 응집력, 개방적인 탐구와 대화, 교육훈련기회 제공 등 5개 문항을 책정하여 리커트 7점 척도로 설문하였다.

(3) 조직차원(Organizational Dimension)

'조직학습'이란 용어는 Simon(1969)에 의해서 처음 사용된 이래 점차적으로 확산되기 시작했으며, 개인이 학습하듯이 조직이 학습한다는 조직의 학습현상을 지칭하기 위해 나온 것이다.

조직차원의 학습은 학습의 과정 및 결과에 대한 공유를 통하여 조직과 개인의 경쟁력 및 업무성과를 향상시킬 수 있도록 조직차원에서 요구되는 학습메커니즘을 형성하고 활성화시키는 것이라고 할 수 있다.

본 연구에서는 조직차원의 학습조직 정도를 측정하기 위하여 조직구성원 간의 상호 신뢰, 개방적인 의사소통, 의사소통 채널의 구축, 비전의 공유, 부서 간의 협력, 시스템적 사고 등 6개 문항을 책정하여 리커트 7점 척도로 설문하였다.

(4) 환경차원(Environmental Dimension)

Redding & Catalanello(1994) 그리고 Watkins & Marsick(1993) 등은 환경차원의 학습에 대한 중요성을 언급하였다.

환경차원의 학습은 해당 조직이 외부환경, 즉 고객, 납품업체, 경쟁업체, 기타 이해관계자들과 얼마나 자주, 그리고 신속한 교류를 갖고 있느냐에 의해서 측정되어진다. 이때, 교류라고 함은 외부 환경(변화)을 탐색하고 그에 대해 반응을 하는 것을 의미한다.

본 연구에서는 환경차원의 학습조직 정도를 측정하기 위하여 경쟁업체, 고객, 협력업체, 기술/산업 동향 등 4개 문항을 책정하여 리커트 7점 척도로 설문하였다.

2) 학습조직의 지원시스템

(1) 리더십(Leadership)

학습조직에서 리더십이란 경영자와 관리자들이 지식창출과 학습활동에 우선적 가치를 부여하는 비전과 목적을 설정하고, 이를 실천할 수 있는 제도, 문화, 프로세스, 절차, 재원 등을 지원하며, 업무현장에서 개인과 집단의 학습활동이 활성화되도록 이끌어 나가고 지원해 주는 역할을 의미한다.

Senge(1990b)는 학습조직을 구축하기 위한 구체적인 리더의 역할을 설계자, 선생, 섬기는 자 등 3가지로 제시하였다.

본 연구에서는 학습조직의 리더십을 측정하기 위하여 지식창출과 학습활동의 핵심가치로의 유무, 지식 활용·공유에 대한 확인 및 평가, 역량의 강화 및 창출, 개인과 집단의 학습활동 지원 등 4개 문항을 책정하여 리커트 7점 척도로 설문하였다.

(2) 정보시스템(Information System)

정보시스템은 기존의 전화, 팩스 등과 같은 전통적인 정보 전파방식 이외에도 E-mail, 인터넷, 전자 게시판, 컴퓨터 컨퍼런싱 시스템, 전자 화상 회의, 사무자동화 시스템, 전자 성과 지원시스템(EPSS, Electronic Performance Support System), 지식 전문가 시스템(Knowledge Expert System) 등 다양한 정보 매체를 통하여 정보와 지식을 창조하고, 해석하고, 연결하고, 공유하며, 축적하고 활용할 수 있는 복합적인 정보·지식관리 시스템을 의미한다.

본 연구에서는 학습조직의 정보시스템을 측정하기 위하여 정보시스템의 구축정도, 정보시스템의 접근 용이성, 정보시스템의 업무에의 활용 등 3개 문항을 책정하여 리커트 7점 척도로 설문하였다.

(3) 보상시스템(Reward System)

학습조직이 되고자 하는 기업은 학습의 결과를 평가하고, 그 결과에 대하여 보상해 주는 다양한 평가와 보상시스템을 개발할 필요가 있다. 왜냐하면 학습조직을 추구하는 조직에서는 업무성과 외에도 지식의 공유나 전파, 새로운 지식과 기술의 습득, 그리고 다른 사람의 학습에 대한 지원까지도 포함하는 평가와 보상시스템을 구축하고 유지해야 하기 때문이다.

본 연구에서는 학습조직의 보상시스템을 측정하기 위하여 아이디어의 창출에 대한 평가 및 보상, 지식 및 기술의 습득에 대한 평가 및 보상, 지식 및 노하우의 공유에 대한 평가 및 보상, 아이디어의 실행에 대한 인정 등 4개 문항을 책정하여 리커트 7점 척도로 설문하였다.

(4) 조직의 구조(Organizational Structure)

조직의 구조는 기업의 생명력을 유지하고 조직구성원들에게 하나의 방향으로 움직일 수 있도록 하는 방향타의 역할을 한다. 업무성과가 높은 효과적인 조직이 되기 위해서, 조직의 구조는 조직의 비전과 정렬되도록 설계될 필요가 있다.

본 연구에서는 학습조직의 구조를 측정하기 위하여 담당업무 및 역할의 유연성, 지식 및 정보 교류에 대한 지원, 한시적 팀에 대한 참여 및 활용 등 3개 문항을 책정하여 리커트 7점 척도로 설문하였다.

3) 학습조직의 프로세스

(1) 지식창출(Knowledge Creating)

지식창출은 조직 내부 자체적인 지식창출이나 외부를 통하여 지식을 들여오는 어느 한 가지 방식에 고착되기보다는 두 가지 방식을 적절하게 조화시키고 통합시켜 나가는 것이 필요하다. 또한 학습조직에서는 모든 사람이 전문가가 될 수 있다는 사실을 인정하고 그들을 지원해야 한다.

본 연구에서는 지식창출을 측정하기 위하여 조직 내부의 지식창출, 외부를 통한 지식창출, 지식창출의 내부 및 외부의 조화와 통합 등 3개 문항을 책정하여 리커트 7점 척도로 설문하였다.

(2) 지식공유(Knowledge Sharing)

지식공유란 조직의 단위 및 구성원들 간에 지식과 정보를 공유함으로써 학습을 향상시키고 새로운 지식이나 이해를 창조하는 프로세스라고 할 수 있다. 지식의 공유는 암묵적 노하우(Tacit Know-How)와 같이 표현하거나 전달하기 어려운 지식뿐만 아니라, 새로운 기술의 변화, 고객의 욕구 변화, 보고서 등과 같이 비교적 형태화된 지식을 전파하거나 공유하는 활동 모두를 포함한다.

본 연구에서는 지식공유를 측정하기 위하여 지식 및 정보의 전수에 대한 유무, 지식 및 정보의 흐름에 대한 신속성 및 원활성, 지식 및 정보의 공유에 대한 빈도성, 지식 및 정보의 원활한 공유에 대한 분위기 조성 등 5개 문항을 책정하여 리커트 7점 척도로 설문하였다.

(3) 지식저장(Knowledge Storing)

Prahalad & Hamel(1994)에 의하면 저장된 조직의 지식은 그 조직의 유전인자(DNA)에 해당된다고 한다.

지식저장은 지식의 전파와 공유가 신속하고 광범위하게 일어날 수 있도록 하는 장치 혹은 메커니즘이라고 부를 수 있다. 즉, 지식저장은 창출된 지식을 적용하고, 공유하며, 그 결과와 의미에 대한 해석 등의 지식창출 과정을 거쳐서 그 결과를 미래의 사용을 위하여 조직의 기억장치에 저장하는 것이다.

본 연구에서는 지식저장을 측정하기 위하여 개인의 지식 및 정보의 DB화, 부서 차원의 지식 및 정보의 표준화, 지식 및 정보의 정기적 업그레이드, 지식 및 정보의 영구적 보존 등 4개 문항을 책정하여 리커트 7점 척도로 설문하였다.

(4) 지식활용(Knowledge Utilizing)

지식활용이란 창조되거나 획득된 지식을 직접 업무에 적용하여 업무성과나 조직의 경쟁력 향상에 기여하는 것을 의미한다. 따라서 아무리 뛰어난 지식을 창출하거나 획득했다 할지라도 이를 업무에 활용할 수 없다면, 지식창출의 효과성이 떨어지거나 무의미하게 될 수 있으므로 지식활용의 중요성이 매우 크다.

스위스의 Gottib Duttweilor사가 조사한 연구결과에 의하면, 회사의 유용한 지식 가운데 20%만이 실제로 사용되고 있다는 사실이 밝혀졌다(Brooking, 1996).

본 연구에서는 지식활용을 측정하기 위하여 다른 사람이 소유한 지식 및 정보의 활용, 다른 부서가 소유한 지식 및 정보의 활용, 사외의 지식 및 정보의 활용 등 3개 문항을 책정하여 리커트 7점 척도로 설문하였다.

4) 조직차원의 성과

(1) 생산성 향상(Productivity Increasing)

생산성은 '노동력 혹은 기계 사용시간에 대한 산출량의 상대적인 비율', 즉 '투입량에 대한 산출량의 비율'을 말한다(이상문, 1999). 일반적으로, 생산성은 '생산물을 모든 생산요소 중 1개 정도의 생산요소로 나눈 값'이라고 표현하고 있다. 여기서 생산요소는 노동력, 자금, 설비, 원재료, 토지 등을 말한다.

본 연구에서는 생산성 향상을 측정하기 위하여 노동생산성 증감정도, 재고회전율 증감정도, 제조시간 증감, 제조비용 증감 등 4개 문항을 책정하여 리커트 7점 척도로 설문하였다.

(2) 품질 향상(Quality Improvement)

품질이란 제품의 유용성을 정하는 성질이나 제품이 그 사용목적을 수행하기 위하여 갖추고 있어야 할 성질이며, 여러 가지 특성의 집합으로 이루어져 있다. 따라서 기업이 성공하는 데 있어 품질의 전략적 효익은 매우 크다고 할 수 있으며 양질의 제품이나 서비스에 대한 소비자의 요구도 과거 어느 때보다 두드러지게 나타나고 있다.

본 연구에서는 품질 향상을 측정하기 위하여 공정불량률 증감정도, 크레임률 증감정도, 외관 및 성능 수준, 소비자 욕구 만족도 등 4개 문항을 책정하여 단답형 및 리커트 7점 척도로 설문하였다.

(3) 생산혁신(Process Innovation)

생산혁신은 '어떤 생산부문에서 새로운 아이디어를 활용하는 조기성이나 정도'로 정의할 수 있다. 연구의 대상이 되는 혁신행동은 혁신을 채택하는 주체와 채택된 아이디어 관점에서 고려할 필요가 있다. 또한 조직 입장에서 혁신행위는 혁신성이 될 것이고, 아이디어 입장에서는 채택가능성이 될 것이다(Dows & Mohr, 1980). 이는 생산혁신의 주요 구성요소가 바로 혁신의 정도, 즉 혁신의 양, 혁신의 질, 그리고 혁신의 속도임을 시사하고 있다.

본 연구에서는 생산혁신을 측정하기 위하여 1인당 생산혁신 제안건수, 1분임조당 활동횟수, 생산혁신 활동의 활발성, 생산혁신의 효과성, 생산혁신의 우수성 등 5개 문항을 책정하여 단답형 및 리커트 7점 척도로 설문하였다.

5) 조직원차원의 성과

(1) 직무능력 향상(Job Competency Up-grading)

직무능력은 개개인이 수행하고 있는 직무에 필요한 능력을 말한다. 이러한 직무능력은 자신이 맡은 직무 분야에 대한 전문지식 및 기술뿐만 아니라, 산업사회의 변화에서 요구되는 지식과 기술을 수용하기 위해서는 언어, 수학, 문제해결 능력을 망라하는 기초능력도 필요하며, 또한 직업인이면 누구에게나 반드시 갖추어야 하는 일에 대한 습관, 가치관, 태도에 이르는 능력도 필요하다.

본 연구에서는 근로자의 직무능력 향상을 측정하기 위하여 직무 분야의 전문지식 및 기술, 직무수행에 대한 기초능력, 지식 및 정보의 수집·분석능력, 의사소통능력, 계획 수립 및 실행 능력, 일에 대한 습관·가치관·태도 등 6개 문항을 책정하여 리커트 7점 척도로 설문하였다.

(2) 직장생활 만족(Workshop Satisfaction)

직장생활 만족이란 조직에 대한 구성원들의 심리적 태도의 하나로서, 구성원들이 회사생활에 대해 갖는 긍정적인 감정 상태를 의미한다.

본 연구에서는 손태원·전상길(1996)에 의해 제시된 설문도구에 기초하여 보수·승진·직무·장래비전 등 만족스런 보수, 공정한 승진관리, 미래에 대한 비전, 회사생활에 대한 만족과 보람, 경영이념과 기업목표에 대한 만족, 회사의 일원임에 대한 만족 등 6개 문항을 책정하여 리커트 7점 척도로 설문하였다.

(3) 조직몰입(Organizational Involvement)

조직몰입이란 개인이 특정한 조직 그 자체나 그 조직의 목표, 조직구성원에게 바라는 기대 등에 얼마나 일체감을 가지고 몰두하느냐 하는 정도, 즉 한 조직에 대한 개인의 동일시(identification) 및 몰입(involvement)의 상대적 강도를 말한다(김성국, 1997).

본 연구에서는 회사의 발전에 대한 노력, 회사와 나의 문제의 동일성, 현 회사에 대한 근속의지, 회사에 대한 헌신, 자신과 조직의 가치관의 유사성, 현 직무에 대한 만족 등 6개 문항을 책정하여 리커트 7점 척도로 설문하였다.

4. 연구의 방법

1) 연구대상 및 조사방법

(1) 연구대상의 선정

본 연구의 대상은 21세기 지식정보화시대를 대표하고, 우리나라 제조업 중에서 생산직 근로자의 학력 및 경력수준이 평균치이라고 판단되는 전자업종을 대상으로 선정하였다.

전자산업은 전자(electron)의 운동 특성을 응용한 기계기구나 여기에 사용되는 부품 및 재료를 제조하는 산업을 통칭한다. 즉, 컴퓨터, 반도체, 통신기기, 멀티미디어기기, LCD(Laser Compact Disc), 전자의료기기 등 하드웨어 분야를 주요 대상으로 한다. 이러한 전자산업은 높은 소득 탄력성과 대규모의 지속적인 시장창출을 통해 세계 경제성장의 견인차 역할을 수행하고 있다. 아울러, 전자산업은 지식정보화시대로의 진입과 함께 산업 내 또는 산업 간 적극적인 융합화를 통해 다양한 사업영역을 창출함으로써 고성장·고부가가치산업으로서 그 중요성이 높아져가고 있다(박기홍 외, 1999).

본 연구의 표본은 2001년 현재 우리나라에 있는 전자 제조기업 중 종업원 100명 이상 500명 미만을 고용하고 있는 45개 업체와 종업원 500명 이상을 고용하고 있는 45개 업체로 구성하였다. 이때 1개 기업에서 여러 개의 사업장을 운영하고 있는 경우 1개의 사업장만을 표본으로 선정하였다. 표본대상업체 내 설문대상자는 1개 기업당 생산현장 근로자 3명, 생산부서 책임자 1명, 인력개발 책임자 1명으로 하였다.

(2) 조사방법

흔히 설문조사의 경우, 많은 시간과 비용이 수반됨에도 불구하고 설문지 회수 시 회수율이 10% 미만의 매우 저조한 사례를 인지하고, 이와 같은 문제점을 예방하고 성공적인 설문조사를 수행하기 위하여 서울시내에 위치하고 있는 모 리서치회사에 설문조사를 의뢰함으로써, 설문조사에 전문적인 노하우(know-how)를 가지고 있는 리서치회사의 도움 속에 설문지는 분석이 가능하도록 회수되었다.

또한 연구에 들어가기 앞서 학습조직 구성요인과 학습성과 요인에서 대표적인 특징을 가질 것으로 기대되는 3개 기업의 생산현장 근로자, 생산부서 책임자, 인력개발 책임자 등을 대상으로 예비조사(Pilot Test)를 실시하였다. 예비조사에서는 학습조직의 여러 가지 특징 파악과 본 연구의 실증연구를 위하여 사용될 설문지에 대한 적절성 조사를 병행하여 실시하였다. 예비조사 결과를 토대로 애매모호하거나 부적절한 설문내용을 수정·보완하였다.

2) 측정도구의 구성

설문지는 생산현장 근로자용, 생산부서 책임자용, 인력개발 책임자용으로 구분하고, 앞장의 연구모형에서 제시된 변수들을 설문대상자에 따라 질문하였다([그림 Ⅳ-1] 참조). 또한 모든 설문지에는 학습조직의 전반적인 사항을 파악하기 위하여 '학습조직의 일반수준'에 대해 질문하였고, 또한 인구통계학적 분석에 사용하기 위하여 설문응답자의 일반적인 사항을 질문하였다.

그리고 변수의 측정항목들은 생산성 향상, 품질 향상, 생산혁신 변수의 일부 문항을 제외하고는 동일하게 리커트형 7점 척도를 사용하였다.

[그림 Ⅲ-2] 용도별 설문내용

□ 생산현장 근로자용

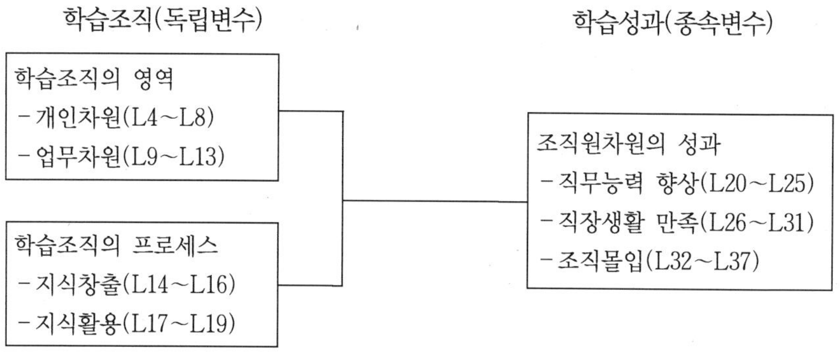

그림 계속

□ 생산부서 책임자용

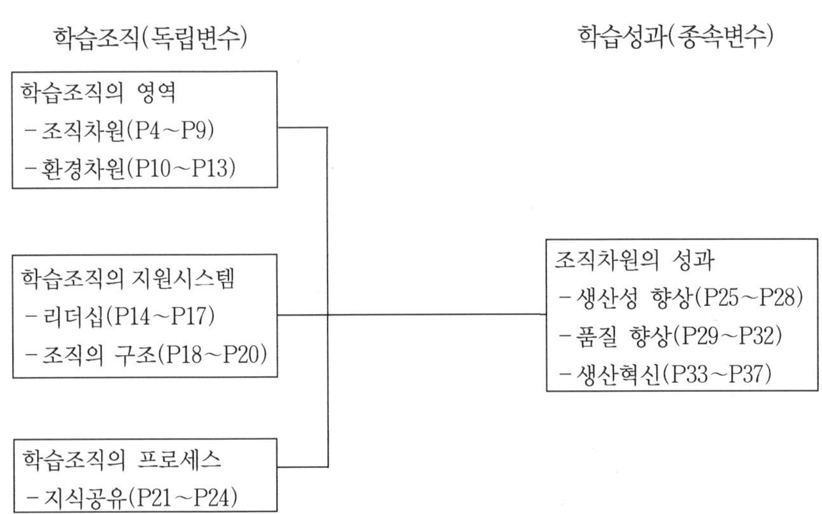

□ 인력개발 책임자용

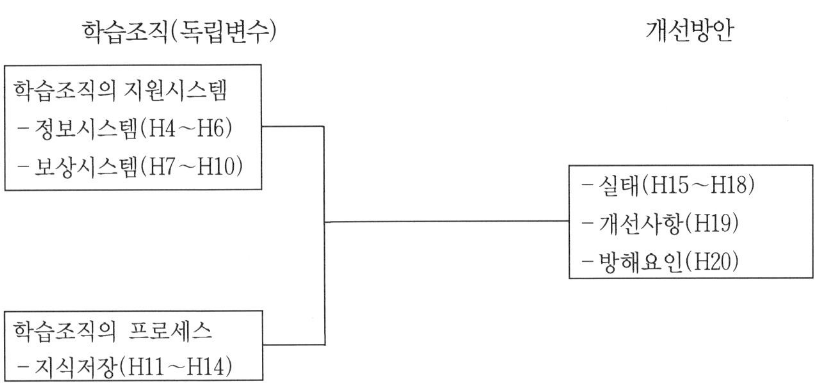

주) 괄호 안은 설문지 유형별 측정항목 번호임.

3) 통계적 처리방법

본 연구를 위하여 수집된 자료는 SPSS PC+ 프로그램으로 전산 처리하였다. 또한 본 연구를 위하여 사용된 통계적 분석기법은 다음과 같다.

첫째, 측정도구(학습조직의 일반수준, 개인차원, 업무차원, 조직차원, 환경차원, 리더십, 정보시스템, 보상시스템, 조직의 구조, 지식창출, 지식저장, 지식공유, 지식활용, 품질향상, 생산혁신, 직무능력 향상, 직장생활 만족, 조직몰입)의 타당도 검증을 위하여 요인분석을 활용하였고, 또한 측정도구의 각 요인의 신뢰도 검증을 위하여 Chronbach's α를 구하였다.

둘째, 각 요인별(학습조직의 일반수준, 개인차원, 업무차원, 조직차원, 환경차원, 리더십, 정보시스템, 보상시스템, 조직의 구조, 지식창출, 지식저장, 지식공유, 지식활용, 생산성 향상, 품질 향상, 생산혁신, 직무능력 향상, 직장생활 만족, 조직몰입) 일반적인 특성을 알아보기 위하여 평균과 표준편차를 산출하였다.

셋째, 각 요인별(개인차원, 업무차원, 조직차원, 환경차원, 리더십, 정보시스템, 보상시스템, 조직의 구조, 지식창출, 지식저장, 지식공유, 지식활용, 생산성 향상, 품질 향상, 생산혁신, 직무능력 향상, 직장생활 만족, 조직몰입) 상호관계성을 알아보기 위하여 단순상관관계 분석을 활용하였다.

넷째, 독립변수(개인차원, 업무차원, 조직차원, 환경차원, 리더십, 정보시스템, 보상시스템, 조직의 구조, 지식창출, 지식저장, 지식공유, 지식활용)와 종속변수(생산성 향상, 품질 향상, 생산혁신, 직무능력 향상, 직장생활 만족, 조직몰입) 간의 상관관계를 분석하기 위하여 다중회귀분석을 활용하였다.

다섯째, 상황변수별(회사규모 - 인력개발 책임자용 H23번, 회사 설립년도 - 인력개발 책임자용 H22번) 독립변수(개인차원, 업무차원, 조직차원, 환경차원, 리더십, 정보시스템, 보상시스템, 조직의 구조, 지식창출, 지식저장, 지식공유, 지식활용)와 종속변수(생산성 향상, 품질 향상, 생산혁신, 직무능력 향상, 직장생활 만족, 조직몰입) 간의 상관관계를 분석하기 위하여 다중회귀분석과 Z-Test

를 활용하였다.

　여섯째, 상황변수별(회사규모－인력개발 책임자용 H23번, 회사 설립년도－인력개발 책임자용 H22번) 학습조직의 운영실태, 개선사항(인력개발 책임자용 H15~H20번)을 분석하기 위하여 X^2 분석을 활용하였다.

　일곱째, 일반적인 사항(생산현장근로자용 L40번, L41번, L42번, L43번, 생산부서책임자용 P40번, P41번, 인력개발 책임자용 H22번, H23번, H24번, H26번, H27번)을 분석하기 위하여 빈도와 백분율을 활용하였다.

Ⅳ. 연구의 결과 및 분석

1. 응답자의 일반적인 사항

설문조사는 2001년 8월 10일부터 9월 15일까지 약 35일간 실시되었으며, 그 결과, 표본대상 90개 업체 중 50개 업체(56.5%)가 회수되어 분석자료로 이용되었다.

설문응답자의 인구통계적 분포는 〈표 Ⅳ-1〉과 같다.

〈표 Ⅳ-1〉 응답자의 일반적인 사항

구 분	특 성	분 류	빈 도	비 율
기업체	설립년도	1980년 이전	33	66.0
		1981년 이후	17	34.0
		계	50	100.0
	총 종업원수	500인 미만	24	48.0
		500인 이상	26	52.0
		계	50	100.0
	총매출액	500억 원 미만	10	20.0
		500억 원 이상 1000억 원 미만	10	20.0
		1000억 원 이상	29	58.0
		무응답	1	2.0
		계	50	100.0

구 분	특 성	분 류	빈 도	비 율
생산현장 근로자	직위	현장관리자(반장, 직장, 조장)	43	28.7
		사원	87	58.0
		기타	20	13.3
		계	150	100.0
	연령	만 30세 미만	69	46.0
		만 30세 이상 40세 미만	65	43.3
		만 40인 이상	16	10.7
		계	150	100.0
	직장 근속년수	3년 미만	54	36.0
		3년 이상 6년 미만	46	30.7
		6년 이상	50	33.3
		계	150	100.0
	학력	고졸 이하	84	56.0
		전문대졸	41	27.3
		대졸 이상	23	15.3
		무응답	2	1.3
		계	150	100.0
생산부서 책임자	직위	부장, 과장, 팀장	41	82.0
		기타	9	18.0
		계	50	100.0
	근속년수	5년 미만	8	16.0
		5년 이상 10년 미만	19	38.0
		10년 이상	23	46.0
		계	50	100.0
인력개발 책임자	직위	부장, 과장, 팀장	30	60.0
		기타	20	40.0
		계	50	100.0
	직장 근속년수	5년 미만	16	32.0
		5년 이상 10년 미만	18	36.0
		10년 이상	16	32.0
		계	50	100.0

2. 측정도구의 신뢰성 및 타당성 검증

본 연구과정에서 나타난 측정도구의 신뢰성과 타당성을 확인하여, 그 정도가 떨어지는 문항을 제거한 후에 분석하기 위하여 Chronbach'α 검사와 요인분석(factor analysis)을 실시하였다.

1) 신뢰성 검증

신뢰성(reliability)은 측정된 결과치의 일관성(cosistency), 정확성(accuracy), 의존가능성(dependability), 안정성(stability), 예측가능성(predictability) 등과 관련된 것으로 동일한 개념에 대한 측정을 반복하였을 때 동일한 결과치를 얻을 수 있는 가능성을 의미한다. 즉, 신뢰성이 높다는 것은 특정대상물을 반복하여 측정하여도 동일한 결과를 얻을 수 있어, 측정방법의 정확성을 믿을 수 있는 문항 간의 일관성을 의미한다.

일반적으로 다항목 척도의 분석을 통한 신뢰성 검증방법에는 재측정법(retest method), 대체 형식법(alternative-form method), 반분법(split-halves method), 내적 일관성 검증법(internal consistency method) 등이 있다. 재측정법은 동일한 대상이 이전의 응답내용을 기억하고 이를 일치시킬 가능성이 있다는 점에서 한계가 있으며, 대체형식법은 대체적인 형식개발이 현실적으로 어렵다는 한계가 있다. 또한 반분법의 경우 문항을 반분하는 방법에 따라 차이가 생길 수 있다. 반면에, Cronbach'α를 이용하는 내적 일관성 검증방법은 간편할 뿐만 아니라, 앞서 제시한 3가지 검증방법이 갖고 있는 문제점을 극복하고 있다는 점에서 많이 사용되고 있다.

본 연구에서도 시간 및 비용 등 많은 제약요인 때문에 복잡한 과정을 거치지 않고 비교적 쉽게 신뢰성을 추정할 수 있는 Cronbach'α를 이용하여 문항 간의 내적 일관성에 대한 신뢰성을 검증하였다.

측정도구의 신뢰성에 대한 절대적 기준은 없으나 일반적으로 조직 연구에서

Cronbach'α 계수가 0.6 이상의 값을 가졌을 때 비교적 신뢰성이 있는 것으로 받아들여지고 있다(Van de Ven et al., 1980). 따라서 본 연구에서도 이 기준에 따라 신뢰성을 검증하였다.

학습조직의 일반수준과 구성요인, 학습성과에 대한 Chronbach'α 검사를 실시한 결과는 다음의 〈표 Ⅳ-2〉와 같다. 〈표 Ⅳ-2〉에 나타난 바와 같이 신뢰성을 알아보기 위하여 변수별로 Chronbach'α 값을 구한 결과, 모두 0.7 이상으로 나타나 신뢰 정도가 매우 높은 것으로 나타났다.

이상에서 나타난 바와 같이 본 연구를 위한 분석도구의 신뢰도는 모든 변수에서 아무런 문제가 없었으며, 따라서 본 연구의 분석과정에서는 문제 변수의 제거 없이 설문지 그대로를 분석도구로 사용하였다.

〈표 Ⅳ-2〉 변수들의 신뢰성 검증결과

구 분		초기항목수	최종항목수	Chronbach'α 계수
학습조직의 일반수준	생산현장 근로자	3	3	0.9285
	생산부서 책임자	3	3	0.8753
	인력개발 책임자	3	3	0.7363
학습조직의 영역	개인차원	5	5	0.8328
	업무차원	5	5	0.8333
	조직차원	6	6	0.8608
	환경차원	4	4	0.8035
학습조직의 지원시스템	리더십	4	4	0.8888
	정보시스템	3	3	0.8439
	보상시스템	4	4	0.8803
	조직의 구조	3	3	0.7314
학습조직의 프로세스	지식창출	3	3	0.9152
	지식공유	4	4	0.8588
	지식저장	4	4	0.8981
	지식활용	3	3	0.8937
조직원차원의 성과	직무능력 향상	6	6	0.8814
	직장생활 만족	6	6	0.9426
	조직몰입	6	6	0.8893
조직차원의 성과	품질 향상	2	2	0.7785
	생산혁신	3	3	0.8928

2) 타당성 검증

타당성(validity)은 측정도구가 측정하고자 의도했던 개념이나 속성을 정확히 측정하고 있는 정도를 의미한다. 즉, 특정한 개념이나 속성을 측정하기 위하여 개발된 측정도구가 그 속성을 정확히 반영할 수 있는가에 관한 개념이다.

타당성은 내용 타당성(content validity), 기준 관련 타당성(criterion -related validity), 개념 타당성(construct validity)의 3가지 유형으로 구분하여 살펴볼 수 있다. 여기서 내용 타당성은 실제 추론에만 의존할 뿐 구체적으로 평가할 수 있는 방법이나 절차를 제시하지 못하고 있어 실제로는 사용상의 제약이 있다. 기준 관련 타당성은 측정도구의 측정결과와 연구대상의 속성을 측정하는 것을 의미하는데, 실제로 조직 연구에서 기준 관련 변수가 존재하지 않는 경우가 많아 사용상의 제약이 따른다. 개념 타당성은 측정도구가 실제로 측정하고자 하는 추상적인 개념을 측정하였는가를 의미하며, 일반적으로 사회과학 연구에 적용되어 왔다(Carmines et al., 1979). 일반적으로, 사회과학 연구에서 개념 타당성을 측정하기 위하여 널리 사용되는 방법은 요인분석(factor analysis)이다(Nunnally, 1978).

본 연구에서는 요인분석을 이용하여 측정도구의 타당성을 평가하였다. 일반적으로, 요인분석에 의한 요인과 문항의 선택기준으로 요인은 설명해줄 수 있는 분산의 정도를 의미하는 아이겐 값(eigenvalue)이 1.0 이상이고, 요인과 각 변수(또는 문항)와의 상관관계를 나타내는 요인부하량(factor loading)이 0.4 이상을 사용하고 있다. 본 연구에서도 이와 같은 기준을 사용하여 요인 및 문항을 선택하였다.

먼저 '학습조직의 일반수준'에 대한 요인분석을 실시한 결과는 다음의 〈표 Ⅳ-3〉과 같다. 〈표 Ⅳ-3〉에 나타난 바와 같이 문항별로 요인분석을 한 결과, 요인부하량이 모두 0.6 이상으로 나타나 타당도가 의심스러운 문항은 없는 것으로 나타났다.

<표 Ⅳ-3> 학습조직의 일반수준에 대한 타당성 검증결과

구 분	문 항	요인부하량	Communality	아이겐 값	설명분산
생산현장 근로자	지식의 창출·공유·활용(L1)	0.914	0.835	2.628	87.614
	환경 변화와 위기에 대처(L2)	0.948	0.898		
	성과 및 고객 만족의 향상(L3)	0.946	0.895		
생산부서 책임자	지식의 창출·공유·활용(P1)	0.864	0.747	2.407	80.231
	환경 변화와 위기에 대처(P2)	0.918	0.843		
	성과 및 고객 만족의 향상(P3)	0.904	0.817		
인력개발 책임자	지식의 창출·공유·활용(H1)	0.687	0.472	2.013	67.083
	환경 변화와 위기에 대처(H2)	0.915	0.838		
	성과 및 고객 만족의 향상(H3)	0.838	0.702		

다음으로, '학습조직의 구성요인'에 대한 문항의 요인분석을 실시한 결과는 다음의 〈표 Ⅳ-4〉와 같다. 〈표 Ⅳ-4〉에 나타난 바와 같이 '학습조직의 구성요인'에 대하여 문항별로 요인분석을 한 결과, 요인부하량이 모두 0.5 이상으로 나타났고 요인이 나누어지지 않았으며, 타당도가 의심스러운 문항은 없는 것으로 나타났다.

<표 Ⅳ-4> 학습조직의 구성요인에 대한 타당성 검증결과

변 수	문 항	요인부하량	Communality	아이겐 값	설명분산
개인차원	권한위임(L4)	0.701	0.491	3.068	61.354
	끊임없는 자기개발(L5)	0.876	0.767		
	끊임없는 도전정신(L6)	0.760	0.577		
	끊임없는 계획성(L7)	0.782	0.611		
	위험감수태도(L8)	0.788	0.621		
업무차원	업무를 통한 학습(L9)	0.769	0.591	3.070	61.399
	상호교류와 협력(L10)	0.802	0.644		
	부서의 응집력(L11)	0.871	0.759		
	개방적 탐구·대화(L12)	0.789	0.622		
	교육훈련기회 제공(L13)	0.674	0.454		
조직차원	상호신뢰(P4)	0.700	0.490	3.606	60.107
	개방적 의사소통(P5)	0.761	0.580		
	의사소통의 구축(P6)	0.640	0.410		
	비전의 공유(P7)	0.831	0.690		
	부서 간의 협력(P8)	0.870	0.757		
	시스템적 사고(P9)	0.824	0.680		

변 수	문 항	요인부하량	Communality	아이겐 값	설명분산
환경차원	경쟁업체(P10)	0.865	0.749	2.609	65.213
	고객(P11)	0.899	0.808		
	협력업체(P12)	0.876	0.767		
	기술/산업 동향(P13)	0.534	0.285		
리더십	학습의 핵심가치화(P14)	0.836	0.699	3.014	75.359
	학습의 확인 및 평가(P15)	0.878	0.772		
	역량의 강화 및 창출(P16)	0.892	0.796		
	학습활동 지원(P17)	0.865	0.748		
정보 시스템	시스템 구축정도(H4)	0.780	0.609	2.307	76.908
	시스템 접근용이성(H5)	0.919	0.844		
	업무에의 활용(H6)	0.924	0.854		
보상 시스템	아이디어 창출(H7)	0.912	0.832	2.945	73.621
	지식/기술 습득(H8)	0.829	0.688		
	지식/노하우 공유(H9)	0.839	0.704		
	아이디어 실행(H10)	0.849	0.721		
조직의 구조	유연성(P18)	0.867	0.751	1.958	65.265
	지식/정보교류 지원(P19)	0.672	0.452		
	한시적 팀 운용(P20)	0.869	0.755		
지식창출	조직 내부(L14)	0.891	0.794	2.570	85.633
	조직 외부(L15)	0.936	0.876		
	내·외부의 조화(L16)	0.949	0.900		
지식공유	전수 유무(P21)	0.693	0.480	2.851	71.280
	신속성/원활성(P22)	0.904	0.817		
	빈도성(P23)	0.855	0.730		
	분위기 조성(P24)	0.908	0.824		
지식저장	지식의 DB화(H11)	0.901	0.811	3.094	0.8981
	지식의 표준화(H12)	0.884	0.781		
	정기적 업그레이드(H13)	0.916	0.839		
	영구적 보존(H14)	0.814	0.663		
지식활용	타인 지식의 활용(L17)	0.898	0.806	2.476	82.525
	타 부서 지식의 활용(L18)	0.910	0.828		
	사외 지식의 활용(L19)	0.918	0.842		

다음으로, '학습성과 요인'에 대한 문항들의 요인분석을 실시한 결과는 다음의 〈표 Ⅳ-5〉와 같다. 〈표 Ⅳ-5〉에 나타난 바와 같이 '학습성과 요인'에 대하여 문항별로 요인분석을 한 결과, 요인부하량이 모두 0.5 이상으로 나타나 타당도가 의심스러운 문항은 없는 것으로 나타났다.

〈표 Ⅳ-5〉 학습성과 요인에 대한 타당성 검증결과

변 수	문 항	요인부하량	Communality	아이겐 값	설명분산
직무능력 향상	전문지식 및 기술(L20)	0.709	0.503	3.817	63.620
	직무기초능력(L21)	0.569	0.323		
	정보수집 · 분석능력(L22)	0.850	0.722		
	의사소통능력(L23)	0.799	0.638		
	계획수립 · 실행능력(L24)	0.882	0.778		
	습관 · 가치관 · 태도(L25)	0.924	0.854		
직장생활 만족	보수 만족(L26)	0.902	0.814	4.673	77.891
	승진관리 만족(L27)	0.800	0.641		
	미래비전 만족(L28)	0.902	0.813		
	회사생활 만족(L29)	0.888	0.788		
	이념 · 목표 만족(L30)	0.913	0.834		
	회사일원임 만족(L31)	0.885	0.783		
조직몰입	발전 노력도(L32)	0.897	0.804	4.067	67.791
	문제 동일성(L33)	0.893	0.797		
	근속 의지(L34)	0.786	0.618		
	헌신 정도(L35)	0.899	0.808		
	가치관 유사성(L36)	0.622	0.386		
	직무 만족(L37)	0.808	0.653		
품질 향상	외관 및 성능 수준(P31)	0.905	0.820	1.640	81.986
	소비자 욕구 만족도(P32)	0.905	0.820		
생산혁신	혁신활동의 활발성(P35)	0.901	0.812	2.484	82.804
	혁신활동의 효과성(P36)	0.920	0.846		
	혁신의 우수성(P37)	0.909	0.827		

이상에서 나타난 바와 같이, 본 연구를 위한 분석도구의 타당도는 모든 변수

에서 아무런 문제가 없었으며, 따라서 본 연구의 분석과정에서는 문제 문항의 제거 없이 설문지 그대로를 분석도구로 사용하였다.

3. 일반적인 특성

1) 문항 및 변수들의 기술 통계치

가설의 검정에 앞서 본 연구에서 사용된 모든 문항 및 변수들의 기술 통계치, 즉 평균 및 표준편차를 분석하였다.

먼저 '학습조직의 일반수준'에 대한 모든 문항에서는 평균 4점 이상을 나타내어 보통(평균=4)보다는 약간 높은 것으로 나타났다(〈표 Ⅳ-6〉 참조). 이를 생산현장 근로자, 생산부서 책임자, 인력개발 책임자 등의 집단 간 평균차이를 살펴보면, 인력개발 책임자가 가장 높고(M=5.05), 다음으로 생산부서 책임자(M=4.85), 생산현장 근로자(M=4.36)의 순으로 나타났다. 이러한 결과는, 인력개발 책임자의 경우 학습조직을 주도적으로 이끄는 집단이지만, 생산현장 근로자의 경우는 인력개발 책임자나 생산부서 책임자에 의해 학습조직의 실천 및 적용을 강요당하는 집단에 해당하므로 학습조직에 대한 인식이 부족하거나 수동적으로 참여하기 때문인 것 같다. 따라서 생산부문의 학습조직화를 촉진하기 위해서는 생산현장 근로자를 적극적으로 참여시킬 수 있는 방안이 모색되어야 할 것이다.

<표 IV-6> 학습조직 일반수준의 문항 및 대상에 대한 평균 및 표준편차

변 수	문 항	N	문 항		변 수	
			M	S.D	M	S.D
생산현장 근로자	지식의 창출·공유·활용(L1)	150	4.2867	0.8438	4.3578	0.8578
	환경 변화와 위기에 대처(L2)	150	4.4400	0.9390		
	성과 및 고객 만족의 향상(L3)	150	4.3467	0.9641		
생산부서 책임자	지식의 창출·공유·활용(P1)	50	4.7200	0.9697	4.8533	0.8523
	환경 변화와 위기에 대처(P2)	50	4.9000	0.9091		
	성과 및 고객 만족의 향상(P3)	50	4.9400	0.9775		
인력개발 책임자	지식의 창출·공유·활용(H1)	50	5.1200	1.1183	5.0467	0.8651
	환경 변화와 위기에 대처(H2)	50	5.0600	0.9564		
	성과 및 고객 만족의 향상(H3)	50	4.9600	1.1241		
계		250			4.7526	0.6749

다음으로, '학습조직의 구성요인'에 대한 일반적인 특성 정도를 알아보기 위하여 문항별로, 그리고 변수별로 평균과 표준편차를 구한 결과는 다음의 〈표 IV-7〉과 같다.

〈표 IV-7〉에 나타난 바와 같이 거의 모든 문항에서 평균 4점 이상을 나타내어 보통(평균=4)보다는 약간 높은 편이었으며, 이 중에서 '정보시스템의 구축 정도(H4)' 문항은 5.62점으로 가장 높았고, 다음으로 '시스템적 사고(P9)', '지식 및 정보의 전수에 대한 유무(P21)', '부서차원의 지식 및 정보의 표준화(H12)' 문항은 평균 약 5.0점 정도로 다른 문항에 비하여 높게 나타났다. 반대로 '외부를 통한 지식창출(L15)', '지식창출의 조직 내·외부의 조화(L16)', '타 부서 소유의 지식 및 정보의 활용(L18)', '사외의 지식 및 정보의 활용(L19)' 문항에서 평균 약 3.7점 정도로 보통(평균=4)보다도 낮게 나타났다.

또한 이를 변수별로 볼 때에는 '정보시스템'이 약 5.13점으로 가장 높았고, 다음으로 '지식저장'이 약 4.93점, '조직차원'이 약 4.75점, '지식공유'가 약 4.74점, '리더십'이 약 4.72점 정도로 다른 변수에 비해 높게 나타났다. 반대로 '지식창출'과 '지식활용'의 경우에는 평균 약 3.9점 정도로 보통(평균=4)보다도 약간 낮게 나타났다.

이러한 결과로 보아, 우리나라 기업체의 대부분은 정보자료실, 사내 방송이나 사보, 인트라넷, 사내 그룹웨어 등 정보시스템이 비교적 구축되어 있고, 이러한 정보시스템을 통한 지식 및 정보의 공유와 저장이 잘 이루어지고 있는 것 같다. 반면에 새로운 지식 및 정보를 창출하거나 습득하여 효과적으로 활용하지는 못하고 있는 것 같다. 이러한 현상은 급변하는 21세기 환경 변화와 위기에 대처할 수 있는 능력을 저해하는 요인이 되므로, 학습조직화를 통하여 보완해 나가야 할 것으로 판단된다.

<표 Ⅳ-7> 학습조직 구성요인의 문항과 변수에 대한 평균 및 표준편차

변 수	문 항	N	문 항		변 수	
			M	S.D	M	S.D
개인차원	권한 위임(L4)	150	4.7133	0.9966	4.427	0.6565
	끊임없는 자기개발(L5)	150	4.4533	0.7492		
	끊임없는 도전정신(L6)	150	4.7267	0.7728		
	끊임없는 계획성(L7)	150	4.2267	0.7866		
	위험감수태도(L8)	150	4.0933	0.9086		
업무차원	업무를 통한 학습(L9)	150	4.7200	0.7357	4.6447	0.6396
	상호교류와 협력(L10)	150	4.6267	0.7578		
	부서의 응집력(L11)	150	4.6800	0.8136		
	개방적 탐구·대화(L12)	150	4.5533	0.8154		
	교육훈련기회 제공(L13)	150	4.5933	0.9835		
조직차원	상호신뢰(P4)	50	4.9000	1.0152	4.7460	0.7782
	개방적 의사소통(P5)	50	4.6000	1.0690		
	의사소통의 구축(P6)	49	4.3061	1.0841		
	비전의 공유(P7)	50	4.7200	1.0309		
	부서 간의 협력(P8)	50	4.9400	0.9127		
	시스템적 사고(P9)	50	5.0000	1.0102		
환경차원	경쟁업체(P10)	50	4.9200	1.0270	4.6500	0.9189
	고객(P11)	50	4.5200	1.1648		
	협력업체(P12)	50	4.4600	1.1988		
	기술/산업 동향(P13)	50	4.7000	1.2330		
리더십	학습의 핵심가치화(P14)	50	4.9600	1.1241	4.7150	0.9258
	학습의 확인 및 평가(P15)	50	4.5400	1.0730		
	역량의 강화 및 창출(P16)	50	4.7000	0.9742		
	학습활동 지원(P17)	50	4.6600	1.0994		
정보 시스템	시스템 구축정도(H4)	50	5.6200	1.2599	5.1267	1.1246
	시스템 접근용이성(H5)	50	4.9400	1.4201		
	업무에의 활용(H6)	50	4.8200	1.1726		
보상 시스템	아이디어 창출(H7)	50	4.7800	1.4609	4.5650	1.2004
	지식/기술 습득(H8)	50	4.5800	1.3107		
	지식/노하우 공유(H9)	50	4.3200	1.4205		
	아이디어 실행(H10)	50	4.5800	1.4010		
조직의 구조	유연성(P18)	50	4.6000	1.1780	4.6200	0.9619
	지식/정보교류 지원(P19)	50	4.7800	1.0160		
	한시적 팀 운용(P20)	50	4.4800	1.3589		

변 수	문 항	N	문 항		변 수	
			M	S.D	M	S.D
지식창출	조직 내부(L14)	150	4.2267	0.9908	3.9022	0.8911
	조직 외부(L15)	150	3.7800	0.9515		
	내·외부의 조화(L16)	150	3.7000	0.9482		
지식공유	전수 유무(P21)	50	5.0200	0.8919	4.7350	0.8725
	신속성/원활성(P22)	50	4.5200	0.9311		
	빈도성(P23)	50	4.6800	1.2362		
	분위기 조성(P24)	50	4.7200	1.0698		
지식저장	지식의 DB화(H11)	50	4.8000	1.4286	4.9250	1.0836
	지식의 표준화(H12)	50	5.0200	1.0784		
	정기적 업그레드(H13)	50	4.9000	1.1995		
	영구적 보존(H14)	50	4.9800	1.2204		
지식활용	타인 지식의 활용(L17)	150	4.0933	0.9061	3.8978	0.8137
	타 부서 지식의 활용(L18)	150	3.8467	0.9115		
	사외 지식의 활용(L19)	150	3.7533	0.8698		

다음으로, '학습성과 요인'에 대한 일반적인 특성 정도를 알아보기 위하여 문항별로, 그리고 변수별로 평균과 표준편차를 구한 결과는 다음의 〈표 Ⅳ-8〉과 같다.

〈표 Ⅳ-8〉에 나타난 바와 같이 거의 모든 문항에서 평균 4점 이상을 나타내어 보통(평균=4)보다는 약간 높은 편이었으며, '자사제품의 외관 및 성능 수준(P31)', '자사제품의 소비자 요구 만족도(P32)' 문항의 경우 평균 약 5.5점 이상으로 다른 문항에 비하여 매우 높게 나타났으며, 다음으로 '생산혁신 활동의 효과성(P36)' 문항이 약 4.80점, '회사의 발전에 대한 노력(L32)' 문항이 약 4.71점 정도의 순으로 나타났다. 반대로 '만족스런 보수(L26)', '자신과 조직의 가치관의 유사성(L36)' 문항에서 평균 약 3.9점 정도로 보통(평균=4)보다도 약간 낮게 나타났다.

또한 이를 변수로 살펴보면, 모든 변수에서 평균 약 4.2점 이상을 나타내어 보통(평균=4)보다는 약간 높은 것으로 나타났다.

한편, 7점 척도를 사용하지 않는 문항을 살펴보면, 노동생산성은 18.5% 정도 증가, 재고회전율은 2.6% 정도 증가, 제조시간과 제조비용은 감소한 것으로 나타났다. 또한 공정불량률은 9.9% 정도 감소, 크레임률은 9.9% 정도 감소한 것으로 나타났으며, 2000년도 1인당 제안건수는 6.4건, 1분임조당 활동횟수는 6.9회 정도로 나타났다.

이러한 결과로 보아, 우리나라 기업체의 많은 종업원들은 자사제품에 대하여 매우 강한 자부심과 신뢰성을 가지고 있고, 회사의 발전을 위해 헌신하고 있음을 알 수 있다. 반면에, 보수나 회사의 가치관에 대해서는 부정적인 견해를 가지고 있으므로, 기업체의 경영자들은 자사의 종업원에 대한 의사소통을 원활하게 유지해야할 것으로 판단된다. 또한 우리나라 기업체들은 2000년도의 경우 1999년도에 비해 생산성이나 품질이 향상되고 생산혁신 활동이 활발해진 것으로 나타났다.

<표 Ⅳ-8> 학습성과 요인의 문항과 변수에 대한 평균 및 표준편차

변 수	문 항	N	문 항		변 수	
			M	S.D	M	S.D
직무능력 향상	전문지식 및 기술(L20)	150	4.5800	0.7524	4.4600	0.6797
	직무기초능력(L21)	150	4.4333	0.7415		
	정보수집·분석능력(L22)	150	4.3400	0.7079		
	의사소통능력(L23)	150	4.5067	0.7323		
	계획수립·실행능력(L24)	150	4.3600	0.8271		
	습관·가치관·태도(L25)	150	4.5400	0.8462		
직장생활 만족	보수 만족(L26)	150	3.8600	0.8731	4.1600	0.7799
	승진관리 만족(L27)	150	4.0200	0.8121		
	미래비전 만족(L28)	150	4.1533	0.8471		
	회사생활 만족(L29)	150	4.1733	0.8812		
	이념·목표 만족(L30)	150	4.2933	0.9126		
	회사일원임 만족(L31)	150	4.4600	0.9733		
조직몰입	발전 노력도(L32)	150	4.7067	0.8043	4.3800	0.7366
	문제 동일성(L33)	150	4.6333	0.8172		
	근속 의지(L34)	150	4.4000	1.2653		
	헌신 정도(L35)	150	4.3467	0.7677		
	가치관 유사성(L36)	150	3.8867	0.8265		
	직무 만족(L37)	150	4.3067	0.9328		
생산성 향상	노동생산성 증감정도(P25)	37	18.5000	48.5033	-	-
	재고회전율 증감정도(P26)	35	2.6429	28.3574		
	제조시간 증감(P27)	42	-0.7619	0.6172		
	제조비용 증감(P28)	43	0.2791	0.9342		
품질 향상	공정불량률 증감정도(P29)	34	-9.9765	14.7281	-	-
	크레임률 증감정도(P30)	31	-9.9774	20.0250		
	외관 및 성능 수준(P31)	50	5.5600	0.8122	5.5200	0.7690
	소비자 욕구 만족도(P32)	50	5.4800	0.8862		
생산혁신	1인당 제안건수(P33)	42	6.3571	20.1531	-	-
	1분임조당 활동횟수(P34)	37	6.8568	10.2323		
	혁신활동의 활발성(P35)	50	4.3800	1.1933	4.5867	1.0423
	혁신활동의 효과성(P36)	50	4.8000	1.0302		
	혁신의 우수성(P37)	50	4.5800	1.2137		

2) 변수들의 상관관계 분석

본 연구에 사용된 변수들 간의 상관정도를 알아보기 위하여 Pearson의 상관계수를 구하였다. 상관관계란 변인들 사이에 일정한 관계가 있다는 것을 나타내며, 2개 또는 그 이상의 변인들이 정(+)적 또는 부(-)적으로 함께 변하는 방향과 관계의 정도를 나타내 준다.

상관관계가 주어졌을 때 고려하여야 할 점은 첫째, 무의미한 수준인 0에서부터 완전한 상관관계인 +1.0 또는 -1.0의 범위를 갖는 상관관계의 정도이다. 둘째, 두 관계가 정(+)적이냐 부(-)적이냐 하는 관계의 부호이고, 셋째, 상관계수가 의미 있는 것인가에 대한 문제이다.

상관관계 해석은 다음과 같은 해석기준을 근거로 하였다(김영채, 1998).

	부호 없는 양수이면	(#상관계수에 음수(-) 붙으면)
0.90~1.00 :	상관이 아주 높다	(부적 상관이 아주 높다)
0.70~0.90 :	상관이 높다	(부적 상관이 높다)
0.40~0.70 :	강한 상관이 있다	(강한 부적 상관이 있다)
0.20~0.40 :	낮은 상관이 있다	(낮은 부적 상관이 있다)
0.00~0.20 :	상관이 거의 없다	(부적이긴 하나 상관이 거의 없다)

변수들 간의 상관관계를 제시하면 〈표 Ⅳ-9〉와 같으며, 독립변수와 종속변수 간의 상관관계를 중심으로 독립변수들 간의 상관관계, 종속변수들 간의 상관관계, 상황변수와 독립·종속 변수 간의 상관관계를 자세히 살펴보면 다음과 같다.

(1) 독립변수와 종속변수 간의 상관관계

먼저 개인차원 변인은 '직무능력 향상'과 높은 정적(+) 상관관계(r=0.78)가 있었고, '직장생활 만족' 및 '조직몰입' 등과는 강한 정적(+) 상관관계(각각 r=0.60, r=0.64)가 있었다. 또한 개인차원 변인은 '제조비용 증감'과 강한(+) 상관관계(r

=0.55)가 있었고, '생산혁신 수준'과 약한 정적(+) 상관관계(r=0.32)가 있었으며, 반대로 '크레임률 증감정도'와 강한 부적(-) 상관관계(r=-0.42)가 있었다.

다음으로, 업무차원 변인은 '직무능력 향상', '직장생활 만족', '조직몰입' 등과 강한 정적(+) 상관관계(r=0.50~0.65)가 있었다. 또한 업무차원 변인은 '생산혁신 수준'과 강한 정적(+) 상관관계(r=0.42)가 있었고, 반대로 '제조비용 증감'과는 강한 부적(-) 상관관계(r=-0.45)가 있었다.

다음으로, 조직차원 변인은 '설계품질 수준' 및 '생산혁신 수준'과 강한 정적(+) 상관관계(각각 r=0.47, r=0.68)가 있었다. 이와는 반대로 '제조비용 증감' 및 '공정불량률 증감정도'와 강한 부적(-) 상관관계(각각 r=-0.41, r=-0.42)가 있었고, '크레임률 증감정도'와 약한 부적(-) 상관관계(r=-0.39)가 있었다.

다음으로, 환경차원 변인은 '조직몰입'과 약한 정적(+) 상관관계(r=0.31)가 있었다. 또한 환경차원 변인은 '생산혁신 제안건수'와 약한 정적(+) 상관관계(r=0.32)가 있었고, '생산혁신 수준'과 강한 정적(+) 상관관계(r=0.59)가 있었다.

다음으로, 리더십 변인은 '직무능력 향상'과 약한 정적(+) 상관관계(r=0.29)가 있었고, '직장생활 만족' 및 '조직몰입'과는 강한 정적(+) 상관관계(각각 r=0.48, r=0.47)가 있었다. 또한 리더십 변인은 '설계품질 수준'과 약한 정적(+) 상관관계(r=0.30)가 있었고, '생산혁신 수준'과는 강한 정적(+) 상관관계(r=0.59)가 있었으며, 반대로 '제조비용 증감'과 약한 부적(-) 상관관계(r=-0.32)가 있었다.

다음으로, 정보시스템 변인은 모든 종속변수들과 통계적으로 유의미하지 못하였다.

다음으로, 보상시스템 변인은 '직장생활 만족' 및 '조직몰입'과 강한 정적(+) 상관관계(각각 r=0.54, r=0.42)가 있었다.

다음으로, 조직구조 변인은 '직장생활 만족'과 약한 정적(+) 상관관계(r=0.35)가 있었고, '조직몰입'과는 강한 정적(+) 상관관계(r=0.49)가 있었다. 또한 조직구조 변인은 '생산혁신 수준'과 강한 정적(+) 상관관계(r=0.60)가 있었고, 반대로 '제조비용 증감' 및 '크레임률 증감정도'와는 약한 부적(-) 상관관계(각각 r=-0.33, r=-0.37)가 있었다.

다음으로, 지식창출 변인은 '직무능력 향상', '직장생활 만족', '조직몰입' 등과 강한 정적(+) 상관관계(r=0.53~0.65)가 있었다. 또한 지식창출 변인은 '생산혁신 수준'과 약한 정적(+) 상관관계(r=0.37)가 있었고, 반대로 '제조비용 증감'과는 강한 부적(-) 상관관계(r=-0.44)가 있었다.

다음으로, 지식공유 변인은 '조직몰입'과 약한 정적(+) 상관관계(r=0.29)가 있었다. 또한 지식공유 변인은 '설계품질 수준' 및 '생산혁신 수준'과 강한 정적(+) 상관관계(각각 r=0.41, r=0.63)가 있었고, '1분임조당 활동횟수'와는 약한 정적(+) 상관관계(r=0.36)가 있었다.

다음으로, 지식저장 변인은 '직장생활 만족' 및 '조직몰입'과 약한 정적(+) 상관관계(r=0.36, r=0.37)가 있었다. 또한 지식저장 변인은 '설계품질 수준' 및 '생산혁신 수준'과도 약한 정적(+) 상관관계(각각 r=0.38)가 있었다.

다음으로, 지식활용 변인은 '직무능력 향상', '직장생활 만족', '조직몰입' 등과 강한 정적(+) 상관관계(r=0.48~0.69)가 있었다. 또한 지식활용 변인은 '생산혁신 수준'과 약한 정적(+) 상관관계(r=0.30)가 있었고, 반대로 '제조비용 증감'과는 약한 부적(-) 상관관계(r=-0.32)가 있었다.

이상은 각 독립변수별로 유의미한 상관관계를 나타내는 종속변수를 살펴보았다. 독립변수와 종속변수 간의 상관관계 수치는 본 연구에서 알아보려는 독립변수와 종속변수 간의 인과관계를 미리 보여준다고 할 수 있다.

먼저 독립변수 중 개인차원 변인은 종속변수인 조직원차원 성과에 대해 대체적으로 높은 상관관계를 보이고 있는데, 개인차원 변인은 개인의 특성(personality)에 의해 많이 좌우되기 때문에 종속변수인 조직원차원 성과와도 밀접한 관련이 있게 마련인 것으로 판단된다. 업무차원 변인은 개인차원의 외부 학습대상에 해당하므로 개인의 특성(personality)에 의해 많이 좌우되기 때문에 조직원차원 성과와도 높은 상관관계를 보여주고 있다. 이와 반대로 독립변수 중 조직차원이나 환경차원 변인들은 종속변수인 조직차원 성과와 높은 상관을 보이고 있는데, 조직차원 변인은 개개인의 특성보다는 조직의 비전과 목표를 달성하기 위해 조직 전체의 수준에서 이루어지기 때문에 조직차원 성과와 밀접한 관련이 있게 마련인 것으로 판단된다.

그리고 독립변수 중 리더십, 보상시스템, 조직의 구조와 같은 변인들은 종속 변수인 조직원차원 성과뿐만 아니라 조직차원 성과와도 높은 상관관계를 보이고 있다. 이러한 이유는 리더십, 보상시스템, 조직의 구조 등 학습조직 지원시스템이 조직구성원 개개인의 학습활동이나 업무성과에 밀접하게 관련되어 있고 조직 전체의 수준에서 학습조직의 촉진을 지원하는 역할을 하기 때문인 것으로 판단된다.

그리고 독립변수 중 지식창출 변인과 지식활용 변인은 조직구성원 개개인의 실질적이고 능동적인 활동이 많이 요구되므로 종속변수인 조직원차원 성과와 밀접한 관련이 있다고 보여진다. 또한 지식공유 변인은 종속변수인 조직차원 성과의 설계품질 수준, 생산혁신 수준 등과 높은 상관관계를 보이고 있는데, 이러한 이유는 조직구성원 개개인이 보유하고 있는 아이디어나 노하우가 활발하게 공유되면 품질 향상이나 생산혁신이 잘 이루어지기 때문인 것 같다.

(2) 독립변수들 간의 상관관계

독립변수들 간에는 개인차원과 지식창출, 개인차원과 지식활용, 업무차원과 지식창출, 조직차원과 리더십, 리더십과 조직구조, 지식창출과 지식활용 간에 높은 정적 상관관계($r=0.71{\sim}0.83$)가 있는 것으로 나타났고, 개인차원과 업무차원, 개인차원과 리더십, 개인차원과 보상시스템, 개인차원과 조직구조, 업무차원과 환경차원, 업무차원과 리더십, 업무차원과 보상시스템, 업무차원과 조직구조, 업무차원과 지식공유, 업무차원과 지식활용, 조직차원과 환경차원, 조직차원과 조직구조, 조직차원과 지식공유, 환경차원과 리더십, 환경차원과 조직구조, 환경차원과 지식공유, 리더십과 지식공유, 리더십과 지식활용, 정보시스템과 보상시스템, 보상시스템과 지식창출, 보상시스템과 지식저장, 조직구조와 지식공유 간에 강한 정적(+) 상관관계($r=0.41{\sim}0.68$)가 있는 것으로 나타났으며, 개인차원과 조직차원, 개인차원과 환경차원, 개인차원과 지식저장, 업무차원과 조직차원, 조직차원과 지식활용, 환경차원과 지식활용, 리더십과 보상시스템, 리더십과 지식창출, 정보시스템과 지식저장, 보상시스템과 조직구조, 보상시스템과

132

지식활용, 조직구조와 지식창출, 조직구조와 지식활용 간에 약한 정적(+) 상관관계(r=0.28~0.38)가 있는 것으로 나타났다.

이러한 결과로 보아, 개인차원 변인과 업무차원 변인은 개개인의 입장에서 이루어지는 학습으로서 서로 높은 상관관계를 나타내고 있고, 이들 변인들은 학습조직 지원시스템인 리더십, 보상시스템, 조직구조 등의 변인과 높은 상관관계를 보이고 있는 것으로 나타났다. 반면에, 조직차원 변인과 환경차원 변인은 조직의 입장에서 이루어지는 학습으로서 서로 높은 상관관계를 나타내고 있다.

그리고 리더십 변인과 조직구조 변인은 대부분의 변인들과 높은 상관관계를 나타내고 있는 것으로 나타나, 학습조직에 있어 리더십과 조직구조는 중요한 요소의 하나라고 할 수 있을 것이다. 반면에, 정보시스템의 경우 다른 변인들과 비교적 낮은 상관관계를 보이고 있다.

그리고 지식창출 변인과 지식활용 변인은 대부분 개인적 차원과 관련되는 변인들과 높은 상관관계가 있는 것으로 나타났고, 지식저장과 지식공유는 대부분 조직적 차원과 관련되는 변인들과 높은 상관관계가 있는 것으로 나타났다.

(3) 종속변수들 간의 상관관계

종속변수들 간에는 직장생활 만족과 조직몰입, 노동생산성 증감정도와 재고회전율 증감정도, 공정불량률 증감정도와 크레임률 증감정도 간에 높은 정적(+) 상관관계(r=0.78~0.86)가 있는 것으로 나타났고, 직무능력 향상과 직장생활 만족, 직무능력 향상과 조직몰입, 조직몰입과 생산혁신 수준, 재고회전율 증감정도와 생산혁신 제안건수, 제조시간 증감과 설계품질 수준, 설계품질 수준과 생산혁신 수준, 생산혁신 제안건수와 1분임조당 활동횟수 간에 강한 정적(+) 상관관계(r=0.41~0.68)가 있는 것으로 나타났으며, 직장생활 만족과 생산혁신 수준 간에는 약한 정적(+) 상관관계(r=0.32)가 있는 것으로 나타났다. 이와는 반대로 노동생산성 증감정도와 크레임률 증감정도 간에 높은 부적(−) 상관관계(r=-0.79)가 있는 것으로 나타났고, 직무능력 향상과 제조비용 증감,

직장생활 만족과 제조비용 증감, 조직몰입과 제조비용 증감, 노동생산성 증감 정도와 공정불량률 증감정도, 재고회전율 증감정도와 공정불량률 증감정도, 재고회전율 증감정도와 크레임률 증감정도 간에 강한 부적(−) 상관관계(r= −0.46~−0.69)가 있는 것으로 나타났으며, 직무능력 향상과 제조시간 증감, 공정불량률 증감정도와 생산혁신 수준 간에 약한 부적(−) 상관관계(각각 r= −0.36)가 있는 것으로 나타났다.

이러한 결과로 보아, 조직차원 성과 관련 변인들 간, 조직원차원 성과 관련 변인들 간에는 상관관계가 높은 것으로 나타났으나 조직차원 성과 관련 변인과 조직차원 관련 변인 간에는 상관관계가 거의 없는 것으로 나타났다.

특히, 조직원차원 성과의 변인 중 직장생활 만족 변인과 조직몰입 변인 간에는 매우 높은 상관관계를 나타내고 있으며, 조직차원 성과의 변인 중 생산성 향상 변인의 문항인 노동생산성 증감정도와 재고회전율 증감정도 간, 품질 향상 변인의 문항인 공정불량률 증감정도와 크레임률 증감정도 간에는 매우 높은 상관관계를 나타내고 있다.

(4) 상황변수와 독립·종속 변수들 간의 상관관계

독립변수와 상황변수 간의 상관관계를 살펴보면, 업무차원과 기업규모 간에는 강한 정적(+) 상관관계(r=0.45)가 있었고, 보상시스템과 기업규모 간에는 약한 정적(+) 상관관계(r=0.28)가 있었다.

종속변수와 상황변수 간의 상관관계를 살펴보면, 직장생활 만족과 기업규모, 조직몰입과 기업규모 간에는 약한 정적(+) 상관관계(r=0.32~0.34)가 있었고, 반대로 제조비용 증감과 기업규모 간에는 약한 부적(−) 상관관계(r=−0.32)가 있었다.

이러한 결과로 보아, 기업규모, 기업 설립년도의 상황변수들은 독립변수 및 종속변수들과 상관관계가 높지 않거나 거의 없는 것으로 나타났다.

<표 Ⅳ-9> 변수 간의 단순상관관계

구 분		개인	업무	조직	환경	리더	정보	보상	구조	창출	공유	저장	활용
개인	r	1.00											
	p												
업무	r	0.68**	1.00										
	p	0.00											
조직	r	0.37**	0.38**	1.00									
	p	0.01	0.01										
환경	r	0.30*	0.51**	0.58**	1.00								
	p	0.03	0.00	0.00									
리더	r	0.41*	0.44**	0.80**	0.60**	1.00							
	p	0.00	0.00	0.00	0.00								
정보	r	0.12	0.20	-0.08	0.16	-0.03	1.00						
	p	0.41	0.16	0.56	0.27	0.85							
보상	r	0.50**	0.48**	0.13	0.28	0.35*	0.48**	1.00					
	p	0.00	0.00	0.36	0.05	0.01	0.00						
구조	r	0.47**	0.42**	0.66**	0.55**	0.71**	0.12	0.36*	1.00				
	p	0.00	0.00	0.00	0.00	0.00	0.42	0.01					
창출	r	0.71**	0.71**	0.33*	0.24	0.34*	0.10	0.41**	0.33*	1.00			
	p	0.00	0.00	0.02	0.09	0.02	0.48	0.00	0.02				
공유	r	0.18	0.42**	0.69**	0.65**	0.67**	0.02	0.11	0.54**	0.23	1.00		
	p	0.20	0.00	0.00	0.00	0.00	0.89	0.45	0.00	0.11			
저장	r	0.33*	0.20	0.28	0.11	0.25	0.30*	0.52**	0.27	0.25	0.20	1.00	
	p	0.02	0.17	0.05	0.45	0.08	0.03	0.00	0.06	0.09	0.17		
활용	r	0.71**	0.56**	0.35**	0.32*	0.41**	0.05	0.28*	0.32*	0.83**	0.26	0.17	1.00
	p	0.00	0.00	0.01	0.02	0.00	0.076	0.05	0.02	0.00	0.07	0.25	
규모	r	0.20	0.45**	0.09	0.22	0.08	0.01	0.28*	0.09	0.26	0.12	0.03	0.09
	p	0.16	0.00	0.53	0.12	0.57	0.93	0.05	0.52	0.07	0.40	0.86	0.54
설립	r	0.09	0.04	0.14	0.16	0.09	0.13	-0.03	0.12	0.15	-0.02	0.01	0.24
	p	0.55	0.80	0.35	0.27	0.56	0.36	0.83	0.39	0.29	0.87	0.94	0.09

구 분		직무	직장	몰입	생산성 향상				품질 향상			생산혁신		
					생산성	재고	시간	비용	공정	크레임	설계	제안	분임	혁신
개인	r	0.78**	0.60**	0.64**	0.26	0.13	-0.24	-0.49**	-0.32	-0.42*	-0.04	-0.11	0.01	0.32*
	p	0.00	0.00	0.00	0.12	0.46	0.13	0.00	0.07	0.02	0.76	0.47	0.94	0.03
업무	r	0.52**	0.63**	0.58**	0.14	0.11	-0.08	-0.45**	-0.18	-0.28	0.08	-0.04	0.18	0.42**
	p	0.00	0.00	0.00	0.41	0.53	0.61	0.00	0.30	0.13	0.56	0.78	0.28	0.00
조직	r	0.22	0.27	0.36	0.19	0.09	0.21	-0.41**	0.42**	-0.39*	0.47**	0.21	0.19	0.68**
	p	0.12	0.06	0.01	0.27	0.60	0.18	0.01	0.01	0.03	0.00	0.17	0.27	0.00
환경	r	0.18	0.27	0.31*	0.09	0.12	0.05	-0.23	-0.22	-0.29	0.23	0.32*	0.04	0.59**
	p	0.21	0.06	0.03	0.69	0.51	0.74	0.14	0.21	0.11	0.10	0.04	0.83	0.00
리더	r	0.29*	0.48**	0.47**	0.12	0.14	0.19	-0.32*	-0.26	-0.31	0.30*	0.28	0.32	0.59**
	p	0.04	0.00	0.00	0.48	0.42	0.23	0.04	0.13	0.09	0.03	0.08	0.06	0.00
정보	r	0.02	0.11	0.11	0.09	0.12	-0.00	-0.06	0.03	0.06	0.12	0.11	0.21	0.27
	p	0.87	0.47	0.44	0.58	0.49	0.98	0.69	0.86	0.74	0.43	0.48	0.21	0.06
보상	r	0.26	0.54**	0.42**	0.10	0.17	-0.04	-0.28	-0.02	-0.02	0.11	0.17	-0.05	0.22
	p	0.07	0.00	0.00	0.56	0.32	0.79	0.07	0.90	0.93	0.45	0.27	0.78	0.12
구조	r	0.27	0.35**	0.49**	0.23	0.21	0.01	-0.33*	-0.27	-0.37*	0.19	0.07	0.27	0.60**
	p	0.06	0.01	0.00	0.17	0.22	0.96	0.03	0.13	0.04	0.19	0.68	0.10	0.00
창출	r	0.64**	0.53**	0.65**	-0.07	0.05	-0.32*	-0.44**	-0.28	-0.25	-0.07	0.05	0.12	0.37**
	p	0.00	0.00	0.00	0.68	0.78	0.04	0.00	0.11	0.18	0.65	0.76	0.47	0.01
공유	r	0.07	0.24	0.29*	0.23	0.19	0.15	-0.72	-0.27	-0.32	0.41**	0.26	0.36*	0.63**
	p	0.65	0.10	0.04	0.18	0.29	0.34	0.65	0.12	0.08	0.00	0.10	0.03	0.00
저장	r	0.16	0.36**	0.37**	0.09	-0.03	-0.07	-0.26	-0.13	-0.15	0.38**	-0.10	0.22	0.38**
	p	0.28	0.01	0.01	0.59	0.88	0.67	0.09	0.45	0.43	0.01	0.52	0.20	0.01
활용	r	0.69**	0.48**	0.57**	-0.02	-0.01	-0.28	-0.32*	-0.20	-0.22	-0.09	-0.01	0.11	0.30*
	p	0.00	0.00	0.00	0.91	0.97	0.08	0.04	0.26	0.23	0.54	0.97	0.52	0.04
규모	r	0.21	0.34*	0.32*	0.13	0.11	0.06	-0.32*	-0.13	-0.02	0.10	-0.13	-0.09	0.20
	p	0.14	0.02	0.03	0.45	0.54	0.71	0.03	0.47	0.91	0.47	0.42	0.60	0.17
설립	r	0.09	0.06	0.14	-0.08	-0.04	-0.11	-0.21	-0.05	-0.18	0.01	0.22	-0.07	0.00
	p	0.52	0.68	0.32	0.62	0.81	0.49	0.18	0.79	0.33	0.95	0.17	0.68	0.99

136

구 분		직무	직장	몰입	생산성 향상				품질 향상			생산혁신		
					생산성	재고	시간	비용	공정	크레임	설계	제안	분임	혁신
직무	r	1.00												
	p													
직장	r	0.52**	1.00											
	p	0.00												
몰입	r	0.68**	0.81**	1.00										
	p	0.00	0.00											
생산성	r	0.23	0.07	0.22	1.00									
	p	0.17	0.68	0.19										
재고	r	0.24	0.10	0.23	0.78**	1.00								
	p	0.16	0.55	0.18	0.00									
시간	r	-0.36*	-0.07	-0.16	-0.06	-0.21	1.00							
	p	0.02	0.69	0.33	0.71	0.24								
비용	r	-0.46**	-0.60**	-0.59**	0.13	0.15	-0.12	1.00						
	p	0.00	0.00	0.00	0.44	0.40	0.45							
공정	r	-0.17	0.03	-0.19	-0.69**	-0.54**	-0.05	0.15	1.00					
	p	0.35	0.87	0.27	0.00	0.00	0.81	0.41						
크레임	r	-0.31	-0.16	-0.30	-0.79**	-0.68**	0.04	0.12	0.86**	1.00				
	p	0.09	0.39	0.10	0.00	0.00	0.85	0.53	0.00					
설계	r	-0.23	0.15	-0.02	0.23	0.17	0.42**	-0.07	-0.20	-0.23	1.00			
	p	0.10	0.31	0.90	0.17	0.33	0.01	0.66	0.26	0.22				
제안	r	-0.03	0.02	0.03	0.04	0.41*	-0.06	0.14	-0.04	0.04	0.15	1.00		
	p	0.88	0.90	0.86	0.84	0.02	0.72	0.40	0.82	0.83	0.34			
분임	r	0.13	0.17	0.14	-0.06	-0.06	-0.12	0.14	0.19	0.16	-0.06	0.41**	1.00	
	p	0.43	0.31	0.43	0.74	0.74	0.48	0.42	0.32	0.42	0.71	0.01		
혁신	r	0.07	0.32*	0.41**	0.24	0.10	0.11	0.26	-0.36*	-0.35	0.45**	0.14	0.26	1.00
	p	0.65	0.02	0.00	0.16	0.58	0.50	0.09	0.04	0.05	0.00	0.36	0.12	

* Correlation is significant at the 0.05 level(2-tailed).
** Correlation is significant at the 0.01 level(2-tailed).

4. 가설의 검정과 분석

독립변수들이 종속변수에 미치는 영향 정도를 알아보기 위하여 단계적 투입방법(stepwise)을 이용한 다중회귀분석(multiple regression)을 실시한 결과는 다음과 같다.

1) 가설 1의 검정

먼저 학습조직의 영역인 개인차원, 업무차원, 조직차원, 환경차원 변인들이 조직원차원의 성과 중 '직무능력 향상' 변인에 미치는 영향을 알아보기 위하여 단계적 투입방식을 이용한 다중회귀분석을 실시한 결과는 다음의 〈표 Ⅳ-10〉과 같다.

〈표 Ⅳ-10〉에 나타난 바와 같이, 학습조직 영역인 개인차원, 업무차원, 조직차원, 환경차원 중 개인차원만이 '직무능력 향상'에 영향을 미치는 것으로 나타났으며, 그 영향력 정도(R^2)는 60% 정도로 매우 높은 것으로 나타났다($p < 0.001$).

이러한 영향의 정도를 회귀식으로 나타내면

$$Y = 1.255 + 0.721\, X_1 \ (Y = 직무능력\ 향상,\ X_1 = 개인차원)$$

이다. 즉, 개인차원의 점수가 1점 정도 향상될 때마다 '직무능력 향상'은 0.721점 정도의 향상이 이루어지는 것으로 나타났다.

이러한 결과는, '직무능력 향상'이 대체로 조직구성원 개개인의 수준에서 이루어지기 때문인 것으로 판단된다.

〈표 Ⅳ-10〉 학습조직 영역과 직무능력 향상에 대한 회귀분석 결과

회귀분석 모델적합성					구분	B	Beta	t	Sig.
Model	R	R^2	F	Sig.					
1	0.777(a)	0.603	72.979	0.000(a)	상수	1.255		3.311	0.002
					개인차원	0.721	0.777	8.543	0.000
a독립변수: 개인차원					종속변수: 직무능력 향상				

다음으로, 학습조직의 영역인 개인차원, 업무차원, 조직차원, 환경차원 변인들이 조직원차원의 성과 중 '직장생활 만족' 변인에 미치는 영향을 알아보기 위하여 단계적 투입방식을 이용한 다중회귀분석을 실시한 결과는 다음의 〈표 Ⅳ-11〉과 같다.

〈표 Ⅳ-11〉에 나타난 바와 같이, 학습조직의 영역인 개인차원, 업무차원, 조직차원, 환경차원 중 개인차원과 업무차원만이 '직장생활 만족'에 영향을 미치는 것으로 나타났으며, 그 영향력 정도(R^2)는 업무차원 혼자서는 39% 정도이고, 업무차원과 개인차원이 함께 미치는 영향력 정도는 45% 정도로 매우 높은 것으로 나타났다($p < 0.001$).

이러한 영향의 정도를 회귀식으로 나타내면

$$Y = 0.145 + 0.495\ X_1 + 0.387\ X_2\ (Y = 직장생활\ 만족,\ X_1 = 업무차원,\ X_2 = 개인차원)$$

이다. 즉, 업무차원의 점수가 1점 정도 향상될 때마다 '직장생활 만족'은 0.495점 정도 향상이 이루어지고, 개인차원의 점수가 1점 정도 향상될 때마다 '직장생활 만족'은 0.387점 정도의 향상이 이루어지는 것으로 나타났다.

이러한 결과는, '직장생활 만족'이 조직구성원 개개인의 수준에서 만족이 이루어지기 때문에, 개개인의 학습대상인 개인차원과 업무차원 변인이 영향을 미치는 것으로 판단된다.

〈표 Ⅳ-11〉 학습조직 영역과 직장생활 만족에 대한 회귀분석 결과

회귀분석 모델적합성					구분	B	Beta	t	Sig.
Model	R	R^2	F	Sig.					
1	0.626(a)	0.392	30.931	0.000(a)	상수	0.623		0.970	0.337
					업무차원	0.763	0.626	5.562	0.000
2	0.671(b)	0.450	19.211	0.000(b)	상수	0.145		0.222	0.825
					업무차원	0.495	0.406	2.770	0.008
					개인차원	0.387	0.326	2.224	0.031
a독립변수: 업무차원					종속변수: 직장생활 만족				
b독립변수: 업무차원, 개인차원									

다음으로, 학습조직의 영역인 개인차원, 업무차원, 조직차원, 환경차원 변인들이 조직원차원의 성과 중 '조직몰입' 변인에 미치는 영향을 알아보기 위하여 단계적 투입방식을 이용한 다중회귀분석을 실시한 결과는 다음의 〈표 Ⅳ-12〉와 같다.

〈표 Ⅳ-12〉에 나타난 바와 같이, 학습조직의 영역인 개인차원, 업무차원, 조직차원, 환경차원 중 개인차원만이 '조직몰입'에 영향을 미치는 것으로 나타났으며, 그 영향력 정도(R^2)는 40.5% 정도로 매우 높은 것으로 나타났다($p < 0.001$).

이러한 영향의 정도를 회귀식으로 나타내면

$$Y = 1.207 + 0.714 \, X_1 \, (Y = 조직몰입, \ X_1 = 개인차원)$$

이다. 즉, 개인차원의 점수가 1점 정도 향상될 때마다 '조직몰입'은 0.714점 정도의 향상이 이루어지는 것으로 나타났다.

이러한 결과는, '조직몰입'이 한 조직에 대한 개인의 동일시(identification)와 몰입(involvement)의 상대적 정도를 측정하는 것이기 때문에, 특정조직의 구성원으로 남아있고자 하는 개인의 주관적 욕망인 개인차원 변인이 영향을 미치는 것으로 판단된다.

〈표 Ⅳ-12〉 학습조직 영역과 조직몰입에 대한 회귀분석 결과

회귀분석 모델적합성					구분	B	Beta	t	Sig.
Model	R	R^2	F	Sig.					
1	0.636(a)	0.405	32.686	0.000(a)	상수	1.207		2.152	0.036
					개인차원	0.714	0.636	5.717	0.000
a독립변수: 개인차원					종속변수: 조직몰입				

다음으로, 학습조직의 영역인 개인차원, 업무차원, 조직차원, 환경차원 변인들이 조직차원의 성과 중 '생산성 향상' 변인의 문항인 '제조비용 증감'에 미치는 영향을 알아보기 위하여 단계적 투입방식을 이용한 다중회귀분석을 실시한 결과는 다음의 〈표 Ⅳ-13〉과 같다.

〈표 Ⅳ-13〉에 나타난 바와 같이, 학습조직의 영역인 개인차원, 업무차원, 조직차원, 환경차원 중 개인차원만이 '제조비용 증감'에 영향을 미치는 것으로 나타났으며, 그 영향력 정도(R^2)는 24.4% 정도인 것으로 나타났다(p<0.001).

이러한 영향의 정도를 회귀식으로 나타내면

$$Y = 3.290 - 0.685 \; X_1 \; (Y = 제조비용 \; 증감, \; X_1 = 개인차원)$$

이다. 즉, 개인차원의 점수가 1점 정도 향상될 때마다 '제조비용 증감'은 0.685점 정도씩 낮아지는 것으로 나타났다.

이러한 결과는, 제조비용을 감소시키기 위해서는 조직구성원 개개인의 절감 노력이 중요하기 때문인 것으로 판단된다.

<표 IV-13> 학습조직 영역과 제조비용 증감에 대한 회귀분석 결과

회귀분석 모델적합성					구분	B	Beta	t	Sig.
Model	R	R^2	F	Sig.					
1	0.494(a)	0.244	13.225	0.001(a)	상수	3.290		3.929	0.000
					개인차원	-0.685	-0.494	-3.637	0.001
a독립변수: 개인차원					종속변수: 제조비용 증감				

다음으로, 학습조직의 영역인 개인차원, 업무차원, 조직차원, 환경차원 변인들이 조직차원의 성과 중 '품질 향상' 변인의 문항인 '공정불량률 증감정도'에 미치는 영향을 알아보기 위하여 단계적 투입방식을 이용한 다중회귀분석을 실시한 결과는 다음의 〈표 IV-14〉와 같다.

〈표 IV-14〉에 나타난 바와 같이, 학습조직의 영역인 개인차원, 업무차원, 조직차원, 환경차원 중 조직차원만이 '공정불량률 증감정도'에 영향을 미치는 것으로 나타났으며, 그 영향력 정도(R^2)는 17.6% 정도인 것으로 나타났다(p<0.05).

이러한 영향의 정도를 회귀식으로 나타내면

$$Y = 23.027 - 6.914 \; X_1 \; (Y = 공정불량률 \; 증감정도, \; X_1 = 조직차원)$$

이다. 즉, 조직차원의 점수가 1점 정도 높아질 때마다 '공정불량률 증감정도'는

6.914점 정도씩 낮아지는 것으로 나타났다.

이러한 결과는, 공정불량률을 감소시키기 위해서는 여러 공정을 거쳐 하나의 제품이 만들어지는 과정에 참여하는 조직구성원 전체적인 노력이 필요하기 때문인 것으로 판단된다.

<표 IV-14> 학습조직 영역과 공정불량률 증감정도에 대한 회귀분석 결과

회귀분석 모델적합성					구분	B	Beta	t	Sig.
Model	R	R^2	F	Sig.					
1	0.420(a)	0.176	6.843	0.013(a)	상수	23.027		1.795	0.082
					조직차원	-6.914	-0.420	-2.616	0.013
a독립변수: 조직차원					종속변수: 공정불량률 증감정도				

다음으로, 학습조직의 영역인 개인차원, 업무차원, 조직차원, 환경차원 변인들이 조직차원의 성과 중 '품질 향상' 변인의 문항인 '크레임률 증감정도'에 미치는 영향을 알아보기 위하여 단계적 투입방식을 이용한 다중회귀분석을 실시한 결과는 다음의 〈표 IV-15〉와 같다.

〈표 IV-15〉에 나타난 바와 같이, 학습조직의 영역인 개인차원, 업무차원, 조직차원, 환경차원 중 개인차원만이 '크레임률 증감정도'에 영향을 미치는 것으로 나타났으며, 그 영향력 정도(R^2)는 17.6% 정도인 것으로 나타났다($p < 0.05$).

이러한 영향의 정도를 회귀식으로 나타내면

$$Y = 42.106 - 11.494 \, X_1 \ (Y = 크레임률 \ 증감정도, \ X_1 = 개인차원)$$

이다. 즉, 개인차원의 점수가 1점 정도 높아질 때마다 '크레임률 증감정도'는 11.494점 정도씩 낮아지는 것으로 나타났다.

이러한 결과는, 크레임률을 감소시키기 위해서는 조직 전체의 시스템적인 지원보다는 조직구성원 개개인의 기술과 서비스가 많이 필요하기 때문인 것으로 판단된다.

〈표 Ⅳ-15〉 학습조직 영역과 크레임률 증감정도에 대한 회귀분석 결과

회귀분석 모델적합성					구분	B	Beta	t	Sig.
Model	R	R^2	F	Sig.					
1	0.420(a)	0.176	6.209	0.019(a)	상수	42.106		1.990	0.056
					개인차원	-11.494	-0.420	-2.492	0.019
a독립변수: 개인차원					종속변수: 크레임률 증감정도				

다음으로, 학습조직의 영역인 개인차원, 업무차원, 조직차원, 환경차원 변인들이 조직차원의 성과 중 '품질 향상' 변인의 문항인 '설계품질 수준'에 미치는 영향을 알아보기 위하여 단계적 투입방식을 이용한 다중회귀분석을 실시한 결과는 다음의 〈표 Ⅳ-16〉과 같다.

〈표 Ⅳ-16〉에 나타난 바와 같이, 학습조직 영역인 개인차원, 업무차원, 조직차원, 환경차원 중 조직차원만이 '설계품질 수준'에 영향을 미치는 것으로 나타났으며, 그 영향력 정도(R^2)는 21.7% 정도인 것으로 나타났다($p < 0.001$).

이러한 영향의 정도를 회귀식으로 나타내면

$$Y = 3.336 + 0.460\ X_1\ (Y = 설계품질\ 수준,\ X_1 = 조직차원)$$

이다. 즉, 조직차원의 점수가 1점 정도 높아질 때마다 '설계품질 수준'은 0.46점 정도씩 높아지는 것으로 나타났다.

이러한 결과는, 품질 향상이 여러 부서와 사람의 다양한 문제 및 대안의 제시로 이루어지기 때문에 '품질 향상' 변인의 문항인 '설계품질 수준'에는 조직차원의 학습이 영향을 미치는 것으로 판단된다.

〈표 Ⅳ-16〉 학습조직 영역과 설계품질 수준에 대한 회귀분석 결과

회귀분석 모델적합성					구분	B	Beta	t	Sig.
Model	R	R^2	F	Sig.					
1	0.466(a)	0.217	13.286	0.001(a)	상수	3.336		5.497	0.000
					조직차원	0.460	0.466	3.645	0.001
a독립변수: 조직차원					종속변수: 설계품질 수준				

다음으로, 학습조직의 영역인 개인차원, 업무차원, 조직차원, 환경차원 변인들이 조직차원의 성과 중 '생산혁신' 변인의 문항인 '1인당 생산혁신 제안건수'에 미치는 영향을 알아보기 위하여 단계적 투입방식을 이용한 다중회귀분석을 실시한 결과는 다음의 〈표 Ⅳ-17〉과 같다.

〈표 Ⅳ-17〉에 나타난 바와 같이, 학습조직의 영역인 개인차원, 업무차원, 조직차원, 환경차원 중 환경차원만이 '1인당 생산혁신 제안건수'에 영향을 미치는 것으로 나타났으며, 그 영향력 정도(R^2)는 10.3% 정도인 것으로 나타났다($p < 0.05$).

이러한 영향의 정도를 회귀식으로 나타내면

$$Y = -25.207 + 6.842\ X_1\ (Y = 1인당\ 생산혁신\ 제안건수,\ X_1 = 환경차원)$$

이다. 즉, 환경차원의 점수가 1점 정도 높아질 때마다 '1인당 생산혁신 제안건수'는 6.842점 정도씩 높아지는 것으로 나타났다.

이러한 결과는, 생산혁신 관련 제안은 다양한 환경 변화에 적응하고 대처해 나가는 과정에서 조직구성원 개개인의 자극에 대해 좌우되기 때문인 것으로 판단된다.

〈표 Ⅳ-17〉 학습조직 영역과 생산혁신 제안건수에 대한 회귀분석 결과

회귀분석 모델적합성					구분	B	Beta	t	Sig.
Model	R	R^2	F	Sig.					
1	0.322(a)	0.103	4.613	0.038(a)	상수	-25.207		-1.681	0.101
					환경차원	6.842	0.322	2.148	0.038
a독립변수: 환경차원					종속변수: 1인당 생산혁신 제안건수				

다음으로, 학습조직의 영역인 개인차원, 업무차원, 조직차원, 환경차원 변인들이 조직차원의 성과 중 '생산혁신' 변인의 문항인 '생산혁신 수준'에 미치는 영향을 알아보기 위하여 단계적 투입방식을 이용한 다중회귀분석을 실시한 결과는 다음의 〈표 Ⅳ-18〉과 같다.

〈표 Ⅳ-18〉에 나타난 바와 같이, 학습조직의 영역인 개인차원, 업무차원, 조

직차원, 환경차원 중 조직차원과 환경차원만이 '생산혁신 수준'에 영향을 미치는 것으로 나타났으며, 그 영향력 정도(R^2)는 조직차원 혼자서는 46.5% 정도로 매우 높은 편이고, 조직차원과 환경차원이 함께 미치는 영향력 정도는 52.1% 정도로 매우 높은 것으로 나타났다($p<0.001$).

이러한 영향의 정도를 회귀식으로 나타내면

$$Y=-0.205+0.687\ X_1+0.330\ X_2\ (Y=생산혁신\ 수준,\ X_1=조직차원,\ X_2=환경차원)$$

이다. 즉, 조직차원의 점수가 1점 정도 높아질 때마다 '생산혁신 수준'은 0.687점 정도의 향상이 이루어지고, 환경차원의 점수가 1점 정도 높아질 때마다 '생산혁신 수준'은 0.33점 정도의 향상이 이루어지는 것으로 나타났다.

이러한 결과는, 생산혁신이 여러 부서와 사람의 다양한 문제 및 대안의 제시가 필요하고, 아울러 다양한 환경 변화에 적응하고 대처해나가는 과정에서 이루어지기 때문인 것으로 판단된다.

<표 IV-18> 학습조직 영역과 생산혁신 수준에 대한 회귀분석 결과

회귀분석 모델적합성					구분	B	Beta	t	Sig.
Model	R	R^2	F	Sig.					
1	0.682(a)	0.465	41.799	0.000(a)	상수	0.250		0.368	0.715
					조직차원	0.914	0.682	6.465	0.000
2	0.722(b)	0.521	25.584	0.000(b)	상수	-0.205		-0.303	0.763
					조직차원	0.687	0.513	4.125	0.000
					환경차원	0.330	0.291	2.339	0.024
a독립변수: 조직차원					종속변수: 생산혁신 수준				
b독립변수: 조직차원, 환경차원									

다음으로, 학습조직의 영역인 개인차원, 업무차원, 조직차원, 환경차원 변인들이 조직차원의 성과 중 '생산성 향상' 변인의 문항인 '노동생산성 증감정도', '재고회전율 증감정도', '제조시간 증감' 등에 미치는 영향을 알아보기 위하여 단계적 투입방식을 이용한 다중회귀분석을 실시한 결과, 모든 요인이 중요한 영향

력 요인에서 탈락하여 어떤 요인도 중요한 영향력을 미치지 못하고 있는 것으로 나타났다.

2) 가설 2의 검정

학습조직의 지원시스템인 리더십, 정보시스템, 보상시스템, 조직의 구조 변인들이 조직원차원의 성과 중 '직무능력 향상' 변인에 미치는 영향을 알아보기 위하여 단계적 투입방식을 이용한 다중회귀분석을 실시한 결과는 다음의 〈표 Ⅳ-19〉와 같다.

〈표 Ⅳ-19〉에 나타난 바와 같이, 학습조직의 지원시스템인 리더십, 정보시스템, 보상시스템, 조직의 구조 변인들 중 리더십만이 '직무능력 향상'에 영향을 미치는 것으로 나타났으며, 그 영향력 정도(R^2)는 8.5% 정도인 것으로 나타났다($p < 0.05$).

이러한 영향의 정도를 회귀식으로 나타내면

$$Y = 3.557 + 0.191\ X_1\ (Y = 직무능력\ 향상,\ X_1 = 리더십)$$

이다. 즉, 리더십 변인의 점수가 1점 정도 높아질 때마다 '직무능력 향상'은 0.191점 정도씩 높아지는 것으로 나타났다.

이러한 결과는, '직무능력 향상'이 조직 전체의 시스템적인 요소보다는 주관적이고 개별적인 직장상사의 리더십에 의해 좌우되는 경우가 많기 때문인 것으로 판단된다.

〈표 Ⅳ-19〉 학습조직 지원시스템과 직무능력 향상에 대한 회귀분석 결과

회귀분석 모델적합성					구분	B	Beta	t	Sig.
Model	R	R^2	F	Sig.					
1	0.291(a)	0.085	4.431	0.041(a)	상수	3.557		8.143	0.000
					리더십	0.191	0.291	2.105	0.041
a독립변수: 리더십					종속변수: 직무능력 향상				

다음으로, 학습조직의 지원시스템인 리더십, 정보시스템, 보상시스템, 조직의 구조 변인들이 조직원차원의 성과 중 '직장생활 만족' 변인에 미치는 영향을 알아보기 위하여 단계적 투입방식을 이용한 다중회귀분석을 실시한 결과는 다음의 〈표 IV-20〉과 같다.

〈표 IV-20〉에 나타난 바와 같이, 학습조직의 지원시스템인 리더십, 정보시스템, 보상시스템, 조직의 구조 변인들 중 보상시스템과 리더십만이 '직장생활 만족'에 영향을 미치는 것으로 나타났으며, 그 영향력 정도(R^2)는 보상시스템 한 가지 변인만으로는 28.9% 정도로 나타났고, 보상시스템과 리더십 두 가지 변인에 의해서는 약 38.8% 정도로 높은 것으로 나타났다($p < 0.001$).

이러한 영향의 정도를 회귀식으로 나타내면

$$Y = 1.577 + 0.273\,X_1 + 0.283\,X_2 \ (Y = 직장생활\ 만족,\ X_1 = 보상시스템,\ X_2 = 리더십)$$

이다. 즉, 보상시스템 변인의 점수가 1점 정도 높아질 때마다 '직장생활 만족'은 0.273점 정도씩 높아지고, 리더십 변인의 점수가 1점 정도 높아질 때마다 '직장생활 만족'은 0.283점 정도씩 높아지는 것으로 나타났다.

이러한 결과는, '직장생활 만족'이 조직구성원 개개인의 수준에서 만족이 이루어지기 때문에, 주관적이고 개별적인 직장상사의 리더십과 구성원 개개인의 업무성과를 보상해주는 보상시스템에 의해 좌우되는 것으로 판단된다.

〈표 IV-20〉 학습조직 지원시스템과 직장생활 만족에 대한 회귀분석 결과

회귀분석 모델적합성					구분	B	Beta	t	Sig.
Model	R	R^2	F	Sig.					
1	0.538(a)	0.289	19.515	0.000(a)	상수	2.565		6.878	0.000
					보상시스템	0.349	0.538	4.418	0.000
2	0.623(b)	0.388	14.926	0.000(b)	상수	1.577		3.155	0.003
					보상시스템	0.273	0.420	3.454	0.001
					리더십	0.283	0.336	2.764	0.008
a독립변수: 보상시스템					종속변수: 직장생활 만족				
b독립변수: 보상시스템, 리더십									

다음으로, 학습조직의 지원시스템인 리더십, 정보시스템, 보상시스템, 조직의 구조 변인들이 조직원차원의 성과 중 '조직몰입' 변인에 미치는 영향을 알아보기 위하여 단계적 투입방식을 이용한 다중회귀분석을 실시한 결과는 다음의 〈표 Ⅴ-21〉과 같다.

〈표 Ⅳ-21〉에 나타난 바와 같이, 학습조직의 지원시스템인 리더십, 정보시스템, 보상시스템, 조직의 구조 변인들 중 조직의 구조와 보상시스템만이 '조직몰입' 변인에 영향을 미치는 것으로 나타났으며, 그 영향력 정도(R^2)는 조직의 구조 한 가지 변인만으로는 24.2% 정도로 나타났고, 조직의 구조와 보상시스템 두 가지 변인에 의해서는 약 31.0% 정도로 높은 것으로 나타났다($p < 0.001$).

이러한 영향의 정도를 회귀식으로 나타내면

$$Y = 2.213 + 0.300\,X_1 + 0.171\,X_2\;(Y = 조직몰입,\; X_1 = 조직의\ 구조,\; X_2 = 보상시스템)$$

이다. 즉, 조직의 구조 변인의 점수가 1점 정도 높아질 때마다 '조직몰입'은 0.3점 정도씩 높아지고, 보상시스템 변인의 점수가 1점 정도 높아질 때마다 '조직몰입'은 0.171점 정도씩 높아지는 것으로 나타났다.

이러한 결과는, '조직몰입'이 조직에 대한 개인의 동일시(identification)와 몰입(involvement)의 상대적 정도를 측정하는 것이므로, 조직의 구조가 합리적이고 효율적으로 구성되어 있고, 조직구성원의 업무성과를 제대로 보상해줄 때 '조직몰입'이 가능해지기 때문인 것으로 판단된다.

〈표 Ⅳ-21〉 학습조직 지원시스템과 조직몰입에 대한 회귀분석 결과

회귀분석 모델적합성					구분	B	Beta	t	Sig.
Model	R	R^2	F	Sig.					
1	0.492(a)	0.242	15.306	0.000(a)	상수	2.640		5.815	0.000
					조직의 구조	0.377	0.492	3.912	0.000
2	0.556(b)	0.310	10.538	0.000(b)	상수	2.213		4.603	0.000
					조직의 구조	0.300	0.392	3.015	0.004
					보상시스템	0.171	0.279	2.149	0.037
a독립변수: 조직의 구조 b독립변수: 조직의 구조, 보상시스템					종속변수: 조직몰입				

다음으로, 학습조직의 지원시스템인 리더십, 정보시스템, 보상시스템, 조직의 구조 변인들이 조직차원의 성과 중 '생산성 향상' 변인의 문항인 '제조비용 증감'에 미치는 영향을 알아보기 위하여 단계적 투입방식을 이용한 다중회귀분석을 실시한 결과는 다음의 〈표 Ⅳ-22〉와 같다.

〈표 Ⅳ-22〉에 나타난 바와 같이, 학습조직의 지원시스템인 리더십, 정보시스템, 보상시스템, 조직의 구조 변인들 중 조직의 구조만이 '제조비용 증감'에 영향을 미치는 것으로 나타났으며, 그 영향력 정도(R^2)는 10.9% 정도인 것으로 나타났다(p⟨0.05).

이러한 영향의 정도를 회귀식으로 나타내면

$$Y = 1.711 - 0.309\ X_1\ (Y = 제조비용\ 증감,\ X_1 = 조직의\ 구조)$$

이다. 즉, 조직의 구조 변인의 점수가 1점 정도 높아질 때마다 '제조비용 증감'은 0.309점 정도씩 낮아지는 것으로 나타났다.

이러한 결과는, 조직의 구조가 합리적이고 효율적으로 구성되어질 때 제조비용을 절감할 수 있기 때문인 것으로 판단된다.

〈표 Ⅳ-22〉 학습조직 지원시스템과 제조비용 증감에 대한 회귀분석 결과

회귀분석 모델적합성					구분	B	Beta	t	Sig.
Model	R	R^2	F	Sig.					
1	0.330(a)	0.109	4.995	0.031(a)	상수	1.711		2.612	0.013
					조직구조	-0.309	-0.330	-2.235	0.031
a독립변수: 조직의 구조					종속변수: 제조비용 증감				

다음으로, 학습조직의 지원시스템인 리더십, 정보시스템, 보상시스템, 조직의 구조 변인들이 조직차원의 성과 중 '품질 향상' 변인의 문항인 '크레임률 증감 정도'에 미치는 영향을 알아보기 위하여 단계적 투입방식을 이용한 다중회귀분석을 실시한 결과는 아래의 〈표 Ⅳ-23〉과 같다.

〈표 Ⅳ-23〉에 나타난 바와 같이, 학습조직의 지원시스템인 리더십, 정보시스템, 보상시스템, 조직의 구조 변인들 중 조직의 구조만이 '크레임률 증감정도'에 영향을 미치는 것으로 나타났으며, 그 영향력 정도(R^2)는 14.0% 정도인 것으로 나타났다(p<0.05).

이러한 영향의 정도를 회귀식으로 나타내면

$$Y = 22.080 - 6.822\, X_1 \;(Y = 크레임률\ 증감정도,\ X_1 = 조직의\ 구조)$$

이다. 즉, 조직의 구조 변인의 점수가 1점 정도 높아질 때마다 '크레임률 증감정도'는 6.822점 정도씩 낮아지는 것으로 나타났다.

이러한 결과는, 앞에서 살펴본 '제조비용 증감'의 경우와 마찬가지로 조직의 구조가 합리적이고 효율적으로 구성되어질 때 전체적인 공정상의 실수를 방지할 수 있기 때문인 것으로 판단된다.

<표 IV-23> 학습조직 지원시스템과 크레임률 증감정도에 대한 회귀분석 결과

회귀분석 모델적합성					구분	B	Beta	t	Sig.
Model	R	R^2	F	Sig.					
1	0.375(a)	0.140	4.738	0.038(a)	상수	22.080		1.461	0.155
					조직의 구조	-6.822	-0.375	-2.177	0.038
a독립변수: 조직의 구조					종속변수: 크레임률 증감정도				

다음으로, 학습조직의 지원시스템인 리더십, 정보시스템, 보상시스템, 조직의 구조 변인들이 조직차원의 성과 중 '품질 향상' 변인의 문항인 '설계품질 수준'에 미치는 영향을 알아보기 위하여 단계적 투입방식을 이용한 다중회귀분석을 실시한 결과는 다음의 〈표 IV-24〉와 같다.

〈표 IV-24〉에 나타난 바와 같이, 학습조직의 지원시스템인 리더십, 정보시스템, 보상시스템, 조직의 구조 변인들 중 리더십만이 '설계품질 수준'에 영향을 미치는 것으로 나타났으며, 그 영향력 정도(R^2)는 9.1% 정도인 것으로 나타났다(p<0.05).

이러한 영향의 정도를 회귀식으로 나타내면

$$Y = 4.337 + 0.251\ X_1\ (Y = 설계품질\ 수준,\ X_1 = 리더십)$$

이다. 즉, 리더십 변인의 점수가 1점 정도 높아질 때마다 '설계품질 수준'은 0.251점 정도씩 높아지는 것으로 나타났다.

이러한 결과는, '설계품질 수준'이 향상되려면 제품을 설계하고 생산하는 인력들을 관리하고 이끌어가는 리더의 역할이 중요하기 때문인 것으로 판단된다.

<표 IV-24> 학습조직 지원시스템과 설계품질 수준에 대한 회귀분석 결과

회귀분석 모델적합성					구분	B	Beta	t	Sig.
Model	R	R^2	F	Sig.					
1	0.302(a)	0.091	4.816	0.033(a)	상수	4.337		7.900	0.000
					리더십	0.251	0.302	2.195	0.033
a독립변수: 리더십					종속변수: 설계품질 수준				

다음으로, 학습조직의 지원시스템인 리더십, 정보시스템, 보상시스템, 조직의 구조 변인들이 조직차원의 성과 중 '생산혁신' 변인의 '생산혁신 수준'에 미치는 영향을 알아보기 위하여 단계적 투입방식을 이용한 다중회귀분석을 실시한 결과는 다음의 〈표 IV-25〉와 같다.

〈표 IV-25〉에 나타난 바와 같이, 학습조직의 지원시스템인 리더십, 정보시스템, 보상시스템, 조직의 구조 변인들 중 조직의 구조와 리더십, 정보시스템이 '생산혁신 수준'에 영향을 미치는 것으로 나타났으며, 그 영향력 정도(R^2)는 조직의 구조 한 가지 변인만으로는 35.5% 정도로 높은 편이었고, 조직의 구조와 리더십 두 가지 변인에 의해서는 약 40.9% 정도로 매우 높았고, 조직의 구조와 리더십, 그리고 정보시스템 세 가지 변인에 의해서는 약 46.5% 정도로 매우 높은 것으로 나타났다($p < 0.001$).

이러한 영향의 정도를 회귀식으로 나타내면

$$Y = 0.082 + 0.322\ X_1 + 0.431\ X_2 + 0.225\ X_3\ (Y = 생산혁신\ 수준,\ X_1 = 조직의\ 구조,\ X_2 = 리더십\ X_3 = 정보시스템)$$

이다. 즉, 조직의 구조 변인의 점수가 1점 정도 높아질 때마다 '생산혁신 수준'은 0.322점 정도씩 높아지고, 리더십 변인의 점수가 1점 정도 높아질 때마다 '생산혁신 수준'은 0.431점 정도씩 높아지며, 정보시스템 변인의 점수가 1점 정도 높아질 때마다 '생산혁신 수준'은 0.225점 정도씩 높아지는 것으로 나타났다.

이러한 결과는, 생산혁신이 조직차원 성과 가운데 가장 포괄적이고 장기적인 성과를 나타내는 것으로서, 합리적이고 효율적인 조직의 구조와 이들 조직을 관리하고 이끌어가는 리더십, 그리고 조직 내·외부의 지식과 정보를 연결시켜 주는 정보시스템에 의해 좌우되기 때문인 것으로 판단된다.

<표 IV-25> 학습조직 지원시스템과 생산혁신 수준에 대한 회귀분석 결과

회귀분석 모델적합성					구분	B	Beta	t	Sig.
Model	R	R^2	F	Sig.					
1	0.596(a)	0.355	26.382	0.000(a)	상수	1.605		2.708	0.009
					조직의 구조	0.645	0.596	5.136	0.000
2	0.639(b)	0.409	16.259	0.000(b)	상수	1.022		1.602	0.116
					조직의 구조	0.393	0.363	2.290	0.027
					리더십	0.371	0.329	2.077	0.043
3	0.682(c)	0.465	13.350	0.000(c)	상수	-8.248E-02		-0.104	0.918
					조직의 구조	0.322	0.297	1.911	0.062
					리더십	0.431	0.383	2.481	0.017
					정보시스템	0.225	0.242	2.204	0.033
독립변수: 조직의 구조					종속변수: 생산혁신 수준				
독립변수: 조직의 구조, 리더십									
독립변수: 조직의 구조, 리더십, 정보시스템									

다음으로, 학습조직의 지원시스템인 리더십, 정보시스템, 보상시스템, 조직의 구조 변인들이 조직차원 성과 중 '생산성 향상' 변인의 문항인 '노동생산성 증감정도', '재고회전율 증감정도', '제조시간 증감', '품질 향상' 변인의 문항인 '공정불량률 증감정도', '생산혁신' 변인의 문항인 '1인당 생산혁신 제안건수'와 '1분임조당 활동횟수'에 미치는 영향을 알아보기 위하여 단계적 투입방식을 이용

한 다중회귀분석을 실시한 결과, 모든 요인이 중요한 영향력 요인에서 탈락하여 어떤 요인도 중요한 영향력을 미치지 못하고 있는 것으로 나타났다.

3) 가설 3의 검정

학습조직의 프로세스인 지식창출, 지식공유, 지식저장, 지식활용 변인들이 조직원차원의 성과 중 '직무능력 향상' 변인에 미치는 영향을 알아보기 위하여 단계적 투입방식을 이용한 다중회귀분석을 실시한 결과는 다음의 〈표 Ⅳ-26〉과 같다.

〈표 Ⅳ-26〉에 나타난 바와 같이, 학습조직의 프로세스인 지식창출, 지식공유, 지식저장, 지식활용 변인들 중 지식활용만이 '직무능력 향상'에 영향을 미치는 것으로 나타났으며, 그 영향력 정도(R^2)는 47.8% 정도로 매우 높은 것으로 나타났다($p < 0.001$).

이러한 영향의 정도를 회귀식으로 나타내면

$$Y = 2.441 + 0.518 \, X_1 \, (Y = 직무능력 \; 향상, \; X_1 = 지식활용)$$

이다. 즉, 지식활용 변인의 점수가 1점 정도 높아질 때마다 '직무능력 향상'은 0.518점 정도씩 높아지는 것으로 나타났다.

이러한 결과는, 직무능력을 향상시킴에 있어 해당 직무에 대한 새로운 지식이나 노하우를 창출하는 것보다 기존의 지식이나 정보를 활용하는 것이 시행착오를 줄이고 시간을 단축시킬 수 있기 때문인 것으로 판단된다.

〈표 Ⅳ-26〉 학습조직 프로세스와 직무능력 향상에 대한 회귀분석 결과

회귀분석 모델적합성					구분	B	Beta	t	Sig.
Model	R	R^2	F	Sig.					
1	0.691(a)	0.478	43.964	0.000(a)	상수	2.441		7.847	0.000
					지식활용	0.518	0.691	6.631	0.000
a독립변수: 지식활용					종속변수: 직무능력 향상				

다음으로, 학습조직의 프로세스인 지식창출, 지식공유, 지식저장, 지식활용 변인들이 조직원차원의 성과 중 '직장생활 만족' 변인에 미치는 영향을 알아보기 위하여 단계적 투입방식을 이용한 다중회귀분석을 실시한 결과는 다음의 〈표 Ⅳ-27〉과 같다.

〈표 Ⅳ-27〉에 나타난 바와 같이, 학습조직의 프로세스인 지식창출, 지식공유, 지식저장, 지식활용 변인들 중 지식창출과 지식저장만이 '직장생활 만족'에 영향을 미치는 것으로 나타났으며, 그 영향력 정도(R^2)는 지식창출 한 가지 변인만으로는 27.6% 정도인 것으로 나타났고, 지식창출과 지식저장 두 가지 변인에 의해서는 약 33.5% 정도로 높은 것으로 나타났다($p < 0.001$).

이러한 영향의 정도를 회귀식으로 나타내면

$$Y = 1.687 + 0.407\ X_1 + 0.180\ X_2 \quad (Y = 직장생활\ 만족,\ X_1 = 지식창출,\ X_2 = 지식저장)$$

이다. 즉, 지식창출 변인의 점수가 1점 정도 높아질 때마다 '직장생활 만족'은 0.407점 정도씩 높아지고, 지식저장 변인의 점수가 1점 정도 높아질 때마다 '직장생활 만족'은 0.18점 정도씩 높아지는 것으로 나타났다.

이러한 결과는, '직장생활 만족'이 조직구성원 개개인의 수준에서 만족이 이루어지기 때문에, 구성원 개개인이 직장생활 중에 새로운 지식이나 노하우를 창출하고, 이것이 조직 내에서 채택되어진다는 것은 개개인의 상위욕구를 충족시킬 수 있기 때문인 것으로 판단된다.

〈표 Ⅳ-27〉 학습조직 프로세스와 직장생활 만족에 대한 회귀분석 결과

회귀분석 모델적합성					구분	B	Beta	t	Sig.
Model	R	R^2	F	Sig.					
1	0.526(a)	0.276	18.330	0.000(a)	상수	2.365		5.500	0.000
					지식창출	0.460	0.526	4.281	0.000
2	0.579(b)	0.335	11.844	0.000(b)	상수	1.687		3.167	0.003
					지식창출	0.407	0.465	3.787	0.000
					지식저장	0.180	0.250	2.038	0.047
a독립변수: 지식창출 b독립변수: 지식창출, 지식저장					종속변수: 직장생활 만족				

154

다음으로, 학습조직의 프로세스인 지식창출, 지식공유, 지식저장, 지식활용 변인들이 조직원차원의 성과 중 '조직몰입' 변인에 미치는 영향을 알아보기 위하여 단계적 투입방식을 이용한 다중회귀분석을 실시한 결과는 다음의 〈표 Ⅳ-28〉과 같다.

〈표 Ⅳ-28〉에 나타난 바와 같이, 학습조직의 프로세스인 지식창출, 지식공유, 지식저장, 지식활용 변인들 중 지식창출과 지식저장만이 '조직몰입'에 영향을 미치는 것으로 나타났으며, 그 영향력 정도(R^2)는 지식창출 한 가지 변인만으로는 42.3% 정도로 매우 높은 편이었고, 지식창출과 지식저장 두 가지 변인으로도 46.9% 정도로 매우 높은 것으로 나타났다($p < 0.001$).

이러한 영향의 정도를 회귀식으로 나타내면

$$Y = 1.715 + 0.493\, X_1 + 0.151\, X_2 \quad (Y = 조직몰입, \ X_1 = 지식창출, \ X_2 = 지식저장)$$

이다. 즉, 지식창출 변인의 점수가 1점 정도 높아질 때마다 '조직몰입'은 0.493점 정도씩 높아지고, 지식저장 변인의 점수가 1점 정도 높아질 때마다 '조직몰입'은 0.151점 정도씩 높아지는 것으로 나타났다.

이러한 결과는, 앞에서 살펴본 '직장생활 만족'의 경우와 마찬가지로 조직구성원 개개인의 수준에서 이루어지기 때문에, 구성원 개개인이 직장생활 중에 새로운 지식이나 노하우를 창출하고, 이것이 조직 내에서 채택되어 저장된다는 것은 개개인의 상위욕구를 충족시킬 수 있기 때문인 것으로 판단된다.

〈표 Ⅳ-28〉 학습조직 프로세스와 조직몰입에 대한 회귀분석 결과

회귀분석 모델적합성					구분	B	Beta	t	Sig.
Model	R	R^2	F	Sig.					
1	0.650(a)	0.423	35.198	0.000(a)	상수	2.282		6.293	0.000
					지식창출	0.538	0.650	5.933	0.000
2	0.685(b)	0.469	20.771	0.000(b)	상수	1.715		3.814	0.000
					지식창출	0.493	0.596	5.440	0.000
					지식저장	0.151	0.221	2.021	0.049
a독립변수: 지식창출					종속변수: 조직몰입				
b독립변수: 지식창출, 지식저장									

다음으로, 학습조직의 프로세스인 지식창출, 지식공유, 지식저장, 지식활용 변인들이 조직차원의 성과 중 '생산성 향상' 변인의 문항인 '제조시간 증감'에 미치는 영향을 알아보기 위하여 단계적 투입방식을 이용한 다중회귀분석을 실시한 결과는 다음의 〈표 IV-29〉와 같다.

〈표 IV-29〉에 나타난 바와 같이, 학습조직의 프로세스인 지식창출, 지식공유, 지식저장, 지식활용 변인들 중 지식창출만이 '제조시간 증감'에 영향을 미치는 것으로 나타났으며, 그 영향력 정도(R^2)는 10.5% 정도인 것으로 나타났다 ($p < 0.05$).

이러한 영향의 정도를 회귀식으로 나타내면

$$Y = 0.122 - 0.228\, X_1\ (Y = \text{제조시간 증감},\ X_1 = \text{지식창출})$$

이다. 즉, 지식창출 변인의 점수가 1점 정도 높아질 때마다 '제조시간 증감'은 0.228점 정도씩 낮아지는 것으로 나타났다.

이러한 결과는, 생산현장에서 제조시간을 감소시키기 위해서는 불필요한 작업을 없앤다든지, 더 효율적인 작업구조를 만든다든지 등의 기존에 없었던 지식이나 노하우를 새롭게 창출해야 하기 때문인 것으로 판단된다.

〈표 IV-29〉 학습조직 프로세스와 제조시간 증감에 대한 회귀분석 결과

회귀분석 모델적합성					구분	B	Beta	t	Sig.
Model	R	R^2	F	Sig.					
1	0.324(a)	0.105	4.683	0.036(a)	상수	0.122		0.291	0.773
					지식창출	-0.228	-0.324	-2.164	0.036
a독립변수: 지식창출					종속변수: 제조시간 증감				

다음으로, 학습조직의 프로세스인 지식창출, 지식공유, 지식저장, 지식활용 변인들이 조직차원의 성과 중 '생산성 향상' 변인의 문항인 '제조비용 증감'에 미치는 영향을 알아보기 위하여 단계적 투입방식을 이용한 다중회귀분석을 실시한 결과는 다음의 〈표 IV-30〉과 같다.

〈표 Ⅳ-30〉에 나타난 바와 같이, 학습조직의 프로세스인 지식창출, 지식공유, 지식저장, 지식활용 변인들 중 지식창출만이 '제조비용 증감'에 영향을 미치는 것으로 나타났으며, 그 영향력 정도(R^2)는 19.0% 정도인 것으로 나타났다 (p〈0.01).

이러한 영향의 정도를 회귀식으로 나타내면

$$Y = 2.077 - 0.466\ X_1\ (Y = \text{제조비용 증감},\ X_1 = \text{지식창출})$$

이다. 즉, 지식창출 변인의 점수가 1점 정도 높아질 때마다 '제조비용 증감'은 0.466점 정도씩 낮아지는 것으로 나타났다.

이러한 결과는, 앞에서 살펴본 '제조시간 증감'의 경우와 마찬가지로 제조비용을 감소시키기 위해서는 불필요한 작업비용을 없앤다든지, 더 값싼 원료를 사용한다든지 등의 기존에 없었던 지식이나 노하우를 새롭게 창출해야 하기 때문인 것으로 판단된다.

〈표 Ⅳ-30〉 학습조직 프로세스와 제조비용 증감에 대한 회귀분석 결과

회귀분석 모델적합성					구분	B	Beta	t	Sig.
Model	R	R^2	F	Sig.					
1	0.436(a)	0.190	9.616	0.003(a)	상수	2.077		3.496	0.001
					지식창출	-0.466	-0.436	-3.101	0.003
a독립변수: 지식창출					종속변수: 제조비용 증감				

다음으로, 학습조직의 프로세스인 지식창출, 지식공유, 지식저장, 지식활용 변인들이 조직차원의 성과 중 '품질 향상' 변인의 문항인 '설계품질 수준'에 미치는 영향을 알아보기 위하여, 단계적 투입방식을 이용한 다중회귀분석을 실시한 결과는 아래의 〈표 Ⅳ-31〉과 같다.

〈표 Ⅳ-31〉에 나타난 바와 같이, 학습조직의 프로세스인 지식창출, 지식공유, 지식저장, 지식활용 변인들 중 지식공유와 지식저장만이 '설계품질 수준'에 영향을 미치는 것으로 나타났으며, 그 영향력 정도(R^2)는 지식공유 한 가지 변인

만으로는 16.6% 정도인 것으로 나타났고, 지식공유와 지식저장 두 가지 변인에 의해서는 25.7% 정도인 것으로 나타났다(p⟨0.001).

이러한 영향의 정도를 회귀식으로 나타내면

$$Y = 2.997 + 0.306\ X_1 + 0.218\ X_2\ (Y = 설계품질\ 수준,\ X_1 = 지식공유,\ X_2 = 지식저장)$$

이다. 즉, 지식공유 변인의 점수가 1점 정도 높아질 때마다 '설계품질 수준'은 0.306점 정도씩 높아지고, 지식저장 변인의 점수가 1점 정도 높아질 때마다 '설계품질 수준'은 0.218점 정도씩 높아지는 것으로 나타났다.

이러한 결과는, 설계품질의 수준이 향상되려면 조직구성원 상호간의 원활한 의사소통을 통하여 문제의식을 느끼고 대안을 제시하며, 이러한 새로운 지식이나 대안들을 체계적으로 저장하여 필요할 경우 사용할 수 있도록 해야 하기 때문인 것으로 판단된다.

〈표 IV-31〉 학습조직 프로세스와 설계품질 수준에 대한 회귀분석 결과

회귀분석 모델적합성					구분	B	Beta	t	Sig.
Model	R	R^2	F	Sig.					
1	0.407(a)	0.166	9.544	0.003(a)	상수	3.820		6.831	0.000
					지식공유	0.359	0.407	3.089	0.003
2	0.507(b)	0.257	8.116	0.001(b)	상수	2.997		4.723	0.000
					지식공유	0.306	0.347	2.707	0.009
					지식저장	0.218	0.307	2.397	0.021
a독립변수: 지식공유					종속변수: 설계품질 수준				
b독립변수: 지식공유, 지식저장									

다음으로, 학습조직의 프로세스인 지식창출, 지식공유, 지식저장, 지식활용 변인들이 조직차원의 성과 중 '생산혁신' 변인의 문항인 '1분임조당 활동횟수'에 미치는 영향을 알아보기 위하여 단계적 투입방식을 이용한 다중회귀분석을 실시한 결과는 다음의 〈표 IV-32〉와 같다.

〈표 IV-32〉에 나타난 바와 같이, 학습조직의 프로세스인 지식창출, 지식공유,

지식저장, 지식활용 변인들 중 지식공유만이 '1분임조당 활동횟수'에 영향을 미치는 것으로 나타났으며, 그 영향력 정도(R^2)는 12.8% 정도인 것으로 나타났다($p<0.05$).

이러한 영향의 정도를 회귀식으로 나타내면

$$Y = -12.848 + 4.148\ X_1\ (Y = 1분임조당\ 활동횟수,\ X_1 = 지식공유)$$

이다. 즉, 지식공유 변인의 점수가 1점 정도 높아질 때마다 '1분임조당 활동횟수'는 4.148건씩 많아지는 것으로 나타났다.

이러한 결과는, 분임조란 생산현장에서 일하는 근로자들로 구성된 소그룹으로 토론을 통하여 작업공정상의 문제나 건의사항을 해결하는 조직이기 때문에, 분임조활동을 통하여 조직구성원 개개인이 보유하고 있는 지식이나 정보를 공유할 수 있기 때문인 것으로 판단된다.

〈표 Ⅳ-32〉 학습조직 프로세스와 1분임조당 활동횟수에 대한 회귀분석 결과

회귀분석 모델적합성					구분	B	Beta	t	Sig.
Model	R	R^2	F	Sig.					
1	0.358(a)	0.128	5.157	0.029(a)	상수	-12.848		-1.456	0.154
					지식공유	4.148	0.358	2.271	0.029
a독립변수: 지식공유					종속변수: 1분임조당 활동횟수				

다음으로, 학습조직의 프로세스인 지식창출, 지식공유, 지식저장, 지식활용 변인들이 조직원차원의 성과 중 '생산혁신' 변인의 문항인 '생산혁신 수준'에 미치는 영향을 알아보기 위하여 단계적 투입방식을 이용한 다중회귀분석을 실시한 결과는 아래의 〈표 Ⅳ-33〉과 같다.

〈표 Ⅳ-33〉에 나타난 바와 같이, 학습조직의 프로세스인 지식창출, 지식공유, 지식저장, 지식활용 변인들 중 지식공유와 지식저장만이 '생산혁신 수준'에 영향을 미치는 것으로 나타났으며, 그 영향력 정도(R^2)는 지식공유 한 가지 변인만으로는 39.1% 정도로 높은 편이었고, 지식공유와 지식저장 두 가지 변인에 의해서는 46.1% 정도로 매우 높은 것으로 나타났다(p<0.001).

이러한 영향의 정도를 회귀식으로 나타내면

$$Y = 0.0665 + 0.683\, X_1 + 0.261\, X_2 \ (Y=\text{생산혁신 수준}, X_1=\text{지식공유}, X_2=\text{지식저장})$$

이다. 즉, 지식공유 변인의 점수가 1점 정도 높아질 때마다 '생산혁신 수준'은 0.683점 정도씩 높아지고, 지식저장 변인의 점수가 1점 정도 높아질 때마다 '생산혁신 수준'은 0.261점 정도씩 높아지는 것으로 나타났다.

이러한 결과는, 생산혁신의 수준이 향상되려면 '설계품질 수준'의 경우와 마찬가지로 원활한 의사소통을 통하여 문제의식을 느끼고 대안을 제시하며, 이러한 새로운 지식이나 대안들을 체계적으로 저장하여 필요한 경우 사용할 수 있도록 해야 하기 때문인 것으로 판단된다.

<표 IV-33> 학습조직 프로세스와 생산혁신 수준에 대한 회귀분석 결과

회귀분석 모델적합성					구분	B	Beta	t	Sig.
Model	R	R²	F	Sig.					
1	0.625(a)	0.391	30.789	0.000(a)	상수	1.051		1.622	0.111
					지식공유	0.747	0.625	5.549	0.000
2	0.679(b)	0.461	20.136	0.000(b)	상수	6.646E-02		.091	0.928
					지식공유	0.683	0.572	5.241	0.000
					지식저장	0.261	0.271	2.483	0.017
a독립변수: 지식공유					종속변수: 생산혁신 수준				
b독립변수: 지식공유, 지식저장									

그 외, 학습조직의 프로세스인 지식창출, 지식공유, 지식저장, 지식활용 변인들이 조직차원의 성과 중 '생산성 향상' 변인의 문항인 '노동생산성 증감정도'와 '재고회전율 증감정도', '품질 향상' 변인의 문항인 '공정불량률 증감정도'와 '크레임률 증감정도', '생산혁신' 변인의 문항인 '1인당 생산혁신 제안건수'에 미치는 영향을 알아보기 위하여 단계적 투입방식을 이용한 다중회귀분석을 실시한 결과, 모든 요인들이 중요한 영향력 요인에서 탈락하여 어떤 요인도 중요한 영향력을 미치지 못하고 있는 것으로 나타났다.

4) 가설 4의 검정

(1) 회사규모별 차이 분석

회사규모에 따라 독립변수들이 종속변수에 미치는 영향의 차이를 알아보기 위하여 단계적 투입방식(stepwise)을 이용한 다중회귀분석(multiple regression)을 실시한 결과는 다음과 같다.

① 회사규모별 학습조직 영역과 학습성과의 상호관계성

먼저 회사규모에 따라 학습조직의 영역인 개인차원, 업무차원, 조직차원, 환경차원 변인들이 조직원차원의 성과 중 '직무능력 향상' 변인에 미치는 영향의 차이를 알아보기 위하여 단계적 투입방식을 이용한 다중회귀분석을 실시한 결과는 다음의 〈표 Ⅳ-34〉와 같다.

500인 미만인 기업의 경우 학습조직의 영역인 개인차원, 업무차원, 조직차원, 환경차원 변인들 중 개인차원만이 '직무능력 향상'에 영향을 미치는 것으로 나타났으며, 그 영향력 정도(R^2)는 58.2% 정도로 매우 높은 것으로 나타났다(p<0.001). 이러한 영향정도를 회귀식으로 나타내면

$$Y = 1.077 + 0.755\ X_1\ (Y = 직무능력\ 향상,\ X_1 = 개인차원)$$

이다. 즉, 개인차원 변인의 점수가 1점 정도 향상될 때마다 '직무능력 향상'은 0.755점 정도의 향상이 이루어지는 것으로 나타났다.

또한 500인 이상인 기업의 경우 학습조직의 영역인 개인차원, 업무차원, 조직차원, 환경차원 변인들 중 개인차원만이 '직무능력 향상'에 영향을 미치는 것으로 나타났으며, 그 영향력 정도(R^2)는 59.2% 정도로 매우 높은 것으로 나타났다(p<0.001). 이러한 영향정도를 회귀식으로 나타내면

$$Y = 1.423 + 0.692\ X_1\ (Y = 직무능력\ 향상,\ X_1 = 개인차원)$$

이다. 즉, 개인차원 변인의 점수가 1점 정도 향상될 때마다 '직무능력 향상'은

0.692점 정도의 향상이 이루어지는 것으로 나타났다.

따라서 500인 미만인 기업의 경우와 500인 이상인 기업의 경우 모두 개인차원 변인만이 '직무능력 향상'에 영향을 미치는 것으로 나타났다. 그러나 500인 미만과 500인 이상인 두 집단 간에는 통계적으로 유의할 만한 차이에 이르지는 못하였다($Z=0.19\langle1.96$).

〈표 Ⅳ-34〉 회사규모별 학습조직 영역과 직무능력 향상에 대한 회귀분석 결과

회사 규모	회귀분석 모델 적합성					구분	B	Beta	t	Sig.
	Model	R	R^2	F	Sig.					
500인 미만	1	0.763(a)	0.582	30.595	0.000(a)	상수	1.077		1.821	0.082
						개인차원	0.755	0.763	5.531	0.000
	a독립변수: 개인차원					종속변수: 직무능력 향상				
500인 이상	1	0.770(a)	0.592	34.876	0.000(a)	상수	1.423		2.624	0.015
						개인차원	0.692	0.770	5.906	0.000
	a독립변수: 개인차원					종속변수: 직무능력 향상				

다음으로, 회사규모에 따라 학습조직의 영역인 개인차원, 업무차원, 조직차원, 환경차원 변인들이 조직원차원의 성과 중 '직장생활 만족' 변인에 미치는 영향의 차이를 알아보기 위하여 단계적 투입방식을 이용한 다중회귀분석을 실시한 결과는 다음의 〈표 Ⅳ-35〉와 같다.

500인 미만인 기업의 경우 학습조직의 영역인 개인차원, 업무차원, 조직차원, 환경차원 변인들 중 개인차원만이 '직장생활 만족'에 영향을 미치는 것으로 나타났으며, 그 영향력 정도(R^2)는 37.2% 정도로 높은 것으로 나타났다($p\langle0.01$). 이러한 영향정도를 회귀식으로 나타내면

$$Y=0.130+0.869\,X_1\,(Y=직장생활\ 만족,\ X_1=개인차원)$$

이다. 즉, 개인차원 변인의 점수가 1점 정도 향상될 때마다 '직장생활 만족'은 0.869점 정도의 향상이 이루어지는 것으로 나타났다.

또한 500인 이상인 기업의 경우 학습조직의 영역인 개인차원, 업무차원, 조

직차원, 환경차원 변인들 중 업무차원만이 '직장생활 만족'에 영향을 미치는 것으로 나타났으며, 그 영향력 정도(R^2)는 50.3% 정도로 매우 높은 것으로 나타났다($p < 0.001$). 이러한 영향정도를 회귀식으로 나타내면

$$Y = -0.105 + 0.921\ X_1\ (Y = \text{직장생활 만족},\ X_1 = \text{업무차원})$$

이다. 즉, 업무차원 변인의 점수가 1점 정도 향상될 때마다 '직장생활 만족'은 0.921점 정도의 향상이 이루어지는 것으로 나타났다.

따라서 500인 미만인 기업의 경우에는 개인차원 변인만이, 500인 이상인 기업의 경우에는 업무차원 변인만이 '직장생활 만족'에 영향을 미치는 것으로 나타났는데, 이러한 이유는 중소기업의 경우 집단적인 학습보다는 주로 개별적으로 학습하는 경향이 많이 있고, 또한 대기업의 경우는 조직구성원의 개인차원 욕구들이 대부분 수용되고 있고, 업무구조가 잘 구축되어 있기 때문인 것으로 판단된다.

〈표 Ⅳ-35〉 회사규모별 학습조직 영역과 직장생활 만족에 대한 회귀분석 결과

회사 규모	회귀분석 모델 적합성					구분	B	Beta	t	Sig.
	Model	R	R^2	F	Sig.					
500인 미만	1	0.610(a)	0.372	13.054	0.002(a)	상수	0.130		0.124	0.902
						개인차원	0.869	0.610	3.613	0.002
	a독립변수: 개인차원					종속변수: 직장생활 만족				
500인 이상	1	0.709(a)	0.503	23.252	0.000(a)	상수	-0.105		-0.112	0.912
						업무차원	0.921	0.709	4.822	0.000
	a독립변수: 업무차원					종속변수: 직장생활 만족				

다음으로, 회사규모에 따라 학습조직의 영역인 개인차원, 업무차원, 조직차원, 환경차원 변인들이 조직원차원의 성과 중 '조직몰입' 변인에 미치는 영향의 차이를 알아보기 위하여 단계적 투입방식을 이용한 다중회귀분석을 실시한 결과는 다음의 〈표 Ⅳ-36〉과 같다.

500인 미만인 기업의 경우 학습조직의 영역인 개인차원, 업무차원, 조직차원,

환경차원 변인들 중 개인차원만이 '조직몰입'에 영향을 미치는 것으로 나타났으며, 그 영향력 정도(R^2)는 32.8% 정도로 높은 것으로 나타났다($p<0.01$). 이러한 영향정도를 회귀식으로 나타내면

$$Y = 0.671 + 0.806\ X_1\ (Y = 조직몰입,\ X_1 = 개인차원)$$

이다. 즉, 개인차원 변인의 점수가 1점 정도 향상될 때마다 '조직몰입'은 0.806점 정도의 향상이 이루어지는 것으로 나타났다.

또한 500인 이상인 기업의 경우에도 학습조직의 영역인 개인차원, 업무차원, 조직차원, 환경차원 변인들 중 개인차원만이 '조직몰입'에 영향을 미치는 것으로 나타났으며, 그 영향력 정도(R^2)는 44.4% 정도로 매우 높은 것으로 나타났다($p<0.001$). 이러한 영향정도를 회귀식으로 나타내면

$$Y = 1.802 + 0.602\ X_1\ (Y = 조직몰입,\ X_1 = 개인차원)$$

이다. 즉, 개인차원 변인의 점수가 1점 정도 향상될 때마다 '조직몰입'은 0.602점 정도의 향상이 이루어지는 것으로 나타났다.

따라서 500인 미만인 기업의 경우와 500인 이상인 기업의 경우 모두 개인차원 변인만이 '조직몰입'에 영향을 미치는 것으로 나타났다. 그러나 500인 미만과 500인 이상인 두 집단 간에는 통계적으로 유의할 만한 차이에 이르지는 못하였다($Z = 1.75 < 1.96$).

<표 IV-36> 회사규모별 학습조직 영역과 조직몰입에 대한 회귀분석 결과

회사 규모	회귀분석 모델 적합성					구분	B	Beta	t	Sig.
	Model	R	R^2	F	Sig.					
500인 미만	1	0.573(a)	0.328	10.744	0.003(a)	상수	0.671		0.629	0.536
						개인차원	0.806	0.573	3.278	0.003
	a독립변수: 개인차원					종속변수: 조직몰입				
500인 이상	1	0.666(a)	0.444	19.714	0.000(a)	상수	1.802		2.783	0.010
						개인차원	0.612	0.666	4.379	0.000
	a독립변수: 개인차원					종속변수: 조직몰입				

다음으로, 회사규모에 따라 학습조직의 영역인 개인차원, 업무차원, 조직차원, 환경차원 변인들이 조직차원의 성과 중 '생산성 향상' 변인의 문항인 '노동생산성 증감정도'에 미치는 영향의 차이를 알아보기 위하여 단계적 투입방식을 이용한 다중회귀분석을 실시한 결과는 다음의 〈표 Ⅳ-37〉과 같다.

500인 미만인 기업의 경우 학습조직의 영역인 개인차원, 업무차원, 조직차원, 환경차원 변인들 중 환경차원만이 '노동생산성 증감정도'에 영향을 미치는 것으로 나타났으며, 그 영향력 정도(R^2)는 25.0% 정도인 것으로 나타났다($p < 0.05$). 이러한 영향정도를 회귀식으로 나타내면

$$Y = -0.850 + 4.383\ X_1\ (Y = 노동생산성\ 증감정도,\ X_1 = 환경차원)$$

이다. 즉, 환경차원 변인의 점수가 1점 정도 향상될 때마다 '노동생산성 증감정도'는 4.383점 정도의 향상이 이루어지는 것으로 나타났다.

또한 500인 이상인 기업의 경우 학습조직의 영역인 개인차원, 업무차원, 조직차원, 환경차원 변인들 중 어떤 요인도 '노동생산성 증감정도'에 중요한 영향력을 미치지 못하고 있는 것으로 나타났다.

따라서 500인 미만인 기업의 경우에는 환경차원 변인만이 영향을 미치는 것으로, 500인 이상인 기업의 경우에는 학습조직 영역의 어떤 요인도 '노동생산성 증감정도'에 영향을 미치지 못하는 것으로 나타났는데, 이러한 이유는 중소기업의 경우 대기업보다 고객, 경쟁업체, 기타 시장경제 등 환경적 요인에 의해 노동생산성이 좌우되는 경우가 많이 있지만, 이에 비해 대기업의 경우는 학습조직 영역의 모든 요인이 노동생산성에 복합적으로 작용하고 있기 때문인 것으로 판단된다.

〈표 Ⅳ-37〉 회사규모별 학습조직 영역과 노동생산성 증감정도에 대한 회귀분석 결과

회사 규모	회귀분석 모델 적합성					구분	B	Beta	t	Sig.
	Model	R	R^2	F	Sig.					
500인 미만	1	0.500(a)	0.250	5.004	0.041(a)	상수	-0.850		-0.918	0.373
						환경차원	4.383	0.500	2.237	0.041
	a독립변수: 환경차원					종속변수: 노동생산성 증감정도				
500인 이상	'노동생산성 증감정도'에 대하여 학습조직 영역의 어떤 요인도 중요한 영향력을 미치지 못하고 있는 것으로 나타났음.									

다음으로, 회사규모에 따라 학습조직의 영역인 개인차원, 업무차원, 조직차원, 환경차원 변인들이 조직차원의 성과 중 '생산성 향상' 변인의 문항인 '제조비용 증감'에 미치는 영향의 차이를 알아보기 위하여 단계적 투입방식을 이용한 다중회귀분석을 실시한 결과는 다음의 〈표 IV-38〉과 같다.

500인 미만인 기업의 경우 학습조직의 영역인 개인차원, 업무차원, 조직차원, 환경차원 변인들 중 개인차원과 조직차원만이 '제조비용 증감'에 영향을 미치는 것으로 나타났으며, 그 영향력 정도(R^2)는 개인차원 한 가지 변인만으로는 45.1% 정도로 매우 높은 것으로 나타났고, 개인차원과 조직차원 두 가지 변인에 의해서도 61.7% 정도로 매우 높은 것으로 나타났다($p < 0.001$). 이러한 영향 정도를 회귀식으로 나타내면

$$Y = 6.373 - 0.886 \ X_1 - 0.424 \ X_2 \ (Y = 제조비용 \ 증감, \ X_1 = 개인차원, \ X_2 = 조직차원)$$

이다. 즉, 개인차원 변인의 점수가 1점 정도 향상될 때마다 '제조비용 증감'은 0.886점 정도씩 낮아지는 것으로 나타났고, 조직차원 변인의 점수가 1점 정도 향상될 때마다 '제조비용 증감'은 0.424점 정도씩 낮아지는 것으로 나타났다. 또한 500인 이상인 기업의 경우 학습조직의 영역인 개인차원, 업무차원, 조직차원, 환경차원 변인들 중 어떤 요인도 '제조비용 증감'에 중요한 영향력을 미치지 못하고 있는 것으로 나타났다.

따라서 500인 미만인 기업의 경우에는 개인차원과 조직차원 변인만이 영향을 미치는 것으로, 500인 이상인 기업의 경우에는 학습조직 영역의 어떤 요인도 '제조비용 증감'에 영향을 미치지 못하는 것으로 나타났는데, 이러한 이유는 중소기업의 경우 집단적인 학습보다는 주로 개별적으로 학습하는 경향이 많이 있고, 조직규모 면에서 대기업보다 조직차원에서 요구되는 학습메커니즘을 만들고 활성화시키는 것이 유리하지만, 이에 비해 대기업의 경우는 학습조직 영역의 모든 요인이 제조비용에 복합적으로 작용하고 있기 때문인 것으로 판단된다.

<표 Ⅳ-38> 회사규모별 학습조직 영역과 제조비용 증감에 대한 회귀분석 결과

회사 규모	회귀분석 모델 적합성					구분	B	Beta	t	Sig.
	Model	R	R^2	F	Sig.					
500인 미만	1	0.671(a)	0.451	14.765	0.001(a)	상수	5.381		4.298	0.000
						개인차원	-1.127	-0.671	-3.843	0.001
	2	0.786(b)	0.617	13.710	0.000(b)	상수	6.373		5.613	0.000
						개인차원	-0.886	-0.528	-3.318	0.004
						조직차원	-0.424	-0.433	-2.721	0.051
	a독립변수: 개인차원					종속변수: 제조비용 증감				
	b독립변수: 개인차원, 조직차원									
500인 이상	'제조비용 증감'에 대하여 학습조직 영역의 어떤 요인도 중요한 영향력을 미치지 못하고 있는 것으로 나타났음.									

다음으로, 회사규모에 따라 학습조직의 영역인 개인차원, 업무차원, 조직차원, 환경차원 변인들이 조직차원의 성과 중 '품질 향상' 변인의 문항인 '공정불량률 증감정도'에 미치는 영향의 차이를 알아보기 위하여 단계적 투입방식을 이용한 다중회귀분석을 실시한 결과는 다음의 〈표 Ⅳ-39〉와 같다.

500인 미만인 기업의 경우 학습조직의 영역인 개인차원, 업무차원, 조직차원, 환경차원 변인들 중 조직차원만이 '공정불량률 증감정도'에 영향을 미치는 것으로 나타났으며, 그 영향력 정도(R^2)는 41.5% 정도로 매우 높은 것으로 나타났다($p < 0.01$). 이러한 영향정도를 회귀식으로 나타내면

$$Y = 20.947 - 6.945 \, X_1 \, (Y = 공정불량률 \ 증감정도, \ X_1 = 조직차원)$$

이다. 즉, 조직차원 변인의 점수가 1점 정도 향상될 때마다 '공정불량률 증감정도'는 6.945점 정도씩 낮아지는 것으로 나타났다.

또한 500인 이상인 기업의 경우 학습조직의 영역인 개인차원, 업무차원, 조직차원, 환경차원 변인들 중 어떤 요인도 '공정불량률 증감정도'에 중요한 영향력을 미치지 못하고 있는 것으로 나타났다.

따라서 500인 미만인 기업의 경우에는 조직차원 변인이 영향을 미치는 것으로, 500인 이상인 기업의 경우에는 학습조직 영역의 어떤 요인도 '공정불량률

증감정도'에 영향을 미치지 못하는 것으로 나타났는데, 이러한 이유는 중소기업의 경우 조직규모 면에서 대기업보다 조직차원에서 요구되는 학습메커니즘을 만들고 활성화시키는 것이 유리하지만, 이에 비해 대기업의 경우는 학습조직 영역의 모든 요인이 공정불량률에 복합적으로 작용하고 있기 때문인 것으로 판단된다.

〈표 IV-39〉 회사규모별 학습조직 영역과 공정불량률 증감정도에 대한 회귀분석 결과

회사 규모	회귀분석 모델 적합성					구분	B	Beta	t	Sig.
	Model	R	R^2	F	Sig.					
500인 미만	1	0.644(a)	0.415	9.219	0.010(a)	상수	20.947		1.890	0.081
						조직차원	-6.945	-0.644	-3.036	0.010
	a독립변수: 조직차원					종속변수: 공정불량률 증감정도				
500인 이상	'공정불량률 증감정도'에 대하여 학습조직 영역의 어떤 요인도 중요한 영향력을 미치지 못하고 있는 것으로 나타났음.									

다음으로, 회사규모에 따라 학습조직의 영역인 개인차원, 업무차원, 조직차원, 환경차원 변인들이 조직차원의 성과 중 '품질 향상' 변인의 문항인 '크레임률 증감정도'에 미치는 영향의 차이를 알아보기 위하여 단계적 투입방식을 이용한 다중회귀분석을 실시한 결과는 다음의 〈표 IV-40〉과 같다.

500인 미만인 기업의 경우 학습조직의 영역인 개인차원, 업무차원, 조직차원, 환경차원 변인들 중 업무차원만이 '크레임률 증감정도'에 영향을 미치는 것으로 나타났으며, 그 영향력 정도(R^2)는 42.2% 정도로 매우 높은 것으로 나타났다($p<0.05$). 이러한 영향정도를 회귀식으로 나타내면

$$Y = 60.338 - 15.208\ X_1\ (Y = 크레임률\ 증감정도,\ X_1 = 업무차원)$$

이다. 즉, 업무차원 변인의 점수가 1점 정도 향상될 때마다 '크레임률 증감정도'는 15.208점 정도씩 낮아지는 것으로 나타났다.

또한 500인 이상인 기업의 경우 학습조직의 영역인 개인차원, 업무차원, 조직차원, 환경차원 변인들 중 어떤 요인도 '크레임률 증감정도'에 중요한 영향력

을 미치지 못하고 있는 것으로 나타났다.

따라서 500인 미만인 기업의 경우에는 업무차원 변인이 영향을 미치는 것으로, 500인 이상인 기업의 경우에는 학습조직 영역의 어떤 요인도 '크레임률 증감정도'에 영향을 미치지 못하는 것으로 나타났는데, 이러한 이유는 중소기업의 경우 조직규모 면에서 대기업보다 부서원 상호간 협력적인 상호작용과 탐구활동이 유리하지만, 이에 비해 대기업의 경우는 학습조직 영역의 모든 요인이 크레임률에 복합적으로 작용하고 있기 때문인 것으로 판단된다.

〈표 IV-40〉 회사규모별 학습조직 영역과 크레임률 증감정도에 대한 회귀분석 결과

회사 규모	회귀분석 모델 적합성					구분	B	Beta	t	Sig.
	Model	R	R^2	F	Sig.					
500인 미만	1	0.650(a)	0.422	8.047	0.016(a)	상수	60.338		2.433	0.033
						업무차원	-15.208	-0.650	-2.837	0.016
	a독립변수: 업무차원					종속변수: 크레임률 증감정도				
500인 이상	'크레임률 증감정도'에 대하여 학습조직 영역의 어떤 요인도 중요한 영향력을 미치지 못하고 있는 것으로 나타났음.									

다음으로, 회사규모에 따라 학습조직의 영역인 개인차원, 업무차원, 조직차원, 환경차원 변인들이 조직차원의 성과 중 '품질 향상' 변인의 문항인 '설계품질 수준'에 미치는 영향의 차이를 알아보기 위하여 단계적 투입방식을 이용한 다중회귀분석을 실시한 결과는 다음의 〈표 IV-41〉과 같다.

500인 미만인 기업의 경우 학습조직의 영역인 개인차원, 업무차원, 조직차원, 환경차원 변인들 중 조직차원만이 '설계품질 수준'에 영향을 미치는 것으로 나타났으며, 그 영향력 정도(R^2)는 27.3% 정도인 것으로 나타났다($p < 0.01$). 이러한 영향정도를 회귀식으로 나타내면

$$Y = 2.995 + 0.523\, X_1 \ (Y = 설계품질\ 수준,\ X_1 = 조직차원)$$

이다. 즉, 조직차원 변인의 점수가 1점 정도 향상될 때마다 '설계품질 수준'은 0.523점 정도씩 높아지는 것으로 나타났다.

또한 500인 이상인 기업의 경우에도 학습조직의 영역인 개인차원, 업무차원, 조직차원, 환경차원 변인들 중 조직차원만이 '설계품질 수준'에 영향을 미치는 것으로 나타났으며, 그 영향력 정도(R^2)는 15.5% 정도인 것으로 나타났다 ($p < 0.05$). 이러한 영향정도를 회귀식으로 나타내면

$$Y = 3.576 + 0.382\ X_1\ (Y = 설계품질\ 수준,\ X_1 = 조직차원)$$

이다. 즉, 조직차원 변인의 점수가 1점 정도 향상될 때마다 '설계품질 수준'은 0.382점 정도씩 높아지는 것으로 나타났다.

따라서 500인 미만인 기업의 경우가 500인 이상인 기업의 경우보다 조직차원 변인의 점수가 1점 정도 향상될 때마다 '설계품질 수준'의 정도가 좀더 높아진다고 할 수 있는데($Z = 2.15 > 1.96$), 이러한 이유는 중소기업의 경우 조직규모 면에서 대기업보다 조직차원에서 요구되는 학습메커니즘을 만들고 활성화시키는 것이 유리하기 때문인 것으로 판단된다.

<표 IV-41> 회사규모별 학습조직 영역과 설계품질 수준에 대한 회귀분석 결과

회사 규모	회귀분석 모델 적합성					구분	B	Beta	t	Sig.
	Model	R	R^2	F	Sig.					
500인 미만	1	0.522(a)	0.273	8.252	0.009(a)	상수	2.995		3.473	0.002
						조직차원	0.523	0.522	2.873	0.009
	a독립변수: 조직차원					종속변수: 설계품질 수준				
500인 이상	1	0.393(a)	0.155	4.390	0.047(a)	상수	3.756		4.226	0.000
						조직차원	0.382	0.393	2.095	0.047
	a독립변수: 조직차원					종속변수: 설계품질 수준				

다음으로, 회사규모에 따라 학습조직의 영역인 개인차원, 업무차원, 조직차원, 환경차원 변인들이 조직차원의 성과 중 '생산혁신' 변인의 문항인 '1인당 생산혁신 제안건수'에 미치는 영향의 차이를 알아보기 위하여 단계적 투입방식을 이용한 다중회귀분석을 실시한 결과는 다음의 〈표 IV-42〉와 같다.

500인 미만인 기업의 경우 학습조직의 영역인 개인차원, 업무차원, 조직차원,

환경차원 변인들 중 어떤 요인도 '1인당 생산혁신 제안건수'에 중요한 영향력을 미치지 못하고 있는 것으로 나타났다.

또한 500인 이상인 기업의 경우 학습조직의 영역인 개인차원, 업무차원, 조직차원, 환경차원 변인들 중 환경차원만이 '1인당 생산혁신 제안건수'에 영향을 미치는 것으로 나타났으며, 그 영향력 정도(R^2)는 25.5% 정도인 것으로 나타났다($p < 0.05$). 이러한 영향정도를 회귀식으로 나타내면

$$Y = -11.510 + 3.190\, X_1\,(Y = 1인당\ 생산혁신\ 제안건수,\ X_1 = 환경차원)$$

이다. 즉, 환경차원 변인의 점수가 1점 정도 향상될 때마다 '1인당 생산혁신 제안건수'는 3.19건 정도씩 늘어나는 것으로 나타났다.

따라서 500인 미만인 기업의 경우에는 학습조직 영역의 어떤 요인도 영향을 미치지 못하는 것으로, 500인 이상인 기업의 경우에는 환경차원 변인만이 '1인당 생산혁신 제안건수'에 영향을 미치는 것으로 나타났는데, 이러한 이유는 중소기업의 경우 학습조직 영역의 모든 요인들이 생산혁신 제안건수에 복합적으로 작용하고 있지만, 이에 비해 대기업의 경우는 중소기업보다 고객, 경쟁업체, 기타 시장경제 등 환경적 변화에 대해 매우 민감하게 반응할 수 있는 여력이 많기 때문인 것으로 판단된다.

<표 Ⅳ-42> 회사규모별 학습조직 영역과 1인당 생산혁신 제안건수에 대한 회귀분석 결과

회사 규모	회귀분석 모델 적합성					구분	B	Beta	t	Sig.
	Model	R	R^2	F	Sig.					
500인 미만	'1인당 생산혁신 제안건수'에 대하여 학습조직 영역의 어떤 요인도 중요한 영향력을 미치지 못하고 있는 것으로 나타났음.									
500인 이상	1	0.505(a)	0.255	6.155	0.023(a)	상수	-11.510		-1.850	0.081
						환경차원	3.190	0.505	2.481	0.023
	a독립변수: 환경차원					종속변수: 1인당 생산혁신 제안건수				

다음으로, 회사규모에 따라 학습조직의 영역인 개인차원, 업무차원, 조직차원, 환경차원 변인들이 조직차원의 성과 중 '생산혁신' 변인의 문항인 '생산혁신 수

준'에 미치는 영향의 차이를 알아보기 위하여 단계적 투입방식을 이용한 다중 회귀분석을 실시한 결과는 다음의 〈표 Ⅳ-43〉과 같다.

500인 미만인 기업의 경우 학습조직의 영역인 개인차원, 업무차원, 조직차원, 환경차원 변인들 중 조직차원과 환경차원만이 '생산혁신 수준'에 영향을 미치는 것으로 나타났으며, 그 영향력 정도(R^2)는 조직차원 한 가지 변인만으로는 71.2% 정도로 매우 높은 것으로 나타났고, 조직차원과 환경차원 두 가지 변인에 의해서도 79.0% 정도로 매우 높은 것으로 나타났다($p < 0.001$). 이러한 영향 정도를 회귀식으로 나타내면

$$Y = -0.350 + 0.731\ X_1 + 0.295\ X_2\ (Y = 생산혁신\ 수준,\ X1 = 조직차원,\ X_2 = 환경차원)$$

이다. 즉, 조직차원 변인의 점수가 1점 정도 향상될 때마다 '생산혁신 수준'은 0.731점 정도씩 높아지는 것으로 나타났고, 환경차원 변인의 점수가 1점 정도 향상될 때마다 '생산혁신 수준'은 0.295점 정도씩 높아지는 것으로 나타났다.

또한 500인 이상인 기업의 경우 학습조직의 영역인 개인차원, 업무차원, 조직차원, 환경차원 변인들 중 조직차원만이 '생산혁신 수준'에 영향을 미치는 것으로 나타났으며, 그 영향력 정도(R^2)는 32.7% 정도로 높은 것으로 나타났다 ($p < 0.01$). 이러한 영향정도를 회귀식으로 나타내면

$$Y = 0.591 + 0.871\ X_1\ (Y = 생산혁신\ 수준,\ X_1 = 조직차원)$$

이다. 즉, 조직차원 변인의 점수가 1점 정도 향상될 때마다 '생산혁신 수준'은 0.871점 정도씩 높아지는 것으로 나타났다.

따라서 500인 미만인 기업의 경우에는 조직차원과 환경차원 변인만이, 500인 이상인 기업의 경우에는 조직차원 변인만이 '생산혁신 수준'에 영향을 미치는 것으로 나타났는데, 이러한 이유는 중소기업의 경우 조직 내부만으로는 충분히 생산혁신 아이디어를 얻을 수 없어 고객, 경쟁업체, 기타 이해관계자들을 통해 아이디어를 얻어야 하지만, 이에 비해 대기업의 경우는 조직 내부에서 충분히 생산혁신 아이디어를 얻을 수 있기 때문인 것으로 판단된다.

<표 IV-43> 회사규모별 학습조직 영역과 생산혁신 수준에 대한 회귀분석 결과

회사 규모	회귀분석 모델 적합성					구분	B	Beta	t	Sig.
	Model	R	R^2	F	Sig.					
500인 미만	1	0.844(a)	0.712	54.462	0.000(a)	상수	6.7E-02		0.112	0.911
						조직차원	0.922	0.844	7.373	0.000
	2	0.889(b)	0.790	39.475	0.000(b)	상수	-0.350		-0.649	0.524
						조직차원	0.731	0.669	5.667	0.000
						환경차원	0.295	0.330	2.792	0.011
	a독립변수: 조직차원					종속변수: 생산혁신 수준				
	b독립변수: 조직차원, 환경차원									
500인 이상	1	0.572(a)	0.327	11.683	0.002	상수	0.591		0.476	0.638
						조직차원	0.871	0.572	3.418	0.002
	a독립변수: 조직차원					종속변수: 생산혁신 수준				

그 밖에, 회사규모별로 학습조직의 영역과 학습성과 중 '제조시간 증감', '재고회전율 증감정도', '1분임조당 활동횟수' 등의 변인에 대한 회귀분석 결과, 500인 미만의 기업과 500인 이상의 기업 모두에서 학습조직 영역의 모든 요인들이 중요한 영향력 요인에서 탈락하여, 어떤 요인도 중요한 영향력을 미치지 못하고 있는 것으로 나타났다.

② 회사규모별 학습조직 지원시스템과 학습성과의 상호관계성

회사규모에 따라 학습조직의 지원시스템인 리더십, 정보시스템, 보상시스템, 조직의 구조 변인들이 조직원차원의 성과 중 '직장생활 만족' 변인에 미치는 영향의 차이를 알아보기 위하여 단계적 투입방식을 이용한 다중회귀분석을 실시한 결과는 다음의 〈표 IV-44〉와 같다.

500인 미만인 기업의 경우 학습조직의 지원시스템인 리더십, 정보시스템, 보상시스템, 조직의 구조 변인들 중 리더십만이 '직장생활 만족'에 영향을 미치는 것으로 나타났으며, 그 영향력 정도(R^2)는 24.9% 정도인 것으로 나타났다($p<0.05$). 이러한 영향정도를 회귀식으로 나타내면

$$Y = 1.914 + 0.422\, X_1 \;(Y = 직장생활\ 만족,\ X_1 = 리더십)$$

이다. 즉, 리더십 변인의 점수가 1점 정도 향상될 때마다 '직장생활 만족'은 0.422점 정도씩 높아지는 것으로 나타났다.

또한 500인 이상인 기업의 경우 학습조직의 지원시스템인 리더십, 정보시스템, 보상시스템, 조직의 구조 변인들 중 보상시스템만이 '직장생활 만족'에 영향을 미치는 것으로 나타났으며, 그 영향력 정도(R^2)는 39.2% 정도로 높은 것으로 나타났다(p<0.001). 이러한 영향정도를 회귀식으로 나타내면

$$Y = 2.463 + 0.400\ X_1\ (Y = 직장생활\ 만족,\ X_1 = 보상시스템)$$

이다. 즉, 보상시스템 변인의 점수가 1점 정도 향상될 때마다 '직장생활 만족'은 0.4점 정도씩 높아지는 것으로 나타났다.

따라서 500인 미만인 기업의 경우에는 리더십 변인만이, 500인 이상인 기업의 경우에는 보상시스템 변인만이 '직장생활 만족'에 영향을 미치는 것으로 나타났는데, 이러한 이유는 중소기업의 경우 대부분은 조직의 구조가 빈약하여 리더의 역할이 중요시되고 있고, 또한 대기업의 경우는 업무성과 외에도 지식의 공유나 전파, 새로운 지식과 기술의 습득 등에 대한 평가와 보상시스템이 잘 구축되어 있으므로, 이를 통하여 직장생활의 만족이 가능하기 때문인 것으로 판단된다.

<표 Ⅳ-44> 회사규모별 학습조직 지원시스템과 직장생활 만족에 대한 회귀분석 결과

회사 규모	회귀분석 모델 적합성					구분	B	Beta	t	Sig.
	Model	R	R^2	F	Sig.					
500인 미만	1	0.499(a)	0.249	7.308	0.013(a)	상수	1.914		2.602	0.016
						리더십	0.422	0.499	2.703	0.013
	a독립변수: 리더십					종속변수: 직장생활 만족				
500인 이상	1	0.656(a)	0.431	17.419	0.000(a)	상수	2.463		5.165	0.000
						보상시스템	0.400	0.656	4.174	0.000
	a독립변수: 보상시스템					종속변수: 직장생활 만족				

다음으로, 회사규모에 따라 학습조직의 지원시스템인 리더십, 정보시스템, 보

상시스템, 조직의 구조 변인들이 조직원차원의 성과 중 '조직몰입' 변인에 미치는 영향의 차이를 알아보기 위하여 단계적 투입방식을 이용한 다중회귀분석을 실시한 결과는 다음의 〈표 Ⅳ-45〉와 같다.

500인 미만인 기업의 경우 학습조직의 지원시스템인 리더십, 정보시스템, 보상시스템, 조직의 구조 변인들 중 조직의 구조만이 '조직몰입'에 영향을 미치는 것으로 나타났으며, 그 영향력 정도(R^2)는 39.2% 정도로 높은 것으로 나타났다($p < 0.001$). 이러한 영향정도를 회귀식으로 나타내면

$$Y = 1.859 + 0.504 \ X_1 \ (Y = 조직몰입, \ X_1 = 조직의 \ 구조)$$

이다. 즉, 조직의 구조 변인의 점수가 1점 정도 향상될 때마다 '조직몰입'은 0.504점 정도씩 높아지는 것으로 나타났다.

또한 500인 이상인 기업의 경우 학습조직의 지원시스템인 리더십, 정보시스템, 보상시스템, 조직의 구조 변인들 중 보상시스템만이 '조직몰입'에 영향을 미치는 것으로 나타났으며, 그 영향력 정도(R^2)는 30.3% 정도로 높은 것으로 나타났다($p < 0.01$). 이러한 영향정도를 회귀식으로 나타내면

$$Y = 3.069 + 0.313 \ X_1 \ (Y = 조직몰입, \ X_1 = 보상시스템)$$

이다. 즉, 보상시스템 변인의 점수가 1점 정도 향상될 때마다 '조직몰입'은 0.313점 정도씩 높아지는 것으로 나타났다.

따라서 500인 미만인 기업의 경우에는 조직의 구조 변인만이, 500인 이상인 기업의 경우에는 보상시스템 변인만이 '조직몰입'에 영향을 미치는 것으로 나타났는데, 이러한 이유는 중소기업의 경우 조직규모 면에서 대기업보다 모든 구성원들의 업무가 하나의 방향으로 움직일 수 있게 하는 조직구조의 형성이 유리하고, 또한 대기업의 경우는 업무성과 외에도 지식의 공유나 전파, 새로운 지식과 기술의 습득 등에 대한 평가와 보상시스템이 잘 구축되어 있기 때문인 것으로 판단된다.

〈표 Ⅳ-45〉 회사규모별 학습조직 지원시스템과 조직몰입에 대한 회귀분석 결과

회사 규모	회귀분석 모델 적합성					구분	B	Beta	t	Sig.
	Model	R	R^2	F	Sig.					
500인 미만	1	0.626(a)	0.392	14.158	0.001(a)	상수	1.859		3.011	0.006
						조직구조	0.504	0.626	3.763	0.001
	a독립변수: 조직의 구조					종속변수: 조직몰입				
500인 이상	1	0.550(a)	0.303	10.435	0.004(a)	상수	3.069		6.291	0.000
						보상시스템	0.313	0.550	3.230	0.004
	a독립변수: 보상시스템					종속변수: 조직몰입				

다음으로, 회사규모에 따라 학습조직의 지원시스템인 리더십, 정보시스템, 보상시스템, 조직의 구조 변인들이 조직차원의 성과 중 '생산성 향상' 변인의 문항인 '제조비용 증감'에 미치는 영향의 차이를 알아보기 위하여 단계적 투입방식을 이용한 다중회귀분석을 실시한 결과는 다음의 〈표 Ⅳ-46〉과 같다.

500인 미만인 기업의 경우 학습조직의 지원시스템인 리더십, 정보시스템, 보상시스템, 조직의 구조 변인들 중 리더십만이 '제조비용 증감'에 영향을 미치는 것으로 나타났으며, 그 영향력 정도(R^2)는 41.6% 정도로 매우 높은 것으로 나타났다(p<0.01). 이러한 영향정도를 회귀식으로 나타내면

$$Y = 3.453 - 0.605 \ X_1 \ (Y = 제조비용 \ 증감, \ X_1 = 리더십)$$

이다. 즉, 리더십 변인의 점수가 1점 정도 향상될 때마다 '제조비용 증감'은 0.605점 정도씩 낮아지는 것으로 나타났다.

또한 500인 이상인 기업의 경우 학습조직의 지원시스템인 리더십, 정보시스템, 정보시스템, 조직의 구조 변인들 중 어떤 요인도 '제조비용 증감'에 중요한 영향력을 미치지 못하고 있는 것으로 나타났다.

따라서 500인 미만인 기업의 경우에는 리더십 변인만이 영향을 미치는 것으로, 500인 이상인 기업의 경우에는 학습조직 지원시스템의 어떤 요인도 '제조비용 증감'에 영향을 미치지 못하는 것으로 나타났는데, 이러한 이유는 중소기업의 경우 대부분은 조직의 구조가 빈약하여 리더의 역할이 중요시되고 있지만, 이에 비해 대기업의 경우는 학습조직 지원시스템의 모든 요인들이 제조비용에 복합적으로 작용하고 있기 때문인 것으로 판단된다.

<표 IV-46> 회사규모별 학습조직 지원시스템과 제조비용 증감에 대한 회귀분석 결과

회사 규모	회귀분석 모델 적합성					구분	B	Beta	t	Sig.
	Model	R	R^2	F	Sig.					
500인 미만	1	0.645(a)	0.416	12.835	0.002(a)	상수	3.453		4.267	0.000
						리더십	-0.605	-0.645	-3.583	0.002
	a독립변수: 리더십					종속변수: 제조비용 증감				
500인 이상	'제조비용 증감'에 대하여 학습조직 지원시스템의 어떤 요인도 중요한 영향력을 미치지 못하고 있는 것으로 나타났음.									

다음으로, 회사규모에 따라 학습조직의 지원시스템인 리더십, 정보시스템, 보상시스템, 조직의 구조 변인들이 조직차원의 성과 중 '품질 향상' 변인의 문항인 '크레임률 증감정도'에 미치는 영향의 차이를 알아보기 위하여 단계적 투입방식을 이용한 다중회귀분석을 실시한 결과는 다음의 〈표 IV-47〉과 같다.

500인 미만인 기업의 경우 학습조직의 지원시스템인 리더십, 정보시스템, 보상시스템, 조직의 구조 변인들 중 조직의 구조만이 '크레임률 증감정도'에 영향을 미치는 것으로 나타났으며, 그 영향력 정도(R^2)는 44.1% 정도로 매우 높은 것으로 나타났다(p〈0.01). 이러한 영향정도를 회귀식으로 나타내면

$$Y = 29.949 - 8.399\, X_1 \quad (Y = \text{크레임률 증감정도}, \; X_1 = \text{조직의 구조})$$

이다. 즉, 조직의 구조 변인의 점수가 1점 정도 향상될 때마다 '크레임률 증감정도'는 8.399점 정도씩 낮아지는 것으로 나타났다.

또한 500인 이상인 기업의 경우 학습조직의 지원시스템인 리더십, 정보시스템, 보상시스템, 조직의 구조 변인들 중 어떤 요인도 '크레임률 증감정도' 변인에 중요한 영향력을 미치지 못하고 있는 것으로 나타났다.

따라서 500인 미만인 기업의 경우에는 조직의 구조 변인이 영향을 미치는 것으로, 500인 이상인 기업의 경우에는 학습조직 지원시스템의 어떤 요인도 '크레임률 증감정도'에 영향을 미치지 못하는 것으로 나타났는데, 이러한 이유는 중소기업의 경우 조직규모 면에서 대기업보다 모든 구성원들의 업무가 하나의 방향으로 움직일 수 있게 하는 조직구조의 형성이 유리하지만, 이에 비해

대기업의 경우는 학습조직 지원시스템의 모든 요인들이 크레임률에 복합적으로 작용하고 있기 때문인 것으로 판단된다.

<표 Ⅳ-47> 회사규모별 학습조직 지원시스템과 크레임률 증감정도에 대한 회귀분석 결과

회사 규모	회귀분석 모델 적합성					구분	B	Beta	t	Sig.
	Model	R	R^2	F	Sig.					
500인 미만	1	0.664(a)	0.441	8.689	0.013(a)	상수	29.949		2.185	0.051
						조직구조	-8.399	-0.664	-2.948	0.013
	a독립변수: 조직의 구조					종속변수: 크레임률 증감정도				
500인 이상	'크레임률 증감정도'에 대하여 학습조직 지원시스템의 어떤 요인도 중요한 영향력을 미치지 못하고 있는 것으로 나타났음.									

다음으로, 회사규모에 따라 학습조직의 지원시스템인 리더십, 정보시스템, 보상시스템, 조직의 구조 변인들이 조직차원의 성과 중 '생산혁신' 변인의 문항인 '1인당 생산혁신 제안건수'에 미치는 영향의 차이를 알아보기 위하여 단계적 투입방식을 이용한 다중회귀분석을 실시한 결과는 다음의 〈표 Ⅳ-48〉과 같다.

500인 미만인 기업의 경우 학습조직의 지원시스템인 리더십, 정보시스템, 보상시스템, 조직의 구조 변인들 중 어떤 요인도 '1인당 생산혁신 제안건수'에 중요한 영향력을 미치지 못하고 있는 것으로 나타났다.

또한 500인 이상인 기업의 경우 학습조직의 지원시스템인 리더십, 정보시스템, 보상시스템, 조직의 구조 변인들 중 리더십만이 '1인당 생산혁신 제안건수'에 영향을 미치는 것으로 나타났으며, 그 영향력 정도(R^2)는 24.4% 정도인 것으로 나타났다($p < 0.05$). 이러한 영향정도를 회귀식으로 나타내면

$$Y = -8.965 + 2.622 \; X_1 \; (Y = 1인당 생산혁신 제안건수, \; X_1 = 리더십)$$

이다. 즉, 리더십 변인의 점수가 1점 정도 향상될 때마다 '1인당 생산혁신 제안건수'는 2.622건 정도씩 늘어나는 것으로 나타났다.

따라서 500인 미만인 기업의 경우에는 학습조직 지원시스템의 어떤 요인도

영향을 미치지 못하는 것으로, 500인 이상인 기업의 경우에는 리더십 변인만이 '1인당 생산혁신 제안건수'에 영향을 미치는 것으로 나타났는데, 이러한 이유는 중소기업의 경우 대부분은 생산혁신에 대한 여력이 부족하므로 어떤 요인도 생산혁신 제안건수에 중요한 영향력을 미치지 못하고 있지만, 이에 비해 대기업의 경우는 일반적으로 생산혁신에 대한 여력이 풍부하고 새로운 아이디어를 활용하려는 리더의 역할이 중요시되고 있기 때문인 것으로 판단된다.

<표 IV-48> 회사규모별 학습조직 지원시스템과 1인당 생산혁신 제안건수에 대한 회귀분석 결과

회사 규모	회귀분석 모델 적합성					구분	B	Beta	t	Sig.
	Model	R	R^2	F	Sig.					
500인 미만	'1인당 생산혁신 제안건수'에 대하여 학습조직 지원시스템의 어떤 요인도 중요한 영향력을 미치지 못하고 있는 것으로 나타났음.									
500인 이상	1	0.494(a)	0.244	5.798	0.027(a)	상수	-8.965		-1.670	0.112
						리더십	2.622	0.494	2.408	0.027
	a독립변수: 리더십					종속변수: 1인당 생산혁신 제안건수				

다음으로, 회사규모에 따라 학습조직의 지원시스템인 리더십, 정보시스템, 보상시스템, 조직의 구조 변인들이 조직차원의 성과 중 '생산혁신' 변인의 문항인 '생산혁신 수준'에 미치는 영향의 차이를 알아보기 위하여 단계적 투입방식을 이용한 다중회귀분석을 실시한 결과는 다음의 〈표 IV-49〉와 같다.

500인 미만인 기업의 경우 학습조직의 지원시스템인 리더십, 정보시스템, 보상시스템, 조직의 구조 변인들 중 리더십만이 '생산혁신 수준'에 영향을 미치는 것으로 나타났으며, 그 영향력 정도(R^2)는 48.1% 정도로 매우 높은 것으로 나타났다(p〈0.001). 이러한 영향정도를 회귀식으로 나타내면

$$Y = 1.073 + 0.712\ X_1\ (Y = 생산혁신\ 수준,\ X_1 = 리더십)$$

이다. 즉, 리더십 변인의 점수가 1점 정도 향상될 때마다 '생산혁신 수준'은 0.722점 정도씩 높아지는 것으로 나타났다.

또한 500인 이상인 기업의 경우 학습조직의 지원시스템인 리더십, 정보시스템, 보상시스템, 조직의 구조 변인들 중 조직의 구조와 정보시스템만이 '생산혁신 수준'에 영향을 미치는 것으로 나타났으며, 그 영향력 정도(R^2)는 조직의 구조 한 가지 변인만으로는 32.5% 정도로 높은 것으로 나타났고, 조직의 구조와 정보시스템 두 가지 변인에 의해서는 52.6% 정도로 매우 높은 것으로 나타났다($p < 0.001$). 이러한 영향정도를 회귀식으로 나타내면

$Y = 0.057 + 0.523\ X_1 + 0.441\ X_2$ (Y=생산혁신 수준, X_1=조직의 구조, X_2=정보시스템)

이다. 즉, 조직의 구조 변인의 점수가 1점 정도 향상될 때마다 '생산혁신 수준'은 0.523점 정도씩 높아지는 것으로 나타났고, 정보시스템 변인의 점수가 1점 정도 향상될 때마다 '생산혁신 수준'은 0.441점 정도씩 높아지는 것으로 나타났다.

따라서 500인 미만인 기업의 경우에는 리더십 변인만이, 500인 이상인 기업의 경우에는 조직의 구조와 정보시스템 변인만이 '생산혁신 수준'에 영향을 미치는 것으로 나타났는데, 이러한 이유는 중소기업의 경우 조직규모로 볼 때 리더의 직접적인 지원 및 지도만으로 생산혁신이 가능할 수 있고, 또한 대기업의 경우는 조직의 구조나 정보시스템과 같이 조직 전체적으로 적용될 수 있는 수단이 잘 구비되어 있기 때문인 것으로 판단된다.

<표 Ⅳ-49> 회사규모별 학습조직 지원시스템과 생산혁신 수준에 대한 회귀분석 결과

회사 규모	회귀분석 모델 적합성					구분	B	Beta	t	Sig.
	Model	R	R^2	F	Sig.					
500인 미만	1	0.693(a)	0.481	20.382	0.000(a)	상수	1.073		1.443	0.163
						리더십	0.712	0.693	4.515	0.000
	a독립변수: 리더십					종속변수: 생산혁신 수준				
500인 이상	1	0.570(a)	0.325	11.546	0.002(a)	상수	1.786		1.981	0.059
						조직구조	0.637	0.570	3.398	0.002
	2	0.725(b)	0.526	12.753	0.000(b)	상수	5.7E-02		0.060	0.953
						조직구조	0.523	0.468	3.178	0.005
						정보시스템	0.441	0.460	3.123	0.005
	a독립변수: 조직의 구조					종속변수: 생산혁신 수준				
	b독립변수: 조직의 구조, 정보시스템									

　그 밖에, 회사규모별로 학습조직 지원시스템과 학습성과 중 '직무능력 향상', '노동생산성 증감정도', '재고회전율 증감정도', '제조시간 증감', '공정불량률 증감정도', '설계품질 수준', '1분임조당 활동횟수' 등의 변인에 대한 회귀분석 결과, 500인 미만의 기업과 500인 이상의 기업 모두에서 학습조직 지원시스템의 모든 요인들이 중요한 영향력 요인에서 탈락하여, 어떤 요인도 중요한 영향력을 미치지 못하고 있는 것으로 나타났다.

　③ 회사규모별 학습조직 프로세스와 학습성과의 상호관계성

　회사규모에 따라 학습조직의 프로세스인 지식창출, 지식공유, 지식저장, 지식활용 변인들이 조직원차원의 성과 중 '직무능력 향상' 변인에 미치는 영향의 차이를 알아보기 위하여 단계적 투입방식을 이용한 다중회귀분석을 실시한 결과는 다음의 〈표 Ⅳ-50〉과 같다.

　500인 미만인 기업의 경우 학습조직의 프로세스인 지식창출, 지식공유, 지식저장, 지식활용 변인들 중 지식활용만이 '직무능력 향상'에 영향을 미치는 것으로 나타났으며, 그 영향력 정도(R^2)는 44.5% 정도로 매우 높은 것으로 나타났다($p < 0.001$). 이러한 영향정도를 회귀식으로 나타내면

$$Y = 2.435 + 0.495\ X_1\ (Y = 직무능력\ 향상,\ X_1 = 지식활용)$$

이다. 즉, 지식활용 변인의 점수가 1점 정도 향상될 때마다 '직무능력 향상'은 0.495점 정도씩 높아지는 것으로 나타났다.

　또한 500인 이상인 기업의 경우에도 학습조직의 프로세스인 지식창출, 지식공유, 지식저장, 지식활용 변인들 중 지식활용만이 '직무능력 향상'에 영향을 미치는 것으로 나타났으며, 그 영향력 정도(R^2)는 49.5% 정도로 매우 높은 것으로 나타났다($p < 0.001$). 이러한 영향정도를 회귀식으로 나타내면

$$Y = 2.542 + 0.515\ X_1\ (Y = 직무능력\ 향상,\ X_1 = 지식활용)$$

이다. 즉, 지식활용 변인의 점수가 1점 정도 향상될 때마다 '직무능력 향상'은 0.515점 정도씩 높아지는 것으로 나타났다.

따라서 500인 미만인 기업의 경우와 500인 이상인 기업의 경우 모두 개인차원 변인만이 '직무능력 향상'에 영향을 미치는 것으로 나타났다. 그러나 500인 미만과 500인 이상인 두 집단 간에는 통계적으로 유의할 만한 차이에 이르지는 못하였다(Z=0.80⟨1.96).

〈표 Ⅳ-50〉 회사규모별 학습조직 프로세스와 직무능력 향상에 대한 회귀분석 결과

회사 규모	회귀분석 모델 적합성					구분	B	Beta	t	Sig.
	Model	R	R^2	F	Sig.					
500인 미만	1	0.677(a)	0.445	17.668	0.000(a)	상수	2.435		5.332	0.000
						지식활용	0.495	0.667	4.203	0.000
	a독립변수: 지식활용					종속변수: 직무능력 향상				
500인 이상	1	0.703(a)	0.495	23.483	0.000(a)	상수	2.542		5.880	0.000
						지식활용	0.515	0.703	4.846	0.000
	a독립변수: 지식활용					종속변수: 직무능력 향상				

다음으로, 회사규모에 따라 학습조직의 프로세스인 지식창출, 지식공유, 지식저장, 지식활용 변인들이 조직원차원의 성과 중 '직장생활 만족' 변인에 미치는 영향의 차이를 알아보기 위하여 단계적 투입방식을 이용한 다중회귀분석을 실시한 결과는 다음의 〈표 Ⅳ-51〉과 같다.

500인 미만인 기업의 경우 학습조직의 프로세스인 지식창출, 지식공유, 지식저장, 지식활용 변인들 중 지식활용과 지식저장만이 '직장생활 만족'에 영향을 미치는 것으로 나타났으며, 그 영향력 정도(R^2)는 지식활용 한 가지 변인만으로는 26.4% 정도인 것으로 나타났고, 지식활용과 지식저장 두 가지 변인에 의해서는 40.9% 정도로 매우 높은 것으로 나타났다(p⟨0.01). 이러한 영향정도를 회귀식으로 나타내면

$$Y=0.524+0.514\,X_1+0.282\,X_2\,(Y=직장생활\;만족,\;X_1=지식활용,\;X_2=지식저장)$$

이다. 즉, 지식활용 변인의 점수가 1점 정도 향상될 때마다 '직장생활 만족'은 0.514점 정도씩 높아지는 것으로 나타났고, 지식저장 변인의 점수가 1점 정도

182

향상될 때마다 '직장생활 만족'은 0.282점 정도씩 높아지는 것으로 나타났다.

또한 500인 이상인 기업의 경우 학습조직의 프로세스인 지식창출, 지식공유, 지식저장, 지식활용 변인들 중 지식창출만이 '직장생활 만족'에 영향을 미치는 것으로 나타났으며, 그 영향력 정도(R^2)는 38.8% 정도로 높은 것으로 나타났다(p<0.001). 이러한 영향정도를 회귀식으로 나타내면

$$Y = 2.469 + 0.464\ X_1 (Y = 직장생활\ 만족,\ X_1 = 지식창출)$$

이다. 즉, 지식창출 변인의 점수가 1점 정도 향상될 때마다 '직장생활 만족'은 0.464점 정도씩 높아지는 것으로 나타났다.

따라서 500인 미만인 기업의 경우에는 지식활용과 지식저장 변인만이, 500인 이상인 기업의 경우에는 지식창출 변인만이 '직장생활 만족'에 영향을 미치는 것으로 나타났는데, 이러한 이유는 중소기업의 경우 조직의 규모 및 구조면에서 지식창출보다는 다른 조직 및 사람의 지식을 저장하고 활용하는 편이 유리하지만, 이에 비해 대기업의 경우는 일반적으로 지식창출을 할 수 있는 경제적·시간적 여유와 이에 대한 보상시스템 등이 잘 구비되어 있기 때문인 것으로 판단된다.

<표 IV-51> 회사규모별 학습조직 프로세스와 직장생활 만족에 대한 회귀분석 결과

회사 규모	회귀분석 모델 적합성					구분	B	Beta	t	Sig.
	Model	R	R^2	F	Sig.					
500인 미만	1	0.513(a)	0.264	7.874	0.010(a)	상수	1.777		2.347	0.028
						지식활용	0.547	0.513	2.806	0.010
	2	0.639(b)	0.409	7.253	0.004(b)	상수	0.524		0.580	0.561
						지식활용	0.514	0.483	2.866	0.009
						지식저장	0.282	0.382	2.269	0.034
	a독립변수: 지식활용					종속변수: 직장생활 만족				
	b독립변수: 지식활용, 지식저장									
500인 이상	1	0.623(a)	0.388	14.610	0.001(a)	상수	2.469		4.898	0.000
						지식창출	0.464	0.623	3.822	0.001
	a독립변수: 지식창출					종속변수: 직장생활 만족				

다음으로, 회사규모에 따라 학습조직의 프로세스인 지식창출, 지식공유, 지식저장, 지식활용 변인들이 조직원차원의 성과 중 '조직몰입' 변인에 미치는 영향의 차이를 알아보기 위하여 단계적 투입방식을 이용한 다중회귀분석을 실시한 결과는 다음의 〈표 Ⅳ-52〉와 같다.

500인 미만인 기업의 경우 학습조직의 프로세스인 지식창출, 지식공유, 지식저장, 지식활용 변인들 중 지식활용만이 '조직몰입'에 영향을 미치는 것으로 나타났으며, 그 영향력 정도(R^2)는 43.8% 정도로 매우 높은 것으로 나타났다($p < 0.001$). 이러한 영향정도를 회귀식으로 나타내면

$$Y = 1.475 + 0.697\ X_1\,(Y = \text{조직몰입},\ X_1 = \text{지식활용})$$

이다. 즉, 지식활용 변인의 점수가 1점 정도 향상될 때마다 '조직몰입'은 0.697점 정도씩 높아지는 것으로 나타났다.

또한 500인 이상인 기업의 경우 학습조직의 프로세스인 지식창출, 지식공유, 지식저장, 지식활용 변인들 중 지식창출과 지식저장만이 '조직몰입'에 영향을 미치는 것으로 나타났으며, 그 영향력 정도(R^2)는 지식창출 한 가지 변인만으로는 51.5% 정도로 매우 높은 것으로 나타났고, 지식창출과 지식저장 두 가지 변인에 의해서도 59.5% 정도로 매우 높은 것으로 나타났다($p < 0.001$). 이러한 영향정도를 회귀식으로 나타내면

$$Y = 1.896 + 0.451\ X_1 + 0.171\ X_2\,(Y = \text{조직몰입},\ X_1 = \text{지식창출}\ X_2 = \text{지식저장})$$

이다. 즉, 지식창출 변인의 점수가 1점 정도 향상될 때마다 '조직몰입'은 0.451점 정도씩 높아지는 것으로 나타났고, 지식저장 변인의 점수가 1점 정도 향상될 때마다 '조직몰입'은 0.171점 정도씩 높아지는 것으로 나타났다.

따라서 500인 미만인 기업의 경우에는 지식활용 변인만이, 500인 이상인 기업의 경우에는 지식창출과 지식저장 변인만이 '조직몰입'에 영향을 미치는 것으로 나타났는데, 이러한 이유는 중소기업의 경우 조직의 규모 및 구조면에서 지식창출보다는 다른 조직 및 사람의 지식을 활용하는 편이 유리하지만, 이에 비해 대기업의 경우는 일반적으로 지식창출을 할 수 있는 경제적·시간적 여

유와 이에 대한 보상시스템 등이 잘 구비되어 있기 때문인 것으로 판단된다. 이러한 결과는 위에서 살펴본 '직장생활 만족'에 영향을 미치는 변인과 거의 일치하고 있다.

<표 Ⅳ-52> 회사규모별 학습조직 프로세스와 조직몰입에 대한 회귀분석 결과

회사 규모	회귀분석 모델 적합성					구분	B	Beta	t	Sig.
	Model	R	R^2	F	Sig.					
500인 미만	1	0.662(a)	0.438	17.127	0.000(a)	상수	1.475		2.256	0.034
						지식활용	0.697	0.662	4.136	0.000
	a독립변수: 지식활용					종속변수: 조직몰입				
500인 이상	1	0.718(a)	0.515	25.533	0.000(a)	상수	2.515		5.932	0.000
						지식창출	0.506	0.718	5.053	0.000
	2	0.771(b)	0.595	16.876	0.000(b)	상수	1.896		3.855	0.001
						지식창출	0.451	0.639	4.636	0.000
						지식저장	0.171	0.292	2.121	0.045
	a독립변수: 지식창출					종속변수: 조직몰입				
	b독립변수: 지식창출, 지식저장									

다음으로, 회사규모에 따라 학습조직의 프로세스인 지식창출, 지식공유, 지식저장, 지식활용 변인들이 조직차원의 성과 중 '생산성 향상' 변인의 문항인 '노동생산성 증감정도'에 미치는 영향의 차이를 알아보기 위하여 단계적 투입방식을 이용한 다중회귀분석을 실시한 결과는 다음의 <표 Ⅳ-53>과 같다.

500인 미만인 기업의 경우 학습조직의 프로세스인 지식창출, 지식공유, 지식저장, 지식활용 변인들 중 지식공유만이 '노동생산성 증감정도'에 영향을 미치는 것으로 나타났으며, 그 영향력 정도(R^2)는 33.3% 정도로 높은 것으로 나타났다($p < 0.05$). 이러한 영향정도를 회귀식으로 나타내면

$$Y = -15.136 + 5.567 \, X_1 \, (Y = \text{노동생산성 증감정도}, \ X_1 = \text{지식공유})$$

이다. 즉, 지식공유 변인의 점수가 1점 정도 향상될 때마다 '노동생산성 증감정도'는 5.567점 정도씩 높아지는 것으로 나타났다.

또한 500인 이상인 기업의 경우 학습조직의 프로세스인 지식창출, 지식공유, 지식저장, 지식활용 변인들 중 어떤 요인도 '노동생산성 증감정도'에 중요한 영향력을 미치지 못하고 있는 것으로 나타났다.

따라서 500인 미만인 기업의 경우에는 지식공유 변인만이 영향을 미치는 것으로, 500인 이상인 기업의 경우에는 학습조직 프로세스의 어떤 요인도 '노동생산성 증감정도'에 영향을 미치지 못하는 것으로 나타났는데, 이러한 이유는 중소기업의 경우 조직규모 면에서 대기업보다 조직의 단위 및 구성원들 간에 지식과 정보를 신속하고 원활하게, 그리고 자주 공유하는 데 유리하지만, 이에 비해 대기업의 경우는 학습조직 프로세스의 모든 요인이 노동생산성에 복합적으로 작용하고 있기 때문인 것으로 판단된다.

<표 Ⅳ-53> 회사규모별 학습조직 프로세스와 노동생산성 증감정도에 대한 회귀분석 결과

회사 규모	회귀분석 모델 적합성					구분	B	Beta	t	Sig.
	Model	R	R²	F	Sig.					
500인 미만	1	0.577(a)	0.333	7.492	0.015(a)	상수	-15.136		-1.515	0.151
						지식공유	5.567	0.577	2.737	0.015
	a독립변수: 지식공유					종속변수: 노동생산성 증감정도				
500인 이상	'노동생산성 증감정도'에 대하여 학습조직 프로세스의 어떤 요인도 중요한 영향력을 미치지 못하고 있는 것으로 나타났음.									

다음으로, 회사규모에 따라 학습조직의 프로세스인 지식창출, 지식공유, 지식저장, 지식활용 변인들이 조직차원의 성과 중 '생산성 향상' 변인의 문항인 '제조시간 증감'에 미치는 영향의 차이를 알아보기 위하여 단계적 투입방식을 이용한 다중회귀분석을 실시한 결과는 다음의 〈표 Ⅳ-54〉와 같다.

500인 미만인 기업의 경우 학습조직의 프로세스인 지식창출, 지식공유, 지식저장, 지식활용 변인들 중 어떤 요인도 '제조시간 증감'에 중요한 영향력을 미치지 못하고 있는 것으로 나타났다.

또한 500인 이상인 기업의 경우 학습조직의 프로세스인 지식창출, 지식공유, 지식저장, 지식활용 변인들 중 지식창출만이 '제조시간 증감'에 영향을 미치는 것으로 나타났으며, 그 영향력 정도(R^2)는 26.2% 정도인 것으로 나타났다(p⟨0.05). 이러한 영향정도를 회귀식으로 나타내면

$$Y = 0.608 - 0.327\ X_1\ (Y = 제조시간\ 증감,\ X_1 = 지식창출)$$

이다. 즉, 지식창출 변인의 점수가 1점 정도 향상될 때마다 '제조시간 증감'은 0.327점 정도씩 낮아지는 것으로 나타났다.

따라서 500인 미만인 기업의 경우에는 학습조직 프로세스의 어떤 요인도 영향을 미치지 못하는 것으로, 500인 이상인 기업의 경우에는 지식창출 변인만이 '제조시간 증감'에 영향을 미치는 것으로 나타났는데, 이러한 이유는 중소기업의 경우 학습조직 프로세스의 모든 요인들이 제조시간에 복합적으로 작용하고 있지만, 이에 비해 대기업의 경우는 일반적으로 지식창출을 할 수 있는 경제적·시간적 여유와 이에 대한 보상시스템 등이 잘 구비되어 있기 때문인 것으로 판단된다.

<표 IV-54> 회사규모별 학습조직 프로세스와 제조시간 증감에 대한 회귀분석 결과

회사 규모	회귀분석 모델 적합성					구분	B	Beta	t	Sig.
	Model	R	R^2	F	Sig.					
500인 미만	제조시간 증감에 대하여 학습조직 프로세스의 어떤 요인도 중요한 영향력을 미치지 못하고 있는 것으로 나타났음.									
500인 이상	1	0.512(a)	0.262	7.115	0.015(a)	상수	0.608		1.182	0.251
						지식창출	-0.327	-0.512	-2.667	0.015
	a독립변수: 지식창출					종속변수: 제조시간 증감				

다음으로, 회사규모에 따라 학습조직의 프로세스인 지식창출, 지식공유, 지식저장, 지식활용 변인들이 조직차원의 성과 중 '생산성 향상' 변인의 문항인 '제조비용 증감'에 미치는 영향의 차이를 알아보기 위하여 단계적 투입방식을 이용한 다중회귀분석을 실시한 결과는 다음의 〈표 IV-55〉와 같다.

500인 미만인 기업의 경우 학습조직의 프로세스인 지식창출, 지식공유, 지식저장, 지식활용 변인들 중 지식저장만이 '제조비용 증감'에 영향을 미치는 것으로 나타났으며, 그 영향력 정도(R^2)는 23.8% 정도인 것으로 나타났다(p⟨0.05).

이러한 영향정도를 회귀식으로 나타내면

$$Y = 2.900 - 0.461\ X_1\ (Y = 제조비용\ 증감,\ X_1 = 지식저장)$$

이다. 즉, 지식저장 변인의 점수가 1점 정도 향상될 때마다 '제조비용 증감'은 0.461점 정도씩 낮아지는 것으로 나타났다.

또한 500인 이상인 기업의 경우 학습조직의 프로세스인 지식창출, 지식공유, 지식저장, 지식활용 변인들 중 지식저장만이 '제조비용 증감'에 영향을 미치는 것으로 나타났으며, 그 영향력 정도(R^2)는 22.3% 정도인 것으로 나타났다($p < 0.05$). 이러한 영향정도를 회귀식으로 나타내면

$$Y = 1.845 - 0.457\ X_1\ (Y = 제조비용\ 증감,\ X_1 = 지식창출)$$

이다. 즉, 지식창출 변인의 점수가 1점 정도 향상될 때마다 '제조비용 증감'은 0.457점 정도씩 낮아지는 것으로 나타났다.

따라서 500인 미만인 기업의 경우에는 지식저장 변인만이, 500인 이상인 기업의 경우에는 지식창출 변인만이 '제조비용 증감'에 영향을 미치는 것으로 나타났는데, 이러한 이유는 중소기업의 경우 조직의 규모 및 구조면에서 새로운 지식의 창출보다는 이미 창출된 지식을 저장하는 편이 유리하지만, 이에 비해 대기업의 경우는 일반적으로 지식창출을 할 수 있는 경제적·시간적 여유와 이에 대한 보상시스템 등이 잘 구비되어 있기 때문인 것으로 판단된다.

<표 Ⅳ-55> 회사규모별 학습조직 프로세스와 제조비용 증감에 대한 회귀분석 결과

회사 규모	회귀분석 모델 적합성					구분	B	Beta	t	Sig.
	Model	R	R^2	F	Sig.					
500인 미만	1	0.488(a)	0.238	5.617	0.029(a)	상수	2.900		2.946	0.009
						지식저장	-0.461	-0.488	-2.370	0.029
	a독립변수: 지식저장					종속변수: 제조비용 증감				
500인 이상	1	0.473(a)	0.223	6.041	0.023(a)	상수	1.845		2.391	0.026
						지식창출	-0.457	-0.473	-2.458	0.023
	a독립변수: 지식창출					종속변수: 제조비용 증감				

다음으로, 회사규모에 따라 학습조직의 프로세스인 지식창출, 지식공유, 지식저장, 지식활용 변인들이 조직차원의 성과 중 '품질 향상' 변인의 문항인 '크레임률 증감정도'에 미치는 영향의 차이를 알아보기 위하여 단계적 투입방식을 이용한 다중회귀분석을 실시한 결과는 다음의 〈표 Ⅳ-56〉과 같다.

500인 미만인 기업의 경우 학습조직의 프로세스인 지식창출, 지식공유, 지식저장, 지식활용 변인들 중 지식저장만이 '크레임률 증감정도'에 영향을 미치는 것으로 나타났으며, 그 영향력 정도(R^2)는 41.8% 정도로 매우 높은 것으로 나타났다($p < 0.05$). 이러한 영향정도를 회귀식으로 나타내면

$$Y = 32.820 - 8.360\ X_1\ (Y = \text{크레임률 증감정도},\ X_1 = \text{지식저장})$$

이다. 즉, 지식저장 변인의 점수가 1점 정도 향상될 때마다 '크레임률 증감정도'는 8.36점 정도씩 낮아지는 것으로 나타났다.

또한 500인 이상인 기업의 경우 학습조직의 프로세스인 지식창출, 지식공유, 지식저장, 지식활용 변인들 중 어떤 요인도 '크레임률 증감정도'에 중요한 영향력을 미치지 못하고 있는 것으로 나타났다.

따라서 500인 미만인 기업의 경우에는 지식저장 변인만이 영향을 미치는 것으로, 500인 이상인 기업의 경우에는 학습조직 프로세스의 어떤 요인도 '크레임률 증감정도'에 영향을 미치지 못하는 것으로 나타났는데, 이러한 이유는 중소기업의 경우 조직의 규모 및 구조면에서 새로운 지식의 창출보다는 이미 창출된 지식을 저장하는 편이 유리하지만, 이에 비해 대기업의 경우는 학습조직 프로세스의 모든 요인들이 크레임률에 복합적으로 작용하고 있기 때문인 것으로 판단된다.

〈표 Ⅳ-56〉 회사규모별 학습조직 프로세스와 크레임률 증감정도에 대한 회귀분석 결과

회사 규모	회귀분석 모델 적합성					구분	B	Beta	t	Sig.
	Model	R	R^2	F	Sig.					
500인 미만	1	0.646(a)	0.418	7.888	0.017(a)	상수	32.820		2.136	0.056
						지식저장	-8.360	-0.646	-2.808	0.017
	a독립변수: 지식저장					종속변수: 크레임률 증감정도				
500인 이상	'크레임률 증감정도'에 대하여 학습조직 프로세스의 어떤 요인도 중요한 영향력을 미치지 못하고 있는 것으로 나타났음.									

다음으로, 회사규모에 따라 학습조직의 프로세스인 지식창출, 지식공유, 지식저장, 지식활용 변인들이 조직차원의 성과 중 '품질 향상' 변인의 문항인 '설계품질 수준'에 미치는 영향의 차이를 알아보기 위하여 단계적 투입방식을 이용한 다중회귀분석을 실시한 결과는 다음의 〈표 Ⅳ-57〉과 같다.

500인 미만인 기업의 경우 학습조직의 프로세스인 리더십, 지식공유, 지식저장, 지식활용 변인들 중 지식공유만이 '설계품질 수준'에 영향을 미치는 것으로 나타났으며, 그 영향력 정도(R^2)는 17.9% 정도인 것으로 나타났다($p < 0.05$). 이러한 영향정도를 회귀식으로 나타내면

$$Y = 3.563 + 0.405\ X_1 \quad (Y = 설계품질\ 수준,\ X_1 = 지식공유)$$

이다. 즉, 지식공유 변인의 점수가 1점 정도 향상될 때마다 '설계품질 수준'은 0.405점 정도씩 높아지는 것으로 나타났다.

또한 500인 이상인 기업의 경우 학습조직 프로세스인 지식창출, 지식공유, 지식저장, 지식활용 변인들 중 어떤 요인도 '설계품질 수준'에 중요한 영향력을 미치지 못하고 있는 것으로 나타났다.

따라서 500인 미만인 기업의 경우에는 지식공유 변인만이 영향을 미치는 것으로, 500인 이상인 기업의 경우에는 학습조직 프로세스의 어떤 요인도 '설계품질 수준'에 영향을 미치지 못하는 것으로 나타났는데, 이러한 이유는 중소기업의 경우 조직규모 면에서 대기업보다 조직의 단위 및 구성원들 간에 지식과 정보를 신속하고 원활하게, 그리고 자주 공유하는 데 유리하지만, 이에 비해 대기업의 경우는 학습조직 프로세스의 모든 요인들이 설계품질에 복합적으로 작용하고 있기 때문인 것으로 판단된다.

〈표 Ⅳ-57〉 회사규모별 학습조직 프로세스와 설계품질 수준에 대한 회귀분석 결과

회사 규모	회귀분석 모델 적합성					구분	B	Beta	t	Sig.
	Model	R	R^2	F	Sig.					
500인 미만	1	0.423(a)	0.179	4.791	0.040(a)	상수	3.563		4.095	0.000
						지식공유	0.405	0.423	2.189	0.040
	a독립변수: 지식공유					종속변수: 설계품질 수준				
500인 이상	'설계품질 수준'에 대하여 학습조직 프로세스의 어떤 요인도 중요한 영향력을 미치지 못하고 있는 것으로 나타났음.									

다음으로, 회사규모에 따라 학습조직의 프로세스인 지식창출, 지식공유, 지식저장, 지식활용 변인들이 조직차원의 성과 중 '생산혁신' 변인의 문항인 '생산혁신 수준'에 미치는 영향의 차이를 알아보기 위하여 단계적 투입방식을 이용한 다중회귀분석을 실시한 결과는 다음의 〈표 Ⅳ-58〉과 같다.

500인 미만인 기업의 경우 학습조직의 프로세스인 지식창출, 지식공유, 지식저장, 지식활용 변인들 중 지식공유만이 '생산혁신 수준'에 영향을 미치는 것으로 나타났으며, 그 영향력 정도(R^2)는 65.3% 정도로 매우 높은 것으로 나타났다(p<0.001). 이러한 영향정도를 회귀식으로 나타내면

$$Y = 0.462 + 0.846 \; X_1 (Y = 생산혁신 \; 수준, \; X_1 = 지식공유)$$

이다. 즉, 지식공유 변인의 점수가 1점 정도 향상될 때마다 '생산혁신 수준'은 0.846점 정도씩 높아지는 것으로 나타났다.

또한 500인 이상인 기업의 경우 학습조직의 프로세스인 지식창출, 지식공유, 지식저장, 지식활용 변인들 중 지식공유와 지식저장만이 '생산혁신 수준'에 영향을 미치는 것으로 나타났으며, 그 영향력 정도(R^2)는 지식공유 한 가지 변인만으로는 24.5% 정도인 것으로 나타났고, 지식창출과 지식저장 두 가지 변인에 의해서는 39.4% 정도로 높은 것으로 나타났다(p<0.01). 이러한 영향정도를 회귀식으로 나타내면

$$Y = 0.405 + 0.510 \; X_1 + 0.386 \; X_2 (Y = 생산혁신 \; 수준, \; X_1 = 지식공유, \; X_2 = 지식저장)$$

이다. 즉, 지식공유 변인의 점수가 1점 정도 향상될 때마다 '생산혁신 수준'은 0.51점 정도씩 높아지는 것으로 나타났고, 지식저장 변인의 점수가 1점 정도 향상될 때마다 '생산혁신 수준'은 0.386점 정도씩 높아지는 것으로 나타났다.

따라서 500인 미만인 기업의 경우에는 지식공유 변인만이, 500인 이상인 기업의 경우에는 지식공유와 지식저장 변인만이 '생산혁신 수준'에 영향을 미치는 것으로 나타났는데, 이러한 결과는 조직의 단위 및 구성원들 간에 지식과 정보를 신속하고 원활하게, 그리고 자주 공유하는 것이 대기업이든 중소기업이든 기업의 규모에 관계없이 생산혁신을 하는 데 매우 중요한 요인이기 때문인 것으로 판단된다.

<표 IV-58> 회사규모별 학습조직 프로세스와 생산혁신 수준에 대한 회귀분석 결과

회사 규모	회귀분석 모델 적합성					구분	B	Beta	t	Sig.
	Model	R	R²	F	Sig.					
500인 미만	1	0.808(a)	0.653	41.490	0.000(a)	상수	0.462		0.749	0.468
						지식공유	0.846	0.808	6.441	0.000
	a독립변수: 지식공유					종속변수: 생산혁신 수준				
500인 이상	1	0.495(a)	0.245	7.807	0.010(a)	상수	1.718		1.541	0.136
						지식공유	0.633	0.495	2.794	0.010
	2	0.627(b)	0.394	7.462	0.003(b)	상수	0.405		0.349	0.730
						지식공유	0.510	0.399	2.382	0.026
						지식저장	0.386	0.397	2.370	0.027
	a독립변수: 지식공유 b독립변수: 지식공유, 지식저장					종속변수: 생산혁신 수준				

그 밖에, 회사규모별로 학습조직 프로세스와 학습성과 중 '재고회전율 증감 정도', '공정불량률 증감정도', '1인당 생산혁신 제안건수', '1분임조당 활동횟수' 등의 변인에 대한 회귀분석 결과, 500인 미만의 기업과 500인 이상의 기업 모두에서 학습조직 프로세스의 모든 요인들이 중요한 영향력 요인에서 탈락하여, 어떤 요인도 중요한 영향력을 미치지 못하고 있는 것으로 나타났다.

(2) 회사 설립년도별 차이 분석

회사 설립년도에 따라 독립변수들이 종속변수에 미치는 영향의 차이를 알아보기 위하여 단계적 투입방식(stepwise)을 이용한 다중회귀분석(Multiple Regression)을 실시한 결과는 다음과 같다.

① 회사 설립년도별 학습조직 영역과 학습성과의 상호관계성

먼저 회사 설립년도에 따라 학습조직의 영역인 개인차원, 업무차원, 조직차원, 환경차원 변인들이 조직원차원의 성과 중 '직무능력 향상' 변인에 미치는 영향의 차이를 알아보기 위하여 단계적 투입방식을 이용한 다중회귀분석을 실시한 결과는 다음의 〈표 IV-59〉와 같다.

1980년 이전에 설립된 기업의 경우 학습조직의 영역인 개인차원, 업무차원, 조직차원, 환경차원 변인들 중 개인차원만이 '직무능력 향상'에 영향을 미치는 것으로 나타났으며, 그 영향력 정도(R^2)는 50.4% 정도로 매우 높은 것으로 나타났다(p<0.001). 이러한 영향정도를 회귀식으로 나타내면

$$Y = 1.477 + 0.668 \ X_1 \ (Y = 직무능력 \ 향상, \ X_1 = 개인차원)$$

이다. 즉, 개인차원 변인의 점수가 1점 정도 향상될 때마다 '직무능력 향상'은 0.668점 정도씩 높아지는 것으로 나타났다.

또한 1981년 이후에 설립된 기업의 경우에도 학습조직의 영역인 개인차원, 업무차원, 조직차원, 환경차원 변인들 중 개인차원만이 '직무능력 향상'에 영향을 미치는 것으로 나타났으며, 그 영향력 정도(R^2)는 78.4% 정도로 매우 높은 것으로 나타났다(p<0.001). 이러한 영향정도를 회귀식으로 나타내면

$$Y = 0.915 + 0.802 \ X_1 \ (Y = 직무능력 \ 향상, \ X_1 = 개인차원)$$

이다. 즉, 개인차원 변인의 점수가 1점 정도 향상될 때마다 '직무능력 향상'은 0.802점 정도씩 높아지는 것으로 나타났다.

따라서 1981년 이후에 설립된 기업의 경우가 1980년 이전에 설립된 기업의 경우보다 개인차원 변인의 점수가 1점 정도 향상될 때마다 '직무능력 향상'의 정도가 좀더 높아진다고 할 수 있는데(Z=5.87>1.96), 이러한 이유는 1981년 이후에 설립된 기업의 경우 1980년 이전에 설립된 기업보다 지식정보화사회에 대비하여 조직구성원 개개인의 역량을 강조하고 있어 개인차원의 학습이 더욱 활발하게 이루어지고 있기 때문인 것으로 판단된다.

<표 IV-59> 회사 설립년도별 학습조직 영역과 직무능력 향상에 대한 회귀분석 결과

회사설립년도	회귀분석 모델 적합성					구분	B	Beta	t	Sig.
	Model	R	R^2	F	Sig.					
1980년 이전	1	0.710(a)	0.504	31.439	0.000(a)	상수	1.477		2.786	0.009
						개인차원	0.668	0.710	5.607	0.000
	a독립변수: 개인차원					종속변수: 직무능력 향상				
1981년 이후	1	0.886(a)	0.784	54.544	0.000(a)	상수	0.915		1.843	0.085
						개인차원	0.802	0.886	7.385	0.000
	a독립변수: 개인차원					종속변수: 직무능력 향상				

다음으로, 회사 설립년도에 따라 학습조직의 영역인 개인차원, 업무차원, 조직차원, 환경차원 변인들이 조직원차원의 성과 중 '직장생활 만족' 변인에 미치는 영향의 차이를 알아보기 위하여 단계적 투입방식을 이용한 다중회귀분석을 실시한 결과는 다음의 〈표 Ⅳ-60〉과 같다.

1980년 이전에 설립된 기업의 경우 학습조직의 영역인 개인차원, 업무차원, 조직차원, 환경차원 변인들 중 업무차원만이 '직장생활 만족'에 영향을 미치는 것으로 나타났으며, 그 영향력 정도(R^2)는 31.4% 정도로 높은 것으로 나타났다($p < 0.001$). 이러한 영향정도를 회귀식으로 나타내면

$$Y = 0.562 + 0.771\ X_1\ (Y = 직장생활\ 만족,\ X_1 = 업무차원)$$

이다. 즉, 업무차원 변인의 점수가 1점 정도 향상될 때마다 '직장생활 만족'은 0.771점 정도씩 높아지는 것으로 나타났다.

또한 1981년 이후에 설립된 기업의 경우에도 학습조직의 영역인 개인차원, 업무차원, 조직차원, 환경차원 변인들 중 업무차원만이 '직장생활 만족'에 영향을 미치는 것으로 나타났으며, 그 영향력 정도(R^2)는 49.7% 정도로 매우 높은 것으로 나타났다($p < 0.01$). 이러한 영향정도를 회귀식으로 나타내면

$$Y = 0.877 + 0.713\ X_1\ (Y = 직장생활\ 만족,\ X_1 = 업무차원)$$

이다. 즉, 업무차원 변인의 점수가 1점 정도 향상될 때마다 '직장생활 만족'은 0.713점 정도씩 높아지는 것으로 나타났다.

따라서 1980년 이전에 설립된 기업의 경우가 1981년 이후에 설립된 기업의 경우보다 업무차원 변인의 점수가 1점 정도 향상될 때마다 '직장생활 만족'의 정도가 좀더 높아진다고 할 수 있는데($Z = 2.64 > 1.96$), 이러한 이유는 1980년 이전에 설립된 기업의 경우 1981년 이후에 설립된 기업보다 부서원 상호간 협력적인 팀워크를 중시하는 경향이 강하였기 때문인 것으로 판단된다.

<표 IV-60> 회사 설립년도별 학습조직 영역과 직장생활 만족에 대한 회귀분석 결과

회사설립년도	회귀분석 모델 적합성					구분	B	Beta	t	Sig.
	Model	R	R^2	F	Sig.					
1980년 이전	1	0.560(a)	0.314	13.700	0.001(a)	상수	0.562		0.583	0.564
						업무차원	0.771	0.560	3.701	0.001
	a독립변수: 업무차원					종속변수: 직장생활 만족				
1981년 이후	1	0.705(a)	0.497	14.838	0.002(a)	상수	0.877		1.003	0.332
						업무차원	0.713	0.705	3.852	0.002
	a독립변수: 업무차원					종속변수: 직장생활 만족				

다음으로, 회사 설립년도에 따라 학습조직의 영역인 개인차원, 업무차원, 조직차원, 환경차원 변인들이 조직원차원의 성과 중 '조직몰입' 변인에 미치는 영향의 차이를 알아보기 위하여 단계적 투입방식을 이용한 다중회귀분석을 실시한 결과는 다음의 〈표 IV-61〉과 같다.

1980년 이전에 설립된 기업의 경우 학습조직의 영역인 개인차원, 업무차원, 조직차원, 환경차원 변인들 중 개인차원만이 '조직몰입'에 영향을 미치는 것으로 나타났으며, 그 영향력 정도(R^2)는 34.1% 정도로 높은 것으로 나타났다(p<0.001). 이러한 영향정도를 회귀식으로 나타내면

$$Y = 1.352 + 0.671\, X_1\, (Y = 조직몰입,\ X_1 = 개인차원)$$

이다. 즉, 개인차원 변인의 점수가 1점 정도 향상될 때마다 '조직몰입'은 0.671점 정도씩 높아지는 것으로 나타났다.

또한 1981년 이후에 설립된 기업의 경우 학습조직의 영역인 개인차원, 업무차원, 조직차원, 환경차원 변인들 중 업무차원만이 '조직몰입'에 영향을 미치는 것으로 나타났으며, 그 영향력 정도(R^2)는 55.5% 정도로 매우 높은 것으로 나타났다(p<0.001). 이러한 영향정도를 회귀식으로 나타내면

$$Y = 1.175 + 0.718\, X_1\, (Y = 조직몰입,\ X_1 = 업무차원)$$

이다. 즉, 업무차원 변인의 점수가 1점 정도 향상될 때마다 '조직몰입'은 0.718점 정도씩 높아지는 것으로 나타났다.

따라서 1980년 이전에 설립된 기업의 경우에는 개인차원의 변인만이, 1981년 이후에 설립된 기업의 경우에는 업무차원의 변인만이 '조직몰입'에 영향을 미치는 것으로 나타났는데, 이러한 이유는 1980년 이전에 설립된 기업의 경우 교육이나 연수 등 집단적으로 학습하는 경향이 많으므로 개인차원의 학습에 대한 욕구가 강하지만, 이에 비해 1981년 이후에 설립된 기업의 경우는 집단적인 학습보다는 주로 개별적으로 학습하는 경향이 많으므로 업무차원의 학습에 대한 욕구가 강하기 때문인 것으로 판단된다.

<표 IV-61> 회사 설립년도별 학습조직 영역과 조직몰입에 대한 회귀분석 결과

회사설립년도	회귀분석 모델 적합성					구분	B	Beta	t	Sig.
	Model	R	R^2	F	Sig.					
1980년 이전	1	0.584(a)	0.341	16.057	0.000(a)	상수	1.352		1.816	0.079
						개인차원	0.671	0.584	4.007	0.000
	a독립변수: 개인차원					종속변수: 조직몰입				
1981년 이후	1	0.745(a)	0.555	18.683	0.001(a)	상수	1.175		1.496	0.155
						업무차원	0.718	0.745	4.322	0.001
	a독립변수: 업무차원					종속변수: 조직몰입				

다음으로, 회사 설립년도에 따라 학습조직의 영역인 개인차원, 업무차원, 조직차원, 환경차원 변인들이 조직차원의 성과 중 '생산성 향상' 변인의 문항인 '제조비용 증감'에 미치는 영향의 차이를 알아보기 위하여 단계적 투입방식을 이용한 다중회귀분석을 실시한 결과는 다음의 〈표 IV-62〉와 같다.

1980년 이전에 설립된 기업의 경우 학습조직의 영역인 개인차원, 업무차원, 조직차원, 환경차원 변인들 중 어떤 요인도 '제조비용 증감'에 중요한 영향력을 미치지 못하고 있는 것으로 나타났다.

또한 1981년 이후에 설립된 기업의 경우 학습조직의 영역인 개인차원, 업무차원, 조직차원, 환경차원 변인들 중 업무차원만이 '제조비용 증감'에 영향을 미치는 것으로 나타났으며, 그 영향력 정도(R^2)는 62.6% 정도로 매우 높은 것으로 나타났다(p<0.001). 이러한 영향정도를 회귀식으로 나타내면

196

$$Y = 4.720 - 0.995\ X_1\ (Y = 제조비용\ 증감,\ X_1 = 업무차원)$$

이다. 즉, 업무차원 변인의 점수가 1점 정도 향상될 때마다 '제조비용 증감'은 0.995점 정도씩 낮아지는 것으로 나타났다.

따라서 1980년 이전에 설립된 기업의 경우에는 학습조직 영역의 어떤 요인도 영향을 미치지 않는 것으로, 1981년 이후에 설립된 기업의 경우에는 업무차원 변인만이 '제조비용 증감'에 영향을 미치는 것으로 나타났는데, 이러한 이유는 1980년 이전에 설립된 기업의 경우 학습조직 영역의 모든 요인들이 제조비용에 복합적으로 작용하고 있지만, 이에 비해 1981년 이후에 설립된 기업의 경우는 빈약한 경험과 지식의 축적으로 부서원 상호간 협력적인 상호작용과 탐구활동이 요구되기 때문인 것으로 판단된다.

<표 Ⅳ-62> 회사 설립년도별 학습조직 영역과 제조비용 증감에 대한 회귀분석 결과

회사설립년도	회귀분석 모델 적합성					구분	B	Beta	t	Sig.
	Model	R	R^2	F	Sig.					
1980년 이전	'제조비용 증감'에 대하여 학습조직 영역의 어떤 요인도 중요한 영향력을 미치지 못하고 있는 것으로 나타났음.									
1981년 이후	1	0.791(a)	0.626	20.043	0.001(a)	상수	4.720		4.415	0.001
						업무차원	-0.995	-0.791	-4.477	0.001
	a독립변수: 업무차원					종속변수: 제조비용 증감				

다음으로, 회사 설립년도에 따라 학습조직의 영역인 개인차원, 업무차원, 조직차원, 환경차원 변인들이 조직차원의 성과 중 '품질 향상' 변인의 문항인 '공정불량률 증감정도'에 미치는 영향의 차이를 알아보기 위하여 단계적 투입방식을 이용한 다중회귀분석을 실시한 결과는 다음의 〈표 Ⅳ-63〉과 같다.

1980년 이전에 설립된 기업의 경우 학습조직의 영역인 개인차원, 업무차원, 조직차원, 환경차원 변인들 중 조직차원만이 '공정불량률 증감정도'에 영향을 미치는 것으로 나타났으며, 그 영향력 정도(R^2)는 17.8% 정도인 것으로 나타났다($p < 0.05$). 이러한 영향정도를 회귀식으로 나타내면

$$Y = 26.712 - 7.886\ X_1\ (Y = 공정불량률\ 증감정도,\ X_1 = 조직차원)$$

이다. 즉, 조직차원 변인의 점수가 1점 정도 향상될 때마다 '공정불량률 증감정도'는 7.886점 정도씩 낮아지는 것으로 나타났다.

또한 1981년 이후에 설립된 기업의 경우 학습조직의 영역인 개인차원, 업무차원, 조직차원, 환경차원 변인들 중 어떤 요인도 '공정불량률 증감정도'에 중요한 영향력을 미치지 못하고 있는 것으로 나타났다.

따라서 1980년 이전에 설립된 기업의 경우에는 조직차원 변인만이 영향을 미치는 것으로, 1981년 이후에 설립된 기업의 경우에는 학습조직 영역의 어떤 요인도 '공정불량률 증감정도'에 영향을 미치지 못하는 것으로 나타났는데, 이러한 이유는 1980년 이전에 설립된 기업의 경우 오랜 경험과 지식의 축적으로 조직차원에서 요구되는 학습메커니즘을 만들고 활성화시키는 것이 유리하지만, 이에 비해 1981년 이후에 설립된 기업의 경우는 학습조직 영역의 모든 요인들이 공정불량률에 복합적으로 작용하기 때문인 것으로 판단된다.

<표 Ⅳ-63> 회사 설립년도별 학습조직 영역과 공정불량률 증감정도에 대한 회귀분석 결과

회사설립년도	회귀분석 모델 적합성					구분	B	Beta	t	Sig.
	Model	R	R^2	F	Sig.					
1980년 이전	1	0.422(a)	0.178	4.777	0.040(a)	상수	26.712		1.583	0.128
						조직차원	-7.886	-0.422	-2.186	0.040
	a독립변수: 조직차원					종속변수: 공정불량률 증감정도				
1981년 이후	'공정불량률 증감정도'에 대하여 학습조직 영역의 어떤 요인도 중요한 영향력을 미치지 못하고 있는 것으로 나타났음.									

다음으로, 회사 설립년도에 따라 학습조직의 영역인 개인차원, 업무차원, 조직차원, 환경차원 변인들이 조직차원의 성과 중 '품질 향상' 변인의 문항인 '설계품질 수준'에 미치는 영향의 차이를 알아보기 위하여 단계적 투입방식을 이용한 다중회귀분석을 실시한 결과는 다음의 〈표 Ⅳ-64〉와 같다.

1980년 이전에 설립된 기업의 경우 학습조직의 영역인 개인차원, 업무차원, 조직차원, 환경차원 중 조직차원만이 '설계품질 수준'에 영향을 미치는 것으로 나타났으며, 그 영향력 정도(R^2)는 22.8% 정도인 것으로 나타났다($p<0.01$). 이

러한 영향정도를 회귀식으로 나타내면

$$Y = 3.068 + 0.524 \ X_1 (Y = 설계품질 \ 수준, \ X_1 = 조직차원)$$

이다. 즉, 조직차원 변인의 점수가 1점 정도 향상될 때마다 '설계품질 수준'은 0.524점 정도씩 높아지는 것으로 나타났다.

또한 1981년 이후에 설립된 기업의 경우 학습조직의 영역인 개인차원, 업무차원, 조직차원, 환경차원 변인들 중 어떤 요인도 '설계품질 수준'에 중요한 영향력을 미치지 못하고 있는 것으로 나타났다.

따라서 1980년 이전에 설립된 기업의 경우에는 조직차원 변인만이 영향을 미치는 것으로, 1981년 이후에 설립된 기업의 경우에는 학습조직 영역 의 어떤 요인도 '설계품질 수준'에 영향을 미치지 못하는 것으로 나타났는데, 이러한 이유는 1980년 이전에 설립된 기업의 경우 오랜 경험과 지식의 축적으로 조직차원에서 요구되는 학습메커니즘을 만들고 활성화시키는 것이 유리하지만, 이에 비해 1981년 이후에 설립된 기업의 경우는 학습조직 영역의 모든 요인들이 설계품질에 복합적으로 작용하기 때문인 것으로 판단된다. 이러한 결과는 위에서 살펴본 '공정불량률 증감정도'에 영향을 미치는 변인과 일치하고 있다.

<표 Ⅳ-64> 회사 설립년도별 학습조직 영역과 설계품질 수준에 대한 회귀분석 결과

회사 규모	회귀분석 모델 적합성					구분	B	Beta	t	Sig.
	Model	R	R²	F	Sig.					
1980년 이전	1	0.477(a)	0.228	9.137	0.005(a)	상수	3.068		3.758	0.001
						조직차원	0.524	0.477	3.023	0.005
	a독립변수: 조직차원					종속변수: 설계품질 수준				
1981년 이후	'설계품질 수준'에 대하여 학습조직 영역의 어떤 요인도 중요한 영향력을 미치지 못하고 있는 것으로 나타났음.									

다음으로, 회사 설립년도에 따라 학습조직의 영역인 개인차원, 업무차원, 조직차원, 환경차원 변인들이 조직차원의 성과 중 '생산혁신' 변인의 문항인 '1인당 생산혁신 제안건수'에 미치는 영향의 차이를 알아보기 위하여 단계적 투입

방식을 이용한 다중회귀분석을 실시한 결과는 다음의 〈표 Ⅳ-65〉와 같다.

1980년 이전에 설립된 기업의 경우 학습조직의 영역인 개인차원, 업무차원, 조직차원, 환경차원 변인들 중 조직차원만이 '1인당 생산혁신 제안건수'에 영향을 미치는 것으로 나타났으며, 그 영향력 정도(R^2)는 18.5% 정도인 것으로 나타났다(p<0.05). 이러한 영향정도를 회귀식으로 나타내면

$Y = -7.855 + 2.372 \ X_1$ (Y = 1인당 생산혁신 제안건수, X_1 = 조직차원)

이다. 즉, 조직차원 변인의 점수가 1점 정도 향상될 때마다 '1인당 생산혁신 제안건수'는 2.372건 정도씩 늘어나는 것으로 나타났다.

또한 1981년 이후에 설립된 기업의 경우 학습조직의 영역인 개인차원, 업무차원, 조직차원, 환경차원 변인들 중 어떤 요인도 '1인당 생산혁신 제안건수'에 중요한 영향력을 미치지 못하고 있는 것으로 나타났다.

따라서 1980년 이전에 설립된 기업의 경우에는 조직차원 변인만이 영향을 미치는 것으로, 1981년 이후에 설립된 기업의 경우에는 학습조직 영역의 어떤 요인도 '1인당 생산혁신 제안횟수'에 영향을 미치지 못하는 것으로 나타났는데, 이러한 이유는 1980년 이전에 설립된 기업의 경우 오랜 경험과 지식의 축적으로 조직차원에서 요구되는 학습메커니즘을 만들고 활성화시키는 것이 유리하지만, 이에 비해 1981년 이후에 설립된 기업의 경우는 학습조직 영역의 모든 요인들이 생산혁신 제안건수에 복합적으로 작용하기 때문인 것으로 판단된다. 이러한 결과는 위에서 살펴본 '설계품질 수준'에 영향을 미치는 변인과 일치하고 있다.

〈표 Ⅳ-65〉 회사 설립년도별 학습조직 영역과 1인당 생산혁신 제안건수에 대한 회귀분석 결과

회사 규모	회귀분석 모델 적합성					구분	B	Beta	t	Sig.
	Model	R	R^2	F	Sig.					
1980년 이전	1	0.430(a)	0.185	5.886	0.023(a)	상수	-7.855		-1.680	0.105
						조직차원	2.372	0.430	2.426	0.023
	a독립변수: 조직차원					종속변수: 1인당 생산혁신 제안건수				
1981년 이후	'1인당 생산혁신 제안건수'에 대하여 학습조직 영역의 어떤 요인도 중요한 영향력을 미치지 못하고 있는 것으로 나타났음.									

다음으로, 회사 설립년도에 따라 학습조직의 영역인 개인차원, 업무차원, 조직차원, 환경차원 변인들이 조직차원의 성과 중 '생산혁신' 변인의 문항인 '생산혁신 수준'에 미치는 영향의 차이를 알아보기 위하여 단계적 투입방식을 이용한 다중회귀분석을 실시한 결과는 다음의 〈표 Ⅳ-66〉과 같다.

1980년 이전에 설립된 기업의 경우 학습조직의 영역인 개인차원, 업무차원, 조직차원, 환경차원 변인들 중 조직차원과 환경차원만이 '생산혁신 수준'에 영향을 미치는 것으로 나타났으며, 그 영향력 정도(R^2)는 조직차원 한 가지 변인만으로는 40.7% 정도로 매우 높은 것으로 나타났고, 조직차원과 환경차원 두 가지 변인에 의해서도 48.7% 정도로 매우 높은 것으로 나타났다($p < 0.001$). 이러한 영향정도를 회귀식으로 나타내면

$$Y = -0.396 + 0.667 \, X_1 + 0.411 \, X_2 \quad (Y = \text{생산혁신 수준}, \ X_1 = \text{조직차원}, \ X_2 = \text{환경차원})$$

이다. 즉, 조직차원 변인의 점수가 1점 정도 향상될 때마다 '생산혁신 수준'은 0.667점 정도씩 높아지는 것으로 나타났고, 환경차원 변인의 점수가 1점 정도 향상될 때마다 '생산혁신 수준'은 0.411점 정도씩 높아지는 것으로 나타났다.

또한 1981년 이후에 설립된 기업의 경우 학습조직의 영역인 개인차원, 업무차원, 조직차원, 환경차원 변인들 중 조직차원만이 '생산혁신 수준'에 영향을 미치는 것으로 나타났으며, 그 영향력 정도(R^2)는 67.0% 정도로 매우 높은 것으로 나타났다($p < 0.001$). 이러한 영향정도를 회귀식으로 나타내면

$$Y = -0.231 + 0.985 \, X_1 \quad (Y = \text{생산혁신 수준}, \ X_1 = \text{조직차원})$$

이다. 즉, 조직차원 변인의 점수가 1점 정도 향상될 때마다 '생산혁신 수준'은 0.985점 정도씩 높아지는 것으로 나타났다.

따라서 1980년 이전에 설립된 기업의 경우에는 조직차원과 환경차원 변인만이, 1981년 이후에 설립된 기업의 경우에는 조직차원 변인만이 '생산혁신 수준'에 영향을 미치는 것으로 나타났는데, 이러한 결과는 조직차원에서 요구되는 학습메커니즘을 형성하고 활성화시키는 것이 설립이 오래된 기업이든 그렇지 않는 기업이든 기업의 설립년도에 관계없이 생산혁신을 하는 데 매우 중요한 요인이기 때문인 것으로 판단된다.

<표 IV-66> 회사 설립년도별 학습조직 영역과 생산혁신 수준에 대한 회귀분석 결과

회사 규모	회귀분석 모델 적합성					구분	B	Beta	t	Sig.
	Model	R	R^2	F	Sig.					
1980년 이전	1	0.638(a)	0.407	21.308	0.000(a)	상수	0.360		0.388	0.701
						조직차원	0.905	0.638	4.616	0.000
	2	0.698(b)	0.487	14.217	0.000(b)	상수	-0.396		-0.418	0.679
						조직차원	0.667	0.470	3.086	0.004
						환경차원	0.411	0.328	2.152	0.040
	a독립변수: 조직차원					종속변수: 생산혁신 수준				
	b독립변수: 조직차원, 환경차원									
1981년 이후	1	0.819(a)	0.670	30.466	0.000(a)	상수	-0.231		-0.262	0.797
						조직차원	0.985	0.819	5.520	0.000
	a독립변수: 조직차원					종속변수: 생산혁신 수준				

그 밖에, 회사 설립년도별로 학습조직의 영역과 학습성과 중 '노동생산성 증감정도', '재고회전율 증감정도', '제조시간 증감', '크레임률 증감정도', '1분임조당 활동횟수' 등의 변인에 대한 회귀분석 결과, 1980년 이전에 설립된 기업과 1981년 이후에 설립된 모두에서 학습조직 영역의 모든 요인들이 중요한 영향력 요인에서 탈락하여, 어떤 요인도 중요한 영향력을 미치지 못하고 있는 것으로 나타났다.

② 회사 설립년도별 학습조직 지원시스템과 학습성과의 상호관계성

회사 설립년도에 따라 학습조직의 지원시스템인 리더십, 정보시스템, 보상시스템, 조직의 구조 변인들이 조직원차원의 성과 중 '직장생활 만족' 변인 에 미치는 영향의 차이를 알아보기 위하여 단계적 투입방식을 이용한 다중회귀분석을 실시한 결과는 다음의 〈표 IV-67〉과 같다.

1980년 이전에 설립된 기업의 경우 학습조직의 지원시스템인 리더십, 정보시스템, 보상시스템, 조직의 구조 변인들 중 보상시스템만이 '직장생활 만족'에 영향을 미치는 것으로 나타났으며, 그 영향력 정도(R^2)는 31.0% 정도로 높은 것으로 나타났다(p<0.001). 이러한 영향정도를 회귀식으로 나타내면

$$Y = 2.590 + 0.334\ X_1\ (Y = \text{직장생활 만족}, X_1 = \text{보상시스템})$$

이다. 즉, 보상시스템 변인의 점수가 1점 정도 향상될 때마다 '직장생활 만족'은 0.334점 정도씩 높아지는 것으로 나타났다.

또한 1981년 이후에 설립된 기업의 경우 학습조직의 지원시스템인 리더십, 정보시스템, 보상시스템, 조직의 구조 변인들 중 리더십만이 '직장생활 만족'에 영향을 미치는 것으로 나타났으며, 그 영향력 정도(R^2)는 32.0% 정도로 높은 것으로 나타났다($p < 0.05$). 이러한 영향정도를 회귀식으로 나타내면

$$Y = 1.916 + 0.474\ X_1\ (Y = \text{직장생활 만족}, X_1 = \text{리더십})$$

이다. 즉, 리더십 변인의 점수가 1점 정도 향상될 때마다 '직장생활 만족'은 0.474점 정도씩 높아지는 것으로 나타났다.

따라서 1980년 이전에 설립된 기업의 경우에는 보상시스템 변인만이, 1981년 이후에 설립된 기업의 경우에는 리더십 변인만이 '직장생활 만족'에 영향을 미치는 것으로 나타났는데, 이러한 이유는 1980년 이전에 설립된 기업의 경우 일반적으로 조직의 구조가 잘 구비되어 있으므로 평가/보상 시스템을 구축하고 유지하는 능력이 있을 수 있지만, 이에 비해 1981년 이후에 설립된 기업의 경우는 설립된 기간이 짧은 관계로 조직의 구조가 빈약하므로 리더의 역할이 중요시되고 있기 때문인 것으로 판단된다.

<표 IV-67> 회사 설립년도별 학습조직 지원시스템과 직장생활 만족에 대한 회귀분석 결과

회사 규모	회귀분석 모델 적합성					구분	B	Beta	t	Sig.
	Model	R	R^2	F	Sig.					
1980년 이전	1	0.557(a)	0.310	13.478	0.001(a)	상수	2.590		6.043	0.000
						보상시스템	0.334	0.557	3.671	0.001
	a독립변수: 보상시스템					종속변수: 직장생활 만족				
1981년 이후	1	0.565(a)	0.320	7.052	0.018(a)	상수	1.916		2.188	0.045
						리더십	0.474	0.565	2.656	0.018
	a독립변수: 리더십					종속변수: 직장생활 만족				

다음으로, 회사 설립년도에 따라 학습조직의 지원시스템인 리더십, 정보시스템, 보상시스템, 조직의 구조 변인들이 조직원차원의 성과 중 '조직몰입' 변인에 미치는 영향의 차이를 알아보기 위하여 단계적 투입방식을 이용한 다중회귀분석을 실시한 결과는 다음의 〈표 IV-68〉과 같다.

1980년 이전에 설립된 기업의 경우 학습조직의 지원시스템인 리더십, 정보시스템, 보상시스템, 조직의 구조 변인들 중 보상시스템만이 '조직몰입'에 영향을 미치는 것으로 나타났으며, 그 영향력 정도(R^2)는 27.0% 정도인 것으로 나타났다($p < 0.01$). 이러한 영향정도를 회귀식으로 나타내면

$$Y = 2.974 + 0.290 \, X_1 \,(Y = 조직몰입, \, X_1 = 보상시스템)$$

이다. 즉, 보상시스템 변인의 점수가 1점 정도 향상될 때마다 '조직몰입'은 0.290점 정도씩 높아지는 것으로 나타났다.

또한 1981년 이후에 설립된 기업의 경우 학습조직의 지원시스템인 리더십, 정보시스템, 보상시스템, 조직의 구조 변인들 중 리더십만이 '조직몰입'에 영향을 미치는 것으로 나타났으며, 그 영향력 정도(R^2)는 36.8% 정도로 높은 것으로 나타났다($p < 0.01$). 이러한 영향정도를 회귀식으로 나타내면

$$Y = 2.188 + 0.485 \, X_1 \,(Y = 조직몰입, \, X_1 = 리더십)$$

이다. 즉, 리더십 변인의 점수가 1점 정도 향상될 때마다 '조직몰입'은 0.485점 정도씩 높아지는 것으로 나타났다.

따라서 1980년 이전에 설립된 기업의 경우에는 보상시스템 변인만이, 1981년 이후에 설립된 기업의 경우에는 리더십 변인만이 '조직몰입'에 영향을 미치는 것으로 나타났는데, 이러한 이유는 1980년 이전에 설립된 기업의 경우 일반적으로 조직의 구조가 잘 구비되어 있으므로 평가/보상 시스템을 구축하고 유지하는 능력이 있을 수 있지만, 이에 비해 1981년 이후에 설립된 기업의 경우는 설립된 기간이 짧은 관계로 조직의 구조가 빈약하므로 리더의 역할이 중요시되고 있기 때문인 것으로 판단된다. 이러한 결과는 위에서 살펴본 '직장생활 만족'에 영향을 주는 변인과 일치하고 있다.

<표 Ⅳ-68> 회사 설립년도별 학습조직 지원시스템과 조직몰입에 대한 회귀분석 결과

회사 규모	회귀분석 모델 적합성					구분	B	Beta	t	Sig.
	Model	R	R²	F	Sig.					
1980년 이전	1	0.520(a)	0.270	11.463	0.002(a)	상수	2.974		7.286	0.000
						보상시스템	0.290	0.520	3.386	0.002
	a독립변수: 보상시스템					종속변수: 조직몰입				
1981년 이후	1	0.606(a)	0.368	8.718	0.010(a)	상수	2.188		2.715	0.016
						리더십	0.485	0.606	2.953	0.010
	a독립변수: 리더십					종속변수: 조직몰입				

다음으로, 회사 설립년도에 따라 학습조직의 지원시스템인 리더십, 정보시스템, 보상시스템, 조직의 구조 변인들이 조직차원의 성과 중 '생산성 향상' 변인의 문항인 '제조비용 증감'에 미치는 영향의 차이를 알아보기 위하여 단계적 투입방식을 이용한 다중회귀분석을 실시한 결과는 다음의 〈표 Ⅳ-69〉와 같다.

1980년 이전에 설립된 기업의 경우 학습조직의 지원시스템인 리더십, 정보시스템, 보상시스템, 조직의 구조 변인들 중 어떤 요인도 '제조비용 증감'에 중요한 영향력을 미치지 못하고 있는 것으로 나타났다.

또한 1981년 이후에 설립된 기업의 경우 학습조직의 지원시스템인 리더십, 정보시스템, 보상시스템, 조직의 구조 변인들 중 리더십만이 '제조비용 증감'에 영향을 미치는 것으로 나타났으며, 그 영향력 정도(R^2)는 41.1% 정도로 매우 높은 것으로 나타났다($p < 0.05$). 이러한 영향정도를 회귀식으로 나타내면

$$Y = 3.701 - 0.743\ X_1\ (Y = \text{제조비용 증감},\ X_1 = \text{리더십})$$

이다. 즉, 리더십 변인의 점수가 1점 정도 향상될 때마다 '제조비용 증감'은 0.743점 정도씩 낮아지는 것으로 나타났다.

따라서 1980년 이전에 설립된 기업의 경우에는 학습조직 지원시스템의 어떤 요인도 영향을 미치지 못하는 것으로, 1981년 이후에 설립된 기업의 경우에는 리더십 변인만이 '제조비용 증감'에 영향을 미치는 것으로 나타났는데, 이러한 이유는 1980년 이전에 설립된 기업의 경우 학습조직 지원시스템의 모든 요인

들이 제조비용에 복합적으로 작용하고 있지만, 이에 비해 1981년 이후에 설립된 기업의 경우는 설립된 기간이 짧은 관계로 조직의 구조가 빈약하므로 리더의 역할이 중요시되고 있기 때문인 것으로 판단된다.

〈표 IV-69〉 회사 설립년도별 학습조직 지원시스템과 제조비용 증감에 대한 회귀분석 결과

회사 규모	회귀분석 모델 적합성					구분	B	Beta	t	Sig.
	Model	R	R^2	F	Sig.					
1980년 이전	'제조비용 증감'에 대하여 학습조직 지원시스템의 어떤 요인도 중요한 영향력을 미치지 못하고 있는 것으로 나타났음.									
1981년 이후	1	0.641(a)	0.411	8.381	0.013(a)	상수	3.701		2.852	0.015
						리더십	-0.743	-0.641	-2.895	0.013
	a독립변수: 리더십					종속변수: 제조비용 증감				

다음으로, 회사 설립년도에 따라 학습조직의 지원시스템인 리더십, 정보시스템, 보상시스템, 조직의 구조 변인들이 조직차원의 성과 중 '생산혁신' 변인의 문항인 '생산혁신 수준'에 미치는 영향의 차이를 알아보기 위하여 단계적 투입방식을 이용한 다중회귀분석을 실시한 결과는 다음의 〈표 IV-70〉과 같다.

1980년 이전에 설립된 기업의 경우 학습조직의 지원시스템인 리더십, 정보시스템, 보상시스템, 조직의 구조 변인들 중 조직의 구조만이 '생산혁신 수준'에 영향을 미치는 것으로 나타났으며, 그 영향력 정도(R^2)는 36.9% 정도로 높은 것으로 나타났다(p<0.001). 이러한 영향정도를 회귀식으로 나타내면

$$Y = 1.399 + 0.703\,X_1\,(Y = 생산혁신\ 수준,\ X_1 = 조직의\ 구조)$$

이다. 즉, 리더십 변인의 점수가 1점 정도 향상될 때마다 '생산혁신 수준'은 0.703점 정도씩 낮아지는 것으로 나타났다.

또한 1981년 이후에 설립된 기업의 경우 학습조직의 지원시스템인 리더십, 정보시스템, 보상시스템, 조직의 구조 변인들 중 리더십과 정보시스템만이 '생산혁신 수준'에 영향을 미치는 것으로 나타났으며, 그 영향력 정도(R^2)는 리더십 한 가지 변인만으로는 36.7% 정도로 높은 것으로 나타났고, 리더십과 정보시스템 두 가지 변인에 의해서도 61.3% 정도로 매우 높은 것으로 나타났다

(p<0.001). 이러한 영향정도를 회귀식으로 나타내면

$$Y = 2.463 + 0.766\ X_1 - 0.348\ X_2\ (Y = 생산혁신\ 수준,\ X_1 = 리더십,\ X_2 = 정보시스템)$$

이다. 즉, 리더십 변인의 점수가 1점 정도 향상될 때마다 '생산혁신 수준'은 0.766점 정도씩 높아지는 것으로 나타났고, 정보시스템 변인의 점수가 1점 정도 향상될 때마다 '생산혁신 수준'은 0.348점 정도씩 낮아지는 것으로 나타났다.

따라서 1980년 이전에 설립된 기업의 경우에는 조직의 구조 변인만이, 1981년 이후에 설립된 기업의 경우에는 리더십과 정보시스템 변인만이 '생산혁신 수준'에 영향을 미치는 것으로 나타났는데, 이러한 이유는 1980년 이전에 설립된 기업의 경우 '생산혁신 수준'이 새로운 아이디어의 활용정도를 의미하므로, 조직의 구조가 수평적인지 수직적인지에 따라 영향을 많이 받을 수 있고, 또한 1981년 이후에 설립된 기업의 경우는 설립된 기간이 짧은 관계로 조직의 구조가 빈약하므로 리더의 역할과 정보시스템이 중요시되고 있기 때문인 것으로 판단된다.

<표 IV-70> 회사 설립년도별 학습조직 지원시스템과 생산혁신 수준에 대한 회귀분석 결과

회사 규모	회귀분석 모델 적합성					구 분	B	Beta	t	Sig.
	Model	R	R²	F	Sig.					
1980년 이전	1	0.607(a)	0.369	18.112	0.000(a)	상수	1.399		1.828	0.077
						조직의 구조	0.703	0.607	4.256	0.000
	a독립변수: 조직의 구조					종속변수: 생산혁신 수준				
1981년 이후	1	0.694(a)	0.482	13.972	0.002(a)	상수	1.274		1.413	0.178
						리더십	0.687	0.694	3.738	0.002
	2	0.783(b)	0.613	11.105	0.001(b)	상수	2.463		2.529	0.024
						리더십	0.766	0.774	4.549	0.000
						보상시스템	-0.348	-0.371	-2.179	0.047
	a독립변수: 리더십 b독립변수: 리더십, 정보시스템					종속변수: 생산혁신 수준				

그 밖에, 회사 설립년도별로 학습조직 지원시스템과 학습성과 중 '직무능력 향상', '노동생산성 증감정도', '재고회전율 증감정도', '제조시간 증감', '공정불량

률 증감정도', '크레임률 증감정도', '설계품질 수준', '1인당 생산혁신 제안건수', '1분임조당 활동횟수' 등의 변인에 대한 회귀분석 결과, 1980년 이전에 설립된 기업과 1981년 이후에 설립된 기업 모두에서 학습조직 지원시스템의 모든 요인들이 중요한 영향력 요인에서 탈락하여, 어떤 요인도 중요한 영향력을 미치지 못하고 있는 것으로 나타났다.

③ 회사 설립년도별 학습조직 프로세스와 학습성과의 상호관계성

회사 설립년도에 따라 학습조직의 프로세스인 지식창출, 지식공유, 지식저장, 지식활용 변인들이 조직원차원의 성과 중 '직무능력 향상' 변인에 미치는 영향의 차이를 알아보기 위하여 단계적 투입방식을 이용한 다중회귀분석을 실시한 결과는 다음의 〈표 Ⅳ-71〉과 같다.

1980년 이전에 설립된 기업의 경우 학습조직의 프로세스인 지식창출, 지식공유, 지식저장, 지식활용 변인들 중 지식활용만이 '직무능력 향상'에 영향을 미치는 것으로 나타났으며, 그 영향력 정도(R^2)는 37.3% 정도로 높은 것으로 나타났다($p < 0.001$). 이러한 영향정도를 회귀식으로 나타내면

$$Y = 2.482 + 0.515\ X_1\ (Y = \text{직무능력 향상},\ X_1 = \text{지식활용})$$

이다. 즉, 지식활용 변인의 점수가 1점 정도 향상될 때마다 '직무능력 향상'은 0.515점 정도씩 높아지는 것으로 나타났다.

또한 1981년 이후에 설립된 기업의 경우에도 학습조직의 프로세스인 지식창출, 지식공유, 지식저장, 지식활용 변인들 중 지식활용만이 '직무능력 향상'에 영향을 미치는 것으로 나타났으며, 그 영향력 정도(R^2)는 66.8% 정도로 매우 높은 것으로 나타났다($p < 0.001$). 이러한 영향정도를 회귀식으로 나타내면

$$Y = 2.240 + 0.551\ X_1\ (Y = \text{직무능력 향상},\ X_1 = \text{지식활용})$$

이다. 즉, 지식활용 변인의 점수가 1점 정도 향상될 때마다 '직무능력 향상'은 0.551점 정도씩 높아지는 것으로 나타났다.

따라서 1981년 이후에 설립된 기업의 경우가 1980년 이전에 설립된 기업의

경우보다 지식활용 변인의 점수가 1점 정도 향상될 때마다 '직무능력 향상'의 정도가 좀더 높아진다고 할 수 있는데(Z=5.02〉1.96), 이러한 이유는 1981년 이후에 설립된 기업의 경우 1980년 이전에 설립된 기업의 경우보다 조직 내 축적된 지식과 노하우가 부족하여 조직구성원 개개인이 가지고 있는 지식을 활용해야 하기 때문인 것으로 판단된다.

〈표 Ⅳ-71〉 회사 설립년도별 학습조직 프로세스와 직무능력 향상에 대한 회귀분석 결과

회사 규모	회귀분석 모델 적합성					구분	B	Beta	t	Sig.
	Model	R	R²	F	Sig.					
1980년 이전	1	0.611(a)	0.373	18.432	0.000(a)	상수	2.482		5.410	0.000
						지식활용	0.515	0.611	4.293	0.000
	a독립변수: 지식활용					종속변수: 직무능력 향상				
1981년 이후	1	0.817(a)	0.668	30.146	0.000(a)	상수	2.240		5.225	0.000
						지식활용	0.551	0.817	5.491	0.000
	a독립변수: 지식활용					종속변수: 직무능력 향상				

다음으로, 회사 설립년도에 따라 학습조직의 프로세스인 지식창출, 지식공유, 지식저장, 지식활용 변인들이 조직원차원의 성과 중 '직장생활 만족' 변인에 미치는 영향의 차이를 알아보기 위하여 단계적 투입방식을 이용한 다중회귀분석을 실시한 결과는 다음의 〈표 Ⅳ-72〉와 같다.

1980년 이전에 설립된 기업의 경우 학습조직의 프로세스인 지식창출, 지식공유, 지식저장, 지식활용 변인들 중 지식창출만이 '직장생활 만족'에 영향을 미치는 것으로 나타났으며, 그 영향력 정도(R^2)는 27.4% 정도인 것으로 나타났다(p〈0.01). 이러한 영향정도를 회귀식으로 나타내면

$$Y = 2.095 + 0.533\ X_1 (Y = 직장생활\ 만족,\ X_1 = 지식창출)$$

이다. 즉, 지식창출 변인의 점수가 1점 정도 향상될 때마다 '직장생활 만족'은 0.533점 정도씩 높아지는 것으로 나타났다.

또한 1981년 이후에 설립된 기업의 경우 학습조직의 프로세스인 지식창출, 지식공유, 지식저장, 지식활용 변인들 중 지식활용만이 '직장생활 만족'에 영향

을 미치는 것으로 나타났으며, 그 영향력 정도(R^2)는 34.3% 정도로 높은 것으로 나타났다(p<0.05). 이러한 영향정도를 회귀식으로 나타내면

$$Y = 2.186 + 0.484 \, X_1 \,(Y = \text{직장생활 만족}, \, X_1 = \text{지식활용})$$

이다. 즉, 지식활용 변인의 점수가 1점 정도 향상될 때마다 '직장생활 만족'은 0.484점 정도씩 높아지는 것으로 나타났다.

따라서 1980년 이전에 설립된 기업의 경우에는 지식창출 변인만이, 1981년 이후에 설립된 기업의 경우에는 지식활용 변인만이 '직장생활 만족'에 영향을 미치는 것으로 나타났는데, 이러한 이유는 1980년 이전에 설립된 기업의 경우 일반적으로 조직의 기반이 잘 구비되어 있어 종업원의 지식창출을 유도할 수 있는 경제적·시간적 여유와 보상제도가 있지만, 이에 비해 1981년대 이후에 설립된 기업의 경우에는 일반적으로 빈약한 경험과 지식의 축적으로 인하여 지식창출보다는 타사나 타인의 지식을 활용하는 편이 유리하기 때문인 것으로 판단된다.

〈표 Ⅳ-72〉 회사 설립년도별 학습조직 프로세스와 직장생활 만족에 대한 회귀분석 결과

회사 규모	회귀분석 모델 적합성					구분	B	Beta	t	Sig.
	Model	R	R^2	F	Sig.					
1980년 이전	1	0.524(a)	0.274	11.335	0.002(a)	상수	2.095		3.444	0.002
						지식창출	0.533	0.524	3.367	0.002
	a독립변수: 지식창출					종속변수: 직장생활 만족				
1981년 이후	1	0.585(a)	0.343	7.816	0.014(a)	상수	2.186		2.959	0.010
						지식활용	0.484	0.585	2.796	0.014
	a독립변수: 지식활용					종속변수: 직장생활 만족				

다음으로, 회사 설립년도에 따라 학습조직의 프로세스인 지식창출, 지식공유, 지식저장, 지식활용 변인들이 조직원차원의 성과 중 '조직몰입' 변인에 미치는 영향의 차이를 알아보기 위하여 단계적 투입방식을 이용한 다중회귀분석을 실시한 결과는 다음의 〈표 Ⅳ-73〉과 같다.

1980년 이전에 설립된 기업의 경우 학습조직의 프로세스인 지식창출, 지식공유, 지식저장, 지식활용 변인들 중 지식창출과 지식저장만이 '조직몰입'에 영향을 미치는 것으로 나타났으며, 그 영향력 정도(R^2)는 지식창출 한 가지 변인만으로는 42.0% 정도로 매우 높은 것으로 나타났고, 지식창출과 지식저장 두 가지 변인에 의해서도 49.6% 정도로 매우 높은 것으로 나타났다($p < 0.001$). 이러한 영향정도를 회귀식으로 나타내면

$$Y = 1.371 + 0.534\ X_1 + 0.184\ X_2\ (Y = 조직몰입,\ X_1 = 지식창출,\ X_2 = 지식저장)$$

이다. 즉, 지식창출 변인의 점수가 1점 정도 향상될 때마다 '조직몰입'은 0.534점 정도씩 높아지는 것으로 나타났고, 지식저장 변인의 점수가 1점 정도 향상될 때마다 '조직몰입'은 0.184점 정도씩 낮아지는 것으로 나타났다.

또한 1981년 이후에 설립된 기업의 경우 학습조직의 프로세스인 지식창출, 지식공유, 지식저장, 지식활용 변인들 중 지식활용만이 '조직몰입'에 영향을 미치는 것으로 나타났으며, 그 영향력 정도(R^2)는 51.4% 정도로 매우 높은 것으로 나타났다($p < 0.001$). 이러한 영향정도를 회귀식으로 나타내면

$$Y = 2.170 + 0.565\ X_1\ (Y = 조직몰입,\ X_1 = 지식활용)$$

이다. 즉, 지식활용 변인의 점수가 1점 정도 향상될 때마다 '조직몰입'은 0.565점 정도씩 높아지는 것으로 나타났다.

따라서 1980년 이전에 설립된 기업의 경우에는 지식창출과 지식저장 변인만이, 1981년 이후에 설립된 기업의 경우에는 지식활용 변인만이 '조직몰입'에 영향을 미치는 것으로 나타났는데, 이러한 이유는 1980년 이전에 설립된 기업의 경우 일반적으로 조직의 기반이 잘 구비되어 있어 종업원의 지식창출을 유도할 수 있는 경제적·시간적 여유와 보상제도가 있지만, 이에 비해 1981년 이후에 설립된 기업의 경우에는 일반적으로 빈약한 경험과 지식의 축적으로 인하여 지식창출보다는 타사나 타인의 지식을 활용하는 편이 유리하기 때문인 것으로 판단된다. 이러한 결과는 위에서 살펴본 '직장생활 만족'에 영향을 미치는 변인과 거의 일치하고 있다.

<표 Ⅳ-73> 회사 설립년도별 학습조직 프로세스와 조직몰입에 대한 회귀분석 결과

회사 규모	회귀분석 모델 적합성					구분	B	Beta	t	Sig.
	Model	R	R^2	F	Sig.					
1980년 이전	1	0.648(a)	0.420	22.410	0.000(a)	상수	1.985		3.972	0.000
						지식창출	0.610	0.648	4.734	0.000
	2	0.704(b)	0.496	14.762	0.000(b)	상수	1.371		2.473	0.019
						지식창출	0.534	0.567	4.203	0.000
						지식저장	0.184	0.288	2.133	0.041
	a독립변수: 지식창출					종속변수: 조직몰입				
	b독립변수: 지식창출, 지식저장									
1981년 이후	1	0.717(a)	0.514	15.851	0.001(a)	상수	2.170		3.580	0.003
						지식활용	0.565	0.717	3.981	0.001
	a독립변수: 지식활용					종속변수: 조직몰입				

다음으로, 회사 설립년도에 따라 학습조직의 프로세스인 지식창출, 지식공유, 지식저장, 지식활용 변인들이 조직차원의 성과 중 '생산성 향상' 변인의 문항인 '제조비용 증감'에 미치는 영향의 차이를 알아보기 위하여 단계적 투입방식을 이용한 다중회귀분석을 실시한 결과는 다음의 〈표 Ⅳ-74〉와 같다.

1980년 이전에 설립된 기업의 경우 학습조직의 프로세스인 지식창출, 지식공유, 지식저장, 지식활용 변인들 중 어떤 요인도 '제조비용 증감'에 중요한 영향력을 미치지 못하고 있는 것으로 나타났다.

또한 1981년 이후에 설립된 기업의 경우 학습조직의 프로세스인 지식창출, 지식공유, 지식저장, 지식활용 변인들 중 지식창출 만이 '제조비용 증감'에 영향을 미치는 것으로 나타났으며, 그 영향력 정도(R^2)는 41.5% 정도로 매우 높은 것으로 나타났다(p⟨0.05). 이러한 영향정도를 회귀식으로 나타내면

$$Y = 2.597 - 0.622 \, X_1 \, (Y = 제조비용 \ 증감, \ X_1 = 지식창출)$$

이다. 즉, 지식창출 변인의 점수가 1점 정도 향상될 때마다 '제조비용 증감'은 0.622점 정도씩 낮아지는 것으로 나타났다.

따라서 1980년 이전에 설립된 기업의 경우에는 학습조직 프로세스의 어떤

요인도 영향을 미치지 못하는 것으로, 1981년 이후에 설립된 기업의 경우에는 지식창출 변인만이 '제조비용 증감'에 영향을 미치는 것으로 나타났는데, 이러한 이유는 1980년 이전에 설립된 기업의 경우 학습조직 프로세스의 모든 요인들이 제조비용에 복합적으로 작용하고 있지만, 이에 비해 1981년 이후에 설립된 기업의 경우 일반적으로 조직 내 축적된 지식과 노하우가 부족하므로, 조직의 내부 및 외부를 통하여 지식을 창출해야 하기 때문인 것으로 판단된다.

<표 IV-74> 회사 설립년도별 학습조직 프로세스와 제조비용 증감에 대한 회귀분석 결과

회사 규모	회귀분석 모델 적합성					구분	B	Beta	t	Sig.
	Model	R	R^2	F	Sig.					
1980년 이전	'제조비용 증감'에 대하여 학습조직 프로세스의 어떤 요인도 중요한 영향력을 미치지 못하고 있는 것으로 나타났음.									
1981년 이후	1	0.644(a)	0.415	8.501	0.013(a)	상수	2.597		2.830	0.015
						지식창출	-0.622	-0.644	-2.916	0.013
	a독립변수: 지식창출					종속변수: 제조비용증감				

다음으로, 회사 설립년도에 따라 학습조직의 프로세스인 지식창출, 지식공유, 지식저장, 지식활용 변인들이 조직차원의 성과 중 '품질 향상' 변인의 문항인 '공정불량률 증감정도'에 미치는 영향의 차이를 알아보기 위하여 단계적 투입 방식을 이용한 다중회귀분석을 실시한 결과는 다음의 〈표 IV-75〉와 같다.

1980년 이전에 설립된 기업의 경우 학습조직의 프로세스인 지식창출, 지식공유, 지식저장, 지식활용 변인들 중 어떤 요인도 '공정불량률 증감정도'에 중요한 영향력을 미치지 못하고 있는 것으로 나타났다.

또한 1981년 이후에 설립된 기업의 경우 학습조직의 프로세스인 지식창출, 지식공유, 지식저장, 지식활용 변인들 중 지식저장만이 '공정불량률 증감정도'에 영향을 미치는 것으로 나타났으며, 그 영향력 정도(R^2)는 43.5% 정도로 매우 높은 것으로 나타났다($p < 0.05$). 이러한 영향정도를 회귀식으로 나타내면

$$Y = 19.618 - 6.259\, X_1 \quad (Y = 공정불량률\ 증감정도,\ X_1 = 지식저장)$$

이다. 즉, 지식저장 변인의 점수가 1점 정도 향상될 때마다 '공정불량률 증감정도'는 6.259점 정도씩 낮아지는 것으로 나타났다.

따라서 1980년 이전에 설립된 기업의 경우에는 학습조직 프로세스의 어떤 요인도 영향을 미치지 못하는 것으로, 1981년 이후에 설립된 기업의 경우에는 지식저장 변인만이 '공정불량률 증감정도'에 영향을 미치는 것으로 나타났는데, 이러한 이유는 1980년 이전에 설립된 기업의 경우 학습조직 프로세스의 모든 요인들이 공정불량률에 복합적으로 작용하고 있지만, 이에 비해 1981년 이후에 설립된 기업의 경우 일반적으로 조직 내 축적된 지식과 노하우가 부족하여 지식의 저장이 필요하기 때문인 것으로 판단된다.

<표 IV-75> 회사 설립년도별 학습조직 프로세스와 공정불량률 증감정도에 대한 회귀분석 결과

회사 규모	회귀분석 모델 적합성					구분	B	Beta	t	Sig.
	Model	R	R²	F	Sig.					
1980년 이전	'공정불량률 증감정도'에 대하여 학습조직 프로세스의 어떤 요인도 중요한 영향력을 미치지 못하고 있는 것으로 나타났음.									
1981년 이후	1	0.660(a)	0.435	6.159	0.038(a)	상수	19.618		1.558	0.158
						지식저장	-6.259	-0.660	-2.482	0.038
	a독립변수: 지식저장					종속변수: 공정불량률 증감정도				

다음으로, 회사 설립년도에 따라 학습조직의 프로세스인 지식창출, 지식공유, 지식저장, 지식활용 변인들이 조직차원의 성과 중 '품질 향상' 변인의 문항인 '설계품질 수준'에 미치는 영향의 차이를 알아보기 위하여 단계적 투입방식을 이용한 다중회귀분석을 실시한 결과는 다음의 <표 IV-76>과 같다.

1980년 이전에 설립된 기업의 경우 학습조직의 프로세스인 지식창출, 지식공유, 지식저장, 지식활용 변인들 중 지식공유와 지식활용만이 '설계품질 수준'에 영향을 미치는 것으로 나타났으며, 그 영향력 정도(R^2)는 지식공유 한 가지 변인만으로는 19.6% 정도인 것으로 나타났고, 지식공유와 지식활용 두 가지 변인에 의해서도 30.1% 정도로 높은 것으로 나타났다($p < 0.01$). 이러한 영향정도를

회귀식으로 나타내면

$$Y = 4.650 + 0.506\ X_1 - 0.410\ X_2\ (Y = 설계품질\ 수준,\ X_1 = 지식공유,\ X_2 = 지식활용)$$

이다. 즉, 지식공유 변인의 점수가 1점 정도 향상될 때마다 '설계품질 수준'은 0.506점 정도씩 높아지는 것으로 나타났고, 지식활용 변인의 점수가 1점 정도 향상될 때마다 '설계품질 수준'은 0.41점 정도씩 낮아지는 것으로 나타났다.

또한 1981년 이후에 설립된 기업의 경우 학습조직의 프로세스인 지식창출, 지식공유, 지식저장, 지식활용 변인들 중 어떤 요인도 '설계품질 수준'에 중요한 영향력을 미치지 못하고 있는 것으로 나타났다.

따라서 1980년 이전에 설립된 기업의 경우에는 지식공유와 지식활용 변인만 이 영향을 미치는 것으로, 1981년 이후에 설립된 기업의 경우에는 학습조직 프로세스의 어떤 요인도 '설계품질 수준'에 영향을 미치지 못하는 것으로 나타났는데, 이러한 이유는 1980년 이전에 설립된 기업의 경우 오랜 경험으로 조직의 단위 및 구성원들 간에 지식과 정보를 공유하고 활용해야 하는 필요성을 많이 느끼고 있고, 또한 1981년 이후에 설립된 기업의 경우는 학습조직 프로세스의 모든 요인들이 설계품질에 복합적으로 작용하기 때문인 것으로 판단된다.

<표 IV-76> 회사 설립년도별 학습조직 프로세스와 설계품질 수준에 대한 회귀분석 결과

회사 규모	회귀분석 모델 적합성					구분	B	Beta	t	Sig.
	Model	R	R²	F	Sig.					
1980년 이전	1	0.442(a)	0.196	7.547	0.010(a)	상수	3.530		4.802	0.000
						지식공유	0.418	0.442	2.747	0.010
	2	0.549(b)	0.301	6.470	0.005(b)	상수	4.650		5.327	0.000
						지식공유	0.506	0.536	3.376	0.002
						지식활용	-0.410	-0.338	-2.129	0.042
	a독립변수: 지식공유					종속변수: 설계품질 수준				
	b독립변수: 지식공유, 지식활용									
1981년 이후	'설계품질 수준'에 대하여 학습조직 프로세스의 어떤 요인도 중요한 영향력을 미치지 못하고 있는 것으로 나타났음.									

다음으로, 회사 설립년도에 따라 학습조직의 프로세스인 지식창출, 지식공유, 지식저장, 지식활용 변인들이 조직차원의 성과 중 '생산혁신' 변인의 문항인 '생산혁신 수준'에 미치는 영향의 차이를 알아보기 위하여 단계적 투입방식을 이용한 다중회귀분석을 실시한 결과는 다음의 〈표 Ⅳ-77〉과 같다.

1980년 이전에 설립된 기업의 경우 학습조직의 프로세스인 지식창출, 지식공유, 지식저장, 지식활용 변인들 중 지식공유와 지식저장만이 '생산혁신 수준'에 영향을 미치는 것으로 나타났으며, 그 영향력 정도(R^2)는 지식공유 한 가지 변인만으로는 33.7% 정도로 높은 것으로 나타났고, 지식공유와 지식저장 두 가지 변인에 의해서도 44.3% 정도로 매우 높은 것으로 나타났다($p < 0.001$). 이러한 영향정도를 회귀식으로 나타내면

$$Y = 0.160 + 0.591\,X_1 + 0.330\,X_2\ (Y = 생산혁신\ 수준,\ X_1 = 지식공유,\ X_2 = 지식저장)$$

이다. 즉, 지식공유 변인의 점수가 1점 정도 향상될 때마다 '생산혁신 수준'은 0.591점 정도씩 높아지는 것으로 나타났고, 지식저장 변인의 점수가 1점 정도 향상될 때마다 '생산혁신 수준'은 0.33점 정도씩 높아지는 것으로 나타났다.

또한 1981년 이후에 설립된 기업의 경우 학습조직의 프로세스인 지식창출, 지식공유, 지식저장, 지식활용 변인들 중 지식공유만이 '생산혁신 수준'에 영향을 미치는 것으로 나타났으며, 그 영향력 정도(R^2)는 55.9% 정도로 매우 높은 것으로 나타났다($p < 0.001$). 이러한 영향정도를 회귀식으로 나타내면

$$Y = 0.602 + 0.847\,X_1\ (Y = 생산혁신\ 수준,\ X_1 = 지식공유)$$

이다. 즉, 지식공유 변인의 점수가 1점 정도 향상될 때마다 '생산혁신 수준'은 0.847점 정도씩 높아지는 것으로 나타났다.

따라서 1980년 이전에 설립된 기업의 경우에는 지식공유와 지식저장 변인만이, 1981년 이후에 설립된 기업의 경우에는 지식공유 변인만이 '생산혁신 수준'에 영향을 미치는 것으로 나타났는데, 이러한 결과는 조직의 단위 및 구성원들 간에 지식과 정보를 신속하고 원활하게, 그리고 자주 공유하는 것이 설립이 오래된 기업이든 그렇지 않은 기업이든 기업의 설립년도에 관계없이 생산혁신을

하는 데 매우 중요한 요인이기 때문인 것으로 판단된다.

<표 IV-77> 회사 설립년도별 학습조직 프로세스와 생산혁신 수준에 대한 회귀분석 결과

회사 규모	회귀분석 모델 적합성					구분	B	Beta	t	Sig.
	Model	R	R²	F	Sig.					
1980년 이전	1	0.580(a)	0.337	15.738	0.000(a)	상수	1.226		1.422	0.165
						지식공유	0.707	0.580	3.967	0.000
	2	0.666(b)	0.443	11.936	0.000(b)	상수	0.160		0.175	0.863
						지식공유	0.591	0.484	3.411	0.002
						지식저장	0.330	0.340	2.394	0.023
	a독립변수: 지식공유					종속변수: 생산혁신 수준				
	b독립변수: 지식공유, 지식저장									
1981년 이후	1	0.748(a)	0.559	19.017	0.001(a)	상수	0.602		0.650	0.526
						지식공유	0.847	0.748	4.361	0.001
	a독립변수: 지식공유					종속변수: 생산혁신 수준				

그 밖에, 회사 설립년도별로 학습조직 프로세스와 학습성과 중 '노동생산성 증감정도', '재고회전율 증감정도', '제조시간 증감', '크레임률 증감정도', '1인당 생산혁신 제안건수', '1분임조당 활동횟수' 등의 변인에 대한 회귀분석 결과, 500인 미만의 기업과 500인 이상의 기업 모두에서 학습조직 프로세스의 모든 요인들이 중요한 영향력 요인에서 탈락하여, 어떤 요인도 중요한 영향력을 미치지 못하고 있는 것으로 나타났다.

5. 학습조직 운영의 실태 및 개선사항

학습조직 운영의 실태, 학습조직 개선사항, 학습조직 방해요인 등의 차이가 있는지 알아보기 위하여, 교차분석을 실시한 결과는 다음과 같다.

1) 학습조직 운영의 실태

먼저 학습조직(인력개발, 교육훈련 포함) 관련 담당부서의 유무를 질문한 결과는 다음의 〈표 Ⅳ-78〉과 같다.

〈표 Ⅳ-78〉에 나타난 바와 같이, 전체적으로 볼 때에 학습조직 관련 담당부서가 있는 기업은 54%이고, 없는 기업은 46%로 나타났다. 이를 회사규모별로 살펴보면, 500명 미만의 기업에는 학습조직 관련 담당부서가 없는 경우가 70.8%로 있는 경우보다 많았으며, 500인 이상의 기업에는 있는 경우가 76.9%로 없는 경우보다 많았다.

또한 이를 회사 설립년도별로 살펴보면, 1980년 이전에 설립된 기업에는 학습조직 관련 담당부서가 있는 경우가 63.6%로 없는 경우보다 많았으며, 1981년 이후에 설립된 기업은 없는 경우가 64.7%로 있는 경우보다 많았다.

〈표 Ⅳ-78〉 학습조직 관련 담당부서의 유무

구 분			학습조직 관련 담당부서의 유무		계
			있다	없다	
회사규모별 (x^2=11.458, p=0.001**)	500인 미만	N	7	17	24
		%	29.2	70.8	100.0
	500인 이상	N	20	6	26
		%	76.9	23.1	100.0
회사 설립년도별 (x^2=3.628, p=0.054*)	1980년 이전	N	21	12	33
		%	63.6	36.4	100.0
	1981년 이후	N	6	11	17
		%	35.3	64.7	100.0
계		N	27	23	50
		%	54.0	46.0	100.0

다음으로, 회사 내 학습조직 관련 담당부서가 있다면, 학습조직 담당부서의 수준은 어느 정도인지를 질문한 결과는 다음의 〈표 Ⅳ-79〉와 같다.

〈표 Ⅳ-79〉에 나타난 바와 같이, 전체적으로 볼 때에 학습조직 담당부서는 '부장급을 중심으로 운영한다'(46.2%)가 가장 많고, 다음으로 '과장급을 중심으로 운영한다'(26.9%)의 순으로 나타났다. 그러나 이를 회사규모별, 회사 설립년도별로 살펴본 결과, 집단 간에 통계적으로 유의할 만한 차이에 이르지 못하였다.

〈표 Ⅳ-79〉 학습조직 담당부서의 수준

구 분			학습조직 담당부서의 수준				계
			임원급	부장급	과장급	기타	
회사규모별 (x^2=3.430, p=0.330)	500인 미만	N	0	5	1	1	7
		%	0.0	71.4	14.3	14.3	100.0
	500인 이상	N	4	7	6	2	19
		%	21.1	36.8	31.6	10.5	100.0
회사 설립년도별 (x^2=4.741, p=0.192)	1980년 이전	N	4	7	6	3	20
		%	20.0	35.0	30.0	15.0	100.0
	1981년 이후	N	0	5	1	0	6
		%	0.0	83.3	16.7	0.0	100.0
계		N	4	12	7	3	26
		%	15.4	46.2	26.9	11.5	100.0

다음으로, 회사 내 학습조직 관련 담당부서가 있다면, 생산부문 담당인력수에 대하여 질문한 결과는 다음의 〈표 Ⅳ-80〉과 같다.

〈표 Ⅳ-80〉에 나타난 바와 같이, 전체적으로 볼 때에 학습조직 담당부서 내 생산부문 담당인력수는 '2명 이상'(51.9%)이 가장 많았고, 다음으로 '없다'(37.0%)의 순이었다. 그러나 이를 회사규모별, 회사 설립년도별로 살펴본 결과, 집단 간에 통계적으로 유의미한 차이에 이르지 못하였다.

<표 IV-80> 생산부문 담당인력수

구 분			생산부문 담당인력수			계
			2명 이상	1명	없다	
회사규모별 (x^2=5.676, p=0.059)	500인 미만	N	1	1	5	7
		%	14.3	14.3	71.4	100.0
	500인 이상	N	12	2	5	19
		%	63.2	10.5	26.3	100.0
회사 설립년도별 (x^2=4.298, p=0.117)	1980년 이전	N	11	1	9	21
		%	52.4	4.8	42.9	100.0
	1981년 이후	N	3	2	1	6
		%	50.0	33.3	16.7	100.0
계		N	14	3	10	27
		%	51.9	11.1	37.0	100.0

다음으로, 회사 내 학습조직 관련 담당부서가 없다면, 학습조직 관련 담당부서의 위치에 대하여 질문한 결과는 다음의 〈표 IV-81〉과 같다.

〈표 IV-81〉에 나타난 바와 같이, 전체적으로 볼 때에 '조직은 없으나 담당자는 있다'가 95.7%로서 대부분을 차지하였다. 그러나 이를 회사규모별, 회사 설립년도별로 살펴본 결과, 집단 간에 통계적으로 유의할 만한 차이에 이르지는 못하였다.

<표 IV-81> 학습조직 관련 담당부서의 위치

구 분			학습조직 관련 담당부서의 위치		계
			조직은 없으나, 담당자는 있다	기타	
회사규모별 (x^2=0.369, p=0.544)	500인 미만	N	16	1	17
		%	94.1	5.9	100.0
	500인 이상	N	6	0	6
		%	100.0	0.0	100.0
회사 설립년도별 (x^2=1.140, p=0.478)	1980년 이전	N	12	0	12
		%	100.0	0.0	100.0
	1981년 이후	N	10	1	11
		%	90.9	9.1	100.0
계		N	22	1	23
		%	95.7	4.3	100.0

2) 생산부문 학습조직의 촉진을 위한 개선사항

생산부문의 학습조직을 촉진하기 위하여 개선되어야 할 사항에 대해 교차분석을 실시한 결과는 다음의 〈표 Ⅳ-82〉, 〈표 Ⅳ-83〉과 같다.

〈표 Ⅳ-82〉와 〈표 Ⅳ-83〉에 나타난 바와 같이, 생산부문의 학습조직을 촉진하기 위하여 개선되어야 할 사항의 1순위에서는 '경영자의 인식이 바뀌어야 한다'(32.0%)가 가장 많았고, 다음으로 '근로자 개개인의 인식이 바뀌어야 한다'(24.0%), '체계적인 계획이 설정되어야 한다'(18.0%) 등의 순으로 나타났다. 2순위에서는 '평가/보상 시스템을 재구축하여야 한다'(28.0%)가 가장 많았고, 다음으로 '근로자 개개인의 인식이 전환되어야 한다'(22.0%), '체계적인 계획이 설정되어야 한다'(20.0%) 등의 순으로 나타났다. 3순위에서는 '평가/보상 시스템을 재구축하여야 한다'(24.0%)가 가장 많았고, 다음으로 '체계적인 계획이 설정되어야 한다'와 '전담인력이 확보되어야 한다'(각각 20.0%)의 순으로 나타났다. 그러므로 생산부문의 학습조직을 촉진하기 위해서는 먼저 경영자와 근로자의 인식이 바뀌어야 하고, 평가/보상 시스템의 재구축과 체계적인 계획의 설정이 필요한 것으로 나타났다.

그러나 이를 회사규모별, 회사 설립년도별로 살펴본 결과, 집단 간에 통계적으로 유의할 만한 차이에 이르지는 못하였다.

<표 Ⅳ-82> 회사규모별 생산부문 학습조직의 촉진을 위한 개선사항

구 분			학습조직 개선사항								계
			경영자 인식 전환	근로자 인식 전환	체계적 계획 설정	전담인력 확보	정보시스템 구축	평가/보상 시스템 구축	조직구조의 유연화	정부차원의 지원	
1순위 (x²=5.214, p=0.517)	500인 미만	N	8	6	3	0	0	1	5	1	24
		%	33.3	25.0	8.8	0.0	0.0	4.2	20.8	4.2	100.0
	500인 이상	N	8	6	6	1	0	3	2	0	26
		%	30.8	23.1	23.1	3.9	0.0	11.5	7.7	0.0	100.0
	계	N	16	12	9	1	0	4	7	1	50
		%	32.0	24.0	18.0	2.0	0.0	8.0	14.0	2.0	100.0
2순위 (x²=13.767, p=0.055)	500인 미만	N	3	3	3	5	1	8	0	1	24
		%	12.5	12.5	12.5	20.8	4.2	33.3	0.0	4.2	100.0
	500인 이상	N	0	8	7	1	1	6	3	0	26
		%	0.0	30.8	26.9	3.9	3.9	23.1	11.5	0.0	100.0
	계	N	3	11	10	6	2	14	3	1	50
		%	6.0	22.0	20.0	12.0	4.0	28.0	6.0	2.0	100.0
3순위 (x²=9.135, p=0.166)	500인 미만	N	2	4	8	4	0	6	0	0	24
		%	8.3	16.7	33.3	16.7	0.0	25.0	0.0	0.0	100.0
	500인 이상	N	3	4	2	6	0	6	3	2	26
		%	11.5	15.4	7.7	23.1	0.0	23.1	11.5	7.7	100.0
	계	N	5	8	10	10	0	12	3	2	50
		%	10.0	16.0	20.0	20.0	0.0	24.0	6.0	4.0	100.0

<표 IV-83> 회사 설립년도별 생산부문 학습조직의 촉진을 위한 개선사항

구 분			학습조직 개선사항								계
			경영자 인식 전환	근로자 인식 전환	체계적 계획 설정	전담인력 확보	정보시스템 구축	평가/보상 시스템 구축	조직구조의 유연화	정부차원의 지원	
1순위 ($x^2=3.863$, p=0.695)	1980년 이전	N	12	8	5	1	0	3	4	0	33
		%	36.4	24.2	15.2	3.0	0.0	9.1	12.1	0.0	100.0
	1981년 이후	N	4	4	4	0	0	1	3	1	17
		%	23.5	23.5	23.5	0.0	0.0	5.9	17.6	5.9	100.0
	계	N	16	12	9	1	0	4	7	1	50
		%	32.0	24.0	18.0	2.0	0.0	8.0	14.0	2.0	100.0
2순위 ($x^2=4.075$, p=0.771)	1980년 이전	N	2	8	7	2	1	10	2	1	33
		%	6.1	24.2	21.2	6.1	3.0	30.3	6.1	3.0	100.0
	1981년 이후	N	1	3	3	4	1	4	1	0	17
		%	5.9	17.6	17.6	23.5	5.9	23.5	5.9	0.0	100.0
	계	N	3	11	10	6	2	14	3	1	50
		%	6.0	22.0	20.0	12.0	4.0	28.0	6.0	2.0	100.0
3순위 ($x^2=4.657$, p=0.589)	1980년 이전	N	4	5	7	6	0	6	3	2	33
		%	12.1	15.2	21.2	18.2	0.0	18.2	9.1	6.1	100.0
	1981년 이후	N	1	3	3	4	0	6	0	0	17
		%	5.9	17.6	17.6	23.5	0.0	35.3	0.0	0.0	100.0
	계	N	5	8	10	10	0	12	3	2	50
		%	10.0	16.0	20.0	20.0	0.0	24.0	6.0	4.0	100.0

3) 생산부문 학습조직의 구축과정에서의 방해요인

생산부문의 학습조직을 구축하는 과정에서 방해가 되는 요인에 대하여 질문한 결과를 보면, 다음의 〈표 IV-84〉, 〈표 IV-85〉와 같다.

〈표 IV-84〉와 〈표 IV-85〉에 나타난 바와 같이, 생산부문의 학습조직을 구축하는 과정에서 방해가 되는 요인의 1순위에서는 '부문 간 협력부족'(24.0%)이

가장 많았고, 다음으로 '원활하지 못한 의사소통'(14.0%), '제한된 비전공유'(12.0%) 등의 순으로 나타났다. 2순위에서는 '평가/보상체계 미비'(28.0%)가 가장 많았고, 다음으로 '부문 간 협력 부족'(22.0%), '원활하지 못한 의사소통'(14.0%) 등의 순으로 나타났다. 3순위에서는 '평가/보상체계 미흡'(18.0%)이 가장 많았고, 다음으로 '부문 간 협력 부족'(14.0%), '관료적 조직구조'(16.0%) 등의 순으로 나타났다. 그러므로 생산부문의 학습조직을 구축하는 과정에서 방해가 되는 가장 큰 요인은 '부문 간 협력 부족'과 '평가/보상체계 미비'인 것으로 나타났다.

그러나 이를 회사규모별, 회사 설립년도별로 살펴본 결과, 집단 간에 통계적으로 유의할 만한 차이에 이르지 못하였다.

<표 IV-84> 회사규모별 생산부문 학습조직의 구축과정에서의 방해요인

구 분			학습조직 방해요인										계
			상하신뢰부족	원활치 못한 의사소통	제한된 비전공유	부문 간 협력부족	편협한 사고	빈약한 리더십	비효율적 정보시스템	평가보상체계 미비	관료적 조직구조	기타	
1순위 ($x^2=6.550$, $p=0.684$)	500인 미만	N	2	5	4	5	2	2	2	1	1	0	24
		%	8.3	20.8	16.7	20.8	8.3	8.3	8.3	4.2	4.2	0.0	100.0
	500인 이상	N	3	2	2	7	2	1	2	4	1	2	26
		%	11.5	7.7	7.7	26.9	7.7	3.9	7.7	15.4	3.9	7.7	100.0
	계	N	5	7	6	12	4	3	4	5	2	2	50
		%	10.0	14.0	12.0	24.0	8.0	6.0	8.0	10.0	4.0	4.0	100.0
2순위 ($x^2=8.826$, $p=0.357$)	500인 미만	N	0	4	2	8	1	3	1	5	0	0	24
		%	0.0	16.7	8.3	33.3	4.2	8.8	4.2	20.8	0.0	0.0	100.0
	500인 이상	N	2	3	2	3	3	1	2	9	1	0	26
		%	7.7	11.5	7.7	11.5	11.5	3.9	7.7	34.6	3.9	0.0	100.0
	계	N	2	7	4	11	4	4	3	14	1	0	50
		%	4.0	14.0	8.0	22.0	8.0	8.0	6.0	28.0	2.0	0.0	100.0
3순위 ($x^2=6.106$, $p=0.635$)	500인 미만	N	1	2	2	4	2	2	0	6	5	0	24
		%	4.2	8.3	8.3	16.7	8.3	8.3	0.0	25.0	20.8	0.0	100.0
	500인 이상	N	1	3	4	3	2	4	3	3	3	0	26
		%	3.9	11.5	15.4	11.5	7.7	15.4	11.5	11.5	11.5	0.0	100.0
	계	N	2	5	6	7	4	6	3	9	8	0	50
		%	4.0	10.0	12.0	14.0	8.0	12.0	6.0	18.0	16.0	0.0	100.0

<표 IV-85> 회사 설립년도별 생산부문 학습조직의 구축과정에서의 방해요인

구 분			학습조직 방해요인										계
			상하신뢰부족	원활치 못한 의사소통	제한된 비전공유	부문 간 협력부족	편협한 사고	빈약한 리더십	비효율적 정보시스템	평가보상체계 미비	관료적 조직구조	기타	
1순위 (x^2=9.532, p=0.390)	1980년 이전	N	2	4	2	10	3	2	3	5	1	1	33
		%	6.1	12.1	6.1	30.3	9.1	6.1	9.1	15.2	3.0	3.0	100.0
	1981년 이후	N	3	3	4	2	1	1	1	0	1	1	17
		%	17.6	17.6	23.5	11.8	5.9	5.9	5.9	0.0	5.9	5.9	100.0
	계	N	5	7	6	12	4	3	4	5	2	2	50
		%	10.0	14.0	12.0	24.0	8.0	6.0	8.0	10.0	4.0	4.0	100.0
2순위 (x^2=9.744, p=0.283)	1980년 이전	N	2	4	1	7	2	4	1	11	1	0	33
		%	6.1	12.1	3.0	21.2	6.1	12.1	3.0	33.3	3.0	0.0	100.0
	1981년 이후	N	0	3	3	4	2	0	2	3	0	0	17
		%	0.0	17.6	17.6	23.5	11.8	0.0	11.8	17.6	0.0	0.0	100.0
	계	N	2	7	4	11	4	4	3	14	1	0	50
		%	4.0	14.0	8.0	22.0	8.0	8.0	6.0	28.0	2.0	0.0	100.0
3순위 (x^2=6.659, p=0.574)	1980년 이전	N	2	2	6	5	2	4	2	5	5	0	33
		%	6.1	6.1	18.2	15.2	6.1	12.1	6.1	15.2	15.2	0.0	100.0
	1981년 이후	N	0	3	0	2	2	2	1	4	3	0	17
		%	0.0	17.6	0.0	11.8	11.8	11.8	5.9	23.5	17.6	0.0	100.0
	계	N	2	5	6	7	4	6	3	9	8	0	50
		%	4.0	10.0	12.0	14.0	8.0	12.0	6.0	18.0	16.0	0.0	100.0

V. 결론 및 시사점

1. 연구결과의 요약

본 연구는 학습조직 이론의 실증적 검정과 기업 내 생산부문의 학습조직을 구축하는 데 기여하는 차원에서 기존의 학습조직 이론과 생산지식 관련 학습이론을 바탕으로 생산부문 학습조직의 다양한 구성요인과 학습성과와의 상호관계성을 검정하고, 이에 기초해서 효과적인 학습조직 요인을 제시하기 위하여 수행되었다.

이러한 연구목적을 달성하기 위해 학습조직과 학습성과에 관한 이론적 고찰을 통하여 추출된 학습조직 구성요인과 학습성과 요인을 중심으로 연구모형을 설계하고 가설을 제시하였다. 이러한 가설을 검정한 결과는 다음과 같다.

가설 1의 검정결과, 조직원차원의 성과 중 직무능력 향상에는 학습조직의 영역 중 개인차원 변인만이, 직장생활 만족에는 업무차원과 개인차원 변인만이, 조직몰입에는 개인차원 변인만이 긍정적인 영향을 미치는 것으로 나타났다. 또한 조직차원의 성과 중 제조비용 증감에는 개인차원 변인만이, 공정불량률 증감정도에는 조직차원 변인만이, 크레임률 증감정도에는 개인차원 변인만이, 설계품질 수준에는 조직차원 변인만이, 1인당 생산혁신 제안건수에는 환경차원 변인만이, 생산혁신 수준에는 조직차원과 환경차원 변인만이 긍정적인 영향을 미치는 것으로 나타났다. 따라서 가설 1-1과 가설 1-2는 부분적으로 충족되고 지지되었다.

여기서 조직원차원의 성과는 학습조직의 영역 중 개인차원 변인이 가장 큰 영향을 미치고 있음을 알 수 있다. 개인차원 변인은 개인의 직무목표와 비전 달성에 필요한 역량 및 기술을 개발하거나 자기를 개발하는 활동이므로 조직원차원의 성과에 가장 밀접한 관련이 있을 것이라고 판단된다. 한편, 조직원차원의 성과 중 직장생활 만족에 있어서는 개인차원과 업무차원 변인이 함께 영향을 미치는 것으로 나타났다. 이러한 이유는 직장생활 만족이 자신의 직장에서 보수, 승진뿐만 아니라 기업의 목표·경영이념에 대한 만족으로서 전반적인 회사에 대한 긍정적인 감정을 의미하는 것이기 때문인 것으로 판단된다.

또한 조직차원의 성과는 학습조직의 영역 중 개인차원과 업무차원 변인보다는 조직차원과 환경차원 변인이 더 큰 영향을 미치고 있음을 알 수 있다. 이는 조직차원과 환경차원이 회사 전체적인 수준에서 행하는 학습이기 때문인 것으로 판단된다. 특히, 품질 향상의 지표인 공정불량률 증감정도나 설계품질 수준에는 조직차원 변인만이 영향을 미치고 있고, 생산혁신의 지표인 1인당 생산혁신 제안건수나 생산혁신 수준의 경우에는 환경차원 변인만이 영향을 미치고 있다. 예외적으로 생산성 향상의 지표인 제조비용 증감과 품질향상의 지표인 크레임률 증감정도는 개인차원 변인에서 가장 큰 영향을 미치고 있다. 그러나 전체적으로 보면, 기업에서 조직차원의 성과를 높이기 위해서는 조직차원의 학습과 환경차원의 학습을 중요시해야 할 것으로 판단된다.

가설 2의 검정결과, 조직원차원의 성과 중 직무능력 향상에는 학습조직의 지원시스템 중 리더십 변인만이, 직장생활 만족에는 보상시스템과 리더십 변인만이, 조직몰입에는 조직의 구조와 보상시스템 변인만이 영향을 미치는 것으로 나타났다. 또한 조직차원의 성과 중 제조비용 증감과 크레임률 증감정도에는 조직의 구조 변인만이, 설계품질 수준에는 리더십 변인만이, 생산혁신 수준에는 조직의 구조, 리더십, 정보시스템 변인만이 긍정적인 영향을 미치는 것으로 나타났다. 따라서 가설 2-1과 가설 2-2는 부분적으로 충족되고 지지되었다.

여기서 조직원차원의 성과는 전반적으로 학습조직의 지원시스템 중 리더십과 보상시스템 변인이 가장 큰 영향을 미치고 있음을 알 수 있다. 이는 조직원차원의 성과가 학습활동 유도 및 지원의 역할을 하는 리더십에 의해 좌우될 가능성이 많고, 조직구성원들은 일반적으로 학습과정이나 결과에 대한 보상시스템을 의식하고 있기 때문인 것으로 판단된다.

또한 조직차원의 성과는 학습조직의 지원시스템 중에서 조직의 구조와 리더십 변인이 가장 큰 영향을 미치고 있음을 알 수 있다. 특히, 리더십 변인은 조직차원의 성과와 조직원차원의 성과에서 모두 영향력이 있는 변수로서 나타나,

기업의 경영성과를 달성하는 데 매우 중요한 요소임을 알 수 있다.

가설 3의 검정결과, 조직원차원의 성과 중 직무능력 향상에는 학습조직의 프로세스 중 지식활용 변인만이, 직장생활 만족과 조직몰입에는 지식창출과 지식저장 변인만이 긍정적인 영향을 미치는 것으로 나타났다. 또한 조직차원의 성과 중 제조시간 증감과 제조비용 증감에는 지식창출 변인만이, 설계품질 수준에는 지식공유와 지식저장 변인만이, 1분임조당 활동횟수에는 지식공유 변인만이, 생산혁신 수준에는 지식공유와 지식저장 변인만이 긍정적인 영향을 미치는 것으로 나타났다. 따라서 가설 3-1과 가설 3-2는 부분적으로 충족되고 지지되었다.

여기서 조직원차원의 성과는 학습조직의 프로세스 중에서 개인수준에서 이루어지는 지식창출과 지식활용 변인이 가장 큰 영향을 미치는 것으로 나타났다. 특히, 지식창출 변인은 자체적인 지식창출이나 지식의 외부유입과 같은 조직구성원 개개인의 활동에 의해 구성원 개개인의 욕구 달성을 충족시킬 수 있다는 점에서, 직장생활 만족과 조직몰입에 가장 큰 영향을 미치는 것으로 판단된다.

또한 조직차원의 성과에는 전반적으로 학습조직의 프로세스 중 지식공유 변인이 가장 큰 영향을 미치고 있음을 알 수 있다. 지식공유는 조직의 단위 및 구성원들 간에 지식과 정보를 공유함으로써 학습을 향상시키고 새로운 지식이나 이해를 창조할 수 있으므로, 조직의 발전을 위해서는 필수적인 요소라고 판단된다. 설계품질 수준이나 생산혁신 수준의 경우에도 지식공유와 지식저장이 모두 영향을 미치고 있으나, 이 두 가지 변인 중 지식공유가 더 큰 영향을 미치고 있는 것으로 나타나, 학습조직의 프로세스 중 지식공유가 조직차원의 성과를 달성하는 중요한 요소임을 알 수 있다.

가설 4의 검정결과, 500인 미만의 기업과 500인 이상의 기업 간에 학습조직 영역과 직장생활 만족, 학습조직 영역과 노동생산성 증감정도, 학습조직영역과 제조비용 증감, 학습조직 영역과 공정불량률 증감정도, 학습조직 영역과 크레임률 증감정도, 학습조직 영역과 1인당 생산혁신 제안건수, 학습조직 영역과 생산혁신 수준, 학습조직 지원시스템과 직장생활 만족, 학습조직 지원시스템과 조직몰입, 학습조직 지원시스템과 제조비용 증감, 학습조직 지원시스템과 크레임률 증감정도, 학습조직 지원시스템과 1인당 생산혁신 제안건수, 학습조직 지원시스템과 생산혁신 수준, 학습조직 프로세스와 직장생활 만족, 학습조직 프로세스와 조직몰입, 학습조직 프로세스와 노동생산성 증감정도, 학습조직 프로세스와 제조시간 증감, 학습조직 프로세스와 제조비용 증감, 학습조직 프로세스와 크레임률 증감정도, 학습조직 프로세스와 설계품질 수준, 학습조직 프로세스와 생산혁신 수준 등에서 학습성과에 영향을 미치는 학습조직 구성요인이 다른 것으로 나타남으로써 가설 4-1은 지지되었다.

여기서 학습성과에 영향을 미치는 학습조직 구성요인은 대부분 500인 미만의 기업과 500인 이상의 기업 간에 차이가 나고 있다. 이것으로 미루어보아 학습성과도 기업의 규모에 따라 차이가 날 수 있을 것으로 추론된다. 학습성과를 조직원차원과 조직차원으로 구분하여 살펴보면, 조직원차원 성과의 경우 직장생활 만족과 조직몰입에서 기업의 규모 간에 차이를 보이고 있고, 조직차원 성과의 경우 생산성 향상의 지표인 노동생산성 증감정도와 제조비용 증감, 품질향상의 지표인 크레임률 증감정도, 생산혁신의 지표인 1인당 생산혁신 제안건수와 생산혁신 수준에서 기업의 규모 간에 차이를 보이고 있다. 이는 일반적으로 대기업의 종업원들이 중소기업의 종업원들보다 직장생활 만족도나 조직몰입도가 높고, 이러한 것이 생산성 향상과 품질 향상, 그리고 생산혁신으로 연결되기 때문인 것으로 판단된다.

또한 1980년 이전에 설립된 기업과 1981년 이후에 설립된 기업 간에 학습조직 영역과 조직몰입, 학습조직 영역과 제조비용 증감, 학습조직 영역과 공정불량률 증감정도, 학습조직 영역과 설계품질 수준, 학습조직 영역과 1인당 생산혁신 제안건수, 학습조직 영역과 생산혁신 수준, 학습조직 지원시스템과 직장생활 만족, 학습조직 지원시스템과 조직몰입, 학습조직 지원시스템과 제조비용 증감, 학습조직 지원시스템과 생산혁신 수준, 학습조직 프로세스와 직장생활 만족, 학습조직 프로세스와 조직몰입, 학습조직 프로세스와 제조시간 증감, 학습조직 프로세스와 제조비용 증감, 학습조직 프로세스와 공정불량률 증감정도, 학습조직 프로세스와 설계품질 수준, 학습조직 프로세스와 생산혁신 수준 등에서 학습성과에 영향을 미치는 학습조직 구성요인이 다른 것으로 나타남으로써 가설 4-2는 지지되었다.

여기서 학습성과에 영향을 미치는 학습조직 구성요인은 대부분 1980년 이전에 설립된 기업과 1981년 이후에 설립된 기업 간에 차이가 나고 있다. 이것으로 미루어보아 학습성과도 기업의 설립년도 간에 차이가 날 수 있을 것으로 추론된다. 학습성과를 조직원차원과 조직차원으로 구분하여 살펴보면, 조직원차원 성과의 경우 직장생활 만족과 조직몰입에서 기업의 설립년도 간에 차이를 보이고 있고, 조직차원 성과의 경우 생산성 향상의 지표인 제조비용 증감, 품질 향상의 지표인 공정불량률 증감정도와 설계품질 수준, 생산혁신의 지표인 생산혁신 수준에서 기업의 설립년도 간에 차이를 보이고 있다. 여기서 제조비용은 품질 향상을 통해 많은 영향을 받는다는 점을 감안한다면, 조직차원의 성과는 품질 향상과 생산혁신에 의해 전적으로 영향을 받는다고 할 수 있다.

2. 연구의 시사점

본 연구의 시사점을 이론적 측면과 실무적 측면으로 구분하여 제시하면 다음과 같다.

1) 이론적 시사점

최근 경영환경의 변화가 급격하게 변화함에 따라 조직의 효율성과 성과의 제고뿐만 아니라 환경적응능력 증진의 필요성에 의해서 학습의 중요성이 강조되어지고 있다. 그러나 학습조직과 관련된 기존 연구들은 탐색적, 기술적 연구가 주종을 이루며 관념적, 처방적 규범과 이론을 제시하는 경우가 많고, 기업조직을 대상으로 하는 실증적 연구는 매우 부족한 편이다. 특히, 우리나라 기업들을 대상으로 한 실증적 연구들은 거의가 서비스업의 사무직 직원을 중심으로 이루어진 것이 대부분이며, 제조업과 제조업 내 기업구성원의 다수를 구성하는 생산부문의 직원을 대상으로 한 연구는 없었다.

이러한 상황에서 본 연구의 이론적 시사점은 다음과 같다.

첫째, 최근 많이 논의되고 있는 학습조직의 다양한 이론적 개념을 체계적으로 종합하였을 뿐만 아니라, 이를 실증적 관점에서 생산부문을 중심으로 입증하려고 시도하였다. 본 연구는 기존의 이론적, 실증적 연구들에서 행해진 다양한 변수들에 대한 분석을 통해 실질적으로 생산부문에서의 학습성과를 나타낼 수 있는 변수만을 정리하여 실증적으로 연구하였다는 점에 가장 큰 의의를 둘 수 있다.

둘째, 생산부문에서의 학습조직과 학습성과와의 관계성에 대한 연구를 통해서 생산부문의 학습조직 정도에 대한 평가방법에 관한 연구축적에 기여하고자 하였다. 지금까지의 학습조직에 관한 연구들은 서비스업이나 사무직을 중심으로 학습조직을 어떻게 만들어 갈 것인가에 대한 학습조직 구축방법에 초점을 두고 왔다. 그러나 본 연구에서는 학습조직 구축방법뿐만 아니라 생산부문을 중심으로 한 학습조직의 수준을 객관적으로 평가하는 데도 초점을 두었다.

2) 실무적 시사점

학습조직은 신속히 환경에 대응하여 기회를 선점하고 미래환경을 주도함으로써 조직의 능률을 향상시킨다. 이를 통해 조직의 목적에 보다 부합하는 결과를 낳을 수 있다. 학습조직이 특히 다른 혁신기법과 차별되는 것은 조직원들에게 자율적 성찰과 실천을 장려하여 조직원들의 자아성장 욕구를 충족시키는 것이다. 이를 통해 학습조직은 기존 혁신기법에서 경시되었던 조직원만족도도 향상시킴을 알 수 있었다. 우선 조직만족을 이루기 위해서는 조직의 질적인 수준이 높아지고, 원가를 절감하며, 활발한 창조가 일어나야 할 것이다.

또한 학습조직의 핵심은 지식을 창출, 공유하여 경영성과를 높이는 조직이라고 할 수 있다. 지식정보화시대를 맞는 기업에게 학습조직이라는 개념은 적절한 방향성을 제공해 주는 개념이다. 하지만 이 학습조직이라는 개념이 이를 구체화하는 방법론까지를 제공해주지는 않는다. 이는 회사별로 특수성에 맞추어 스스로 개발해 나가야 하는 숙제일 것이다.

이러한 상황에서 본 연구의 실무적 시사점은 다음과 같다.

첫째, 학습조직의 성과를 조직의 성과뿐만 아니라 조직원의 성과 측면에서 살펴봄으로써 조직원의 직무능력 향상과 직장생활 만족, 조직에의 몰입도에 커다란 영향을 미치고 있다는 점에서 경영자나 관리자에게 시사점을 주고 있다. 지식정보화사회에서 생산부문 근로자들은 정해진 업무를 단순하게 집행하는 것이 아니라 현장에서 연구개발 작업까지도 수행해낼 수 있는 창조적인 근로자의 양성이 시급하다. 이에 부응하려면 학습인 양성에 대대적인 투자와 교육이 필요하고, 학습인의 양성은 조직원들의 직무능력 향상과 직장생활 만족도와 조직몰입도를 높여 조직에게는 생산성 향상, 품질 향상, 생산혁신을 높이는 결과를 가져올 것이다.

둘째, 생산부문에서의 학습조직의 질적 수준을 높이기 위해서는 어떠한 요인이 필요한지를 나타내줌으로써 생산부문의 학습조직화를 촉진할 수 있다는 시사점이 있다. 예를 들면, 본 연구의 결과에서 설계품질 수준에는 조직차원이라는 학습조직 영역과 리더십이라는 학습조직 지원시스템, 지식공유와 지식저장이라는 학습조직 프로세스 등이 영향을 미치는 것으로 나타났는데, 개별 기업체에서 설계품질 수준을 향상시키려고 할 경우 이러한 결과를 참고할 것으로 판단된다.

셋째, 중견기업과 대기업 간의 학습성과의 차이와 지식정보화사회의 분기점이라고 할 수 있는 1980년대를 전후로 설립된 기업 간의 학습성과의 차이에 대하여 실증적 분석을 하였다. 대부분의 조직차원 성과와 조직원차원 성과가 기업규모나 설립년도에 의해 차이가 날 수 있음을 보여주고, 이를 통하여 조직의 현재 위치에 따르는 바람직한 학습조직의 구성요인을 제시해 줄 수 있는 시사점이 있다.

3. 연구의 한계 및 향후 연구방향

1) 연구의 한계

본 연구를 수행하는 데 있어 다음과 같은 한계가 있었다.

첫째, 국내 제조업체들 가운데 전자업종이라는 특정 업종의 일부 기업으로 국한하고 있기 때문에 연구결과를 일반화하기에는 한계가 있다. 이는 후속적 연구에서도 발생할 가능성이 높은 연구의 한계로 남아 있을 것이다.

둘째, 학습조직과 학습성과라는 연구주제가 갖는 특성을 감안할 때 정량적이고 단기적인 실증분석을 통한 연구가 불가능하다는 한계가 있다. 따라서 본 연구주제와 관련하여 구미에서의 대부분의 연구는 사례연구를 실시하고 있거나 탐색적 연구에 그치고 있다.

셋째, 본 연구는 종단적인 연구모형을 가정하고 있으면서도 자료수집은 횡단적으로 수집하였다. 즉, 학습조직과 학습성과 간의 인과관계를 정확하게 검정하기 위해서는 특정 조사대상을 일정한 시간 간격으로 관찰하여 원인변수와 결과변수를 규명하는 연구가 필요하지만, 시간 및 비용상의 문제가 있어 그렇게 하지 못하였다.

넷째, 조직차원의 성과에 영향을 미치는 변수는 매우 다양하기 때문에 본 연구의 결과에서 나타난 학습조직의 성과가 다른 요인에 의해 제대로 측정되지 않을 수 있다는 한계가 있다. 본 연구에서도 이러한 요인들을 통제하기 위한 노력이 있었으나, 연구자의 관점 이외의 중요한 영향요인이 존재할 수도 있다.

다섯째, 설문조사 방법은 가장 보편적으로 사용되고 있는 방법이다. 그러나 설문조사는 응답자의 고정관념이나 주관적인 가치 등으로 인해 변수들 사이의 관계를 왜곡할 수 있다는 한계를 가지고 있다. 예를 들어, 응답자가 학습조직의 지원시스템인 리더십에 관해 답할 때 상사에 대한 객관적인 관찰을 토대로 답변하기보다는 상사는 어떠해야 한다는 자신의 주관적인 가치관에 근거하여 답변할 경우 연구결과의 내적 타당성이 저해될 우려가 있다.

2) 향후 연구방향

본 연구와 관련하여 앞으로의 연구방향을 제시해 보면 다음과 같다.

첫째, 본 연구의 대상을 지식정보화시대를 대표하고 생산직 근로자의 학력 및 경력 수준이 평균치라고 판단되는 전자업종을 표본으로 선정하였으나, 학습조직이 다른 산업 분야에서도 활성화되고 있는 실정이므로, 생산부문의 학습조직에 대한 성과를 일반화하기 위해서는 다양한 연구대상을 선정하여 다양한 설정에서 조사가 이루어져야 할 것이다.

둘째, 조직차원의 성과에 영향을 미치는 변수는 매우 다양한 요인이 있기 때문에 학습조직의 순수한 효과를 얻기 위해서는 종속변수에 영향을 미치는 다른 요인들을 철저하게 통제해야 할 것이다.

셋째, 보다 정확한 결과를 얻기 위해서는 횡단적인 연구보다는 종단적인 연구가 필요하다. 즉, 특정 조사대상인 패널(panel)을 이용하여 일정한 시간의 간격을 두고, 반복적으로 측정하는 종단적인 연구가 필요할 것이다.

참고문헌

○ 국가경쟁력강화기획단(1998). 지식프로페셔널리즘의 세계로 -지식기반경제의 실현-.

○ 권석균(1996a). 21세기를 향한 인재육성전략: 한국적 학습조직 구축방안-조직학습과 학습문화, 제1회 교육발전 심포지엄, 현대인력개발원, pp. 7~27.

○ 권석균(1996b). 학습조직의 이론과 실제: 조직학습의 이론과 논쟁, 삼성경제연구소, pp.27~70.

○ 김명형(1996). 조직학습능력과 조직학습성과에 관한 연구, 고려대학교 박사학위논문.

○ 김보원(1996). 학습조직의 이론과 실제: 학습조직과 생산기술, 삼성경제연구소, pp.290~301.

○ 김상한·정충영(1986). 공업경영학개론, 박영사.

○ 김성국(1997). 조직과 인간행동, 제2판, 명경사.

○ 김수원(2001). 지식정보화사회에서의 산학협동교육의 방향에 관한 고찰, 「산업기술교육훈련」, 제6권 제1호, pp.231~238.

○ 김영채(1998). 현대통계학, 박영사.

○ 김영인(1999). 생산현장에서 SECI모델을 적용한 지식경영 촉진체계 연구, 동국대학교 석사학위논문.

○ 김종철(1999). 학습조직의 촉진 요인 및 실천요인 분석, 한양대학교 박사학위논문.

○ 박광량(1993). 조직변화와 조직학습: 이론적 통합을 위한 시론, 「경영연구」, 홍익대학교 경영연구소, pp.63~85.

○ 박광량(1994a). 조직혁신: 조직개발적 접근, 경문사.

○ 박광량(1994b). 학습조직의 측정과 구축에 관한 연구, 「경영연구」, 홍익대학
　교 경영연구소, 제18권, pp.63~91.

○ 박광량(1996a). 기업의 지속적 혁신을 위한 학습인 모델과 양성방안, 「연세
　경영연구」, 연세대학교 경영연구소, 제33권 제1호, pp.1~20.

○ 박광량(1996b). 학습조직과 학습인: 개념모델과 실천전략, 「국제 심포지엄
　겸 춘계 학술발표회 논문집」, 한국인사·조직학회, pp.80~132.

○ 박광량(1996c). 학습조직의 이론과 실제: 조직학습, 학습조직, 그리고 학습
　인, 삼성경제연구소, pp.71~101.

○ 박기홍 외(1999). 전자·정보산업의 발전전략, 산업연구원.

○ 박종수(1992). 조직사회화 전략과 행동적 성과, 경북대학교 경영대학원 박사
　학위논문.

○ 배종태(1987). "개발도상국의 기술 내재화 과정: 기술선택 요인 및 학습성
　과 분석", 한국과학기술원, 박사학위논문.

○ 손태원(1996). 학습조직의 이론과 실제: 학습조직과 시스템사고, 삼성경제연
　구소, pp.181~210.

○ 손태원·전상길(1996). 학습군과 조직효과성과의 관련에 관한 탐색적 연구:
　Senge의 학습조직 모형에 대한 분류적 접근, 한양대학교 경제연구소,
　pp.141~166.

○ 신유근(1987). 조직론, 다산출판사.

○ 유영만(1994). 학습체제로서의 조직: 학습조직에 대한 시론적 논의, 「교수공
　학연구」, 한국교육공학회, 제3권 제1호, pp.163~193.

○ 유영만(1995). 지식경제시대의 학습조직: 한국기업의 학습조직 구축방안, 고
　도컨설팅그룹, pp.37~140.

○ 유영만(1996). 21C를 지향하는 기업교육의 추세와 방향 -학습과 성과의 전
　략적 연계-, 「인재와 문화」, pp.18~25.

○ 유영만(2000). 죽은 기업교육 살아있는 디지털 학습, 한언.

○ 이상문(1999). 생산관리, 형설출판사.

○ 이순철(1996). 지식경영 매뉴얼, 매일경제신문사.

○ 이순철(1999). 사례로 본 지식경영의 이해, 삼성경제연구소.

○ 이언오(1999). 21세기 과학기술정책의 부문별 과제, 과학기술정책연구원.

○ 이영현 외(2001). 기업의 학습조직화 촉진방안, 한국직업능력개발원.

○ 장승권 등(1996). 학습조직의 이론과 실제: 학습조직과 경영혁신, 삼성경제연구소, pp.367~396.

○ 정규석(1996). 한국의 세계화 전략, 21세기 북스.

○ 정규석(2000). 경영혁신기법에서의 TQM의 위상, 품질경영학회, 제28권 제1호, pp.132~150.

○ 정규석·김수원(2001). 생산부문에서의 학습조직 구축을 위한 성공요인, 「경영과학연구」, 강원대학교 경영연구소, 제26집, pp.49~67.

○ 최병용(1997). 경영학원론, 박영사.

○ 최재윤(2000). 경험된 학습이 학습조직 유형과 기업성과에 미치는 영향 분석에 관한 연구, 중앙대학교 박사학위논문.

○ 포스코 경영연구소(1998). 지식경영, 더난출판사.

○ Argyris, C.(1991). "Teaching smart people how to learn" *Harvard Business Review*, May-June. pp.99~109.

○ Argyris, C. & Schon, D. A.(1978). *Organizational Learning: A Theory of Action Perspective*, MA: Addison Wesley.

○ Arrow, K. J.(1962). "The Economic Implications of Learning by Doing", *Review of Economic Studies*, vol.29, pp.155~173.

○ Arrow, K. J.(1969). "Classificatory notes on the production and transmission of technological knowledge", *The American Economic Review*, vol.LIX, no.2, pp.29~35.

238

○ American Society for Training and Development(1996). ASTD's Guide to Learning Organization Assesment Instruments.

○ Autor, D., Katz, L. & Krueger, A.(1987). "Computing Inequality: Have Computers Changed the Labor Market?", NBER Working Paper no.5956, Cambridge, MA.

○ Bennet, J. K. & O'Brien, M. J.(1994). "The Building Blocks of the Learning Organization", Training, June, pp.41~49.

○ Berman, E., Bound, J. & Grilleches, Z.(1994). "Changes in the Demand for Skilled Labor within U.S. Manufacturing: Evidence from the Annual Survey of Manufacturers", The Quarterly Journal of Economics, May, pp.367~398.

○ Birker, L. R. & Birker, R. K.(1998). Learning Organization Update, 「Occupational Hazards」, 60(10), pp.157~158.

○ Blazy, M. L.(2001). "Insight to Performance Excellence 2001", ASQ Quality Press, Milwaukee, Wisconsin.

○ Bontis, N.(1999). "Managing an Organizational Learning System by Aligning Stocks and Flows of Knowledge: An Empirical Examination of Intellectual Capital, Knowledge Management", and Business Performance, University of Western Ontario in Canada, Ph.D Dissertation.

○ Boydell, T.(1995). "In Action: Creating The Organization Learning", McGrow-Hill.

○ Brooking, A.(1996). *Intellectual Capital*, International Thomson Business Press.

○ Calvart, G., Mobly, S. & Marshall, L.(1994). Grasping the learning organization. Training and Development, 48(6), pp.38~43.

○ Carmines, E. G. & Zeller, R. A.(1979). Reliability and Validity Assessment, Sage, Beverly Hills, CA.

○ Campbell, J. P.(1977). "On the Nature of Organizatinal Effectiveness", in P. S. Goodman, J. M. Pennings and associates, New Perspectives on Organizational Effectiveness, San Francisco: Jossey-Bass.

○ Champbell, J. P., Bownas, D. A., Beteron, N. G. & Dunette, M. D.(1974). "The Management of Organizational Effectiveness: A Review of the Relevant Research and Opinion", Personnel R & D Center Report, San Diego.

○ Cyert, R. & Mowery, D.(1987). Technology and Empolyment: Innovation and Growth in the US Economy, Washington DC, National Academy Press.

○ Dalton, D. R., Todor, W. D., Spendolini, M. J., Fielding, G. J. & Porter, L. W.(1980). "Organization Structure and Performance: Acritical Review", Academy of Management Review, 5, pp.49~64.

○ Davenport, T. H. & Prusak, L.(1998). Working Knowledge, Harvard Business School Press.

○ Dixon, N.(1994). The Organization Learning Cycle, McGraw-Hill International (UK) Ltd.

○ Dodgson, M.(1993). "Organizational Learning A Review of Some Literatures", Organization Studies, 14(3), pp.375~394.

○ Dosi, G.(1982). "Technological paradigms and technological trajectories", Research Policy, vol.11, pp.147~162.

○ Draft, R. L. & Steers, R. M.(1986). "Organizations: A Micro/Macro Approach", Scott Foreman Co.

○ Drucker, P.(1992). "The New Society of Organizations", Harvard Business Review, 70(5), pp.95~104.

○ Fiol, C. M. & Lyles, M. A.(1985). "Organizational Learning", Academy of Management Review, vol.10, pp.803~813.

o   Garvin, D. A.(1993). "Building a Learning Organization", Harvard Business Review, July-August. pp.78~91.

o   Garvi, E.(1998). "Contingencies of Learning: Essays on the Strategic Implications and Knowledge Sharing", University of California at Los Angeles, Ph.D Dissertation.

o   Gephart, M. A., Marsick, V. J., Buren, V. & Spiro, M. S.(1996). "Learning Organization: Training & Development", American Society for Training and Development.

o   Ghemawat, P.(1991). Commitment: The Dynamic of Strategy, New York: The Free Press.

o   Gould, J. M., DiBella, A. J. & Nevis, E. C.(1995). "Understanding Organization as Learning Systems", Sloan Management Review, Winter, pp.73~85.

o   Hammer, M.(1990). "Reengineering Work: Don't Automate. Obliterat", Harvard Business Review, 68(4), pp.104~112.

o   Hayes, R., Wheelwright, S. & Clark, K.(1988). Dynamic Manufacturing: Creating Learning Organization, New York: The Free Press.

o   Hitt W. D.(1995), The learning organization: some reflections on organizational renewal, Leadership & Organization Development, 16(8), pp.17~25.

o   Hosley, S. M., Lau, A. T. W. & Levey, F. K., Tan, D. S. K.(1994). "The Quest for the Competitive Learning Organization", Management Decision, vol.32, no.6.

o   Huber, G. P.(1991). "Organization Learning; The Contributing Process and Literature", Organization Science, vol.2, pp.88~115.

o   IQNet(2000). IBEC Concept, IQNet, Zollikofen, Switzerland.

o   Jakumar, R.(1988). "Contingent Control of Synchronous Lines: A Theory of JIT", Harverd Business School Working Paper, #88~061.

○ Jakumar, R. & R. E. Bohn(1992). "A dynamic approach to operations management: an alternative to static optimization", International Journal of Production Economics, vol.27, pp.265~282.

○ Jude Y., Deborah A.(1991). "Organizational Climate, Self-directed Learners and Performance at Work", The Fielding Institute.

○ Kaiser, S. M.(2000). Mapping the Learning Organization: Exploring a Model of Organizational Learning, the Louisiana State University and Agricultural and Mechanical Colleges, Ph.D Dissertation.

○ Kusunoki, K., Nonaka, I. & Nagata, A.(1995). "Organizational Capabilities in Product Development of Japanese Firm", A Paper Presented at Hitotsubashi-Organization Science Conference in Tokyo on August 19-22.

○ Lant, E. & Mezias, S. J.(1992). "An Organizational Learning Model of Convergence and Reorientation", Organization Science, vol.3, pp.47~71.

○ Leonard-Barton, D.(1995). Wellspring of Knowledge, Boston: Harvard Business School Press.

○ Levinthal, D. A.(1991). "Organizational Adaptation and Environmental Selection-Interrelated Processes of Change", Organization Science, vol.2, pp.140~145.

○ Masuda, Y.(1980). The Information Society as Post-Industrial Society.

○ March, J. G. & Simon, H. A.(1958). Organizations, New York: John Wiley & Sons.

○ Marquardt, M.(1997). Building the Learning Organization, McGraw-Hill Book Co.

○ Marquardt, M. & Reynolds, A.(1994). Global Learning Organization, New

242

York, Irwin Inc.

○ McGill, M. E. & Slocum, J. W. 저, 임창희 역(1995). 스마트 학습조직, 한언.

○ Mody, A.(1989). "Firm Strategies for Costly Engineering Learning", Management Science, vol.35, no.4, pp.496~512.

○ Mott, P. E.(1972). "The Characteristics of Effective Organization", NY: Haper and Row.

○ Nonaka, I.(1991). "The Knowledge-creating Company", Harvard Business Review, Nov-Dec, pp.96~104.

○ Nonaka, I.(1994). A Dynamic Theory of Organization Knowledge Creation, Organization Science, 5(1), pp.14~37.

○ Nonaka I. 저, 나상억 역(1998). 노나가의 지식경영, 21세기 북스.

○ Nunnally, J. C.(1978). Psycohometric Theory, McGraw-Hall, New York.

○ Pedler, M., Burgoyne, J. & Boydell, T.(1991). The Learning Company: A Strategy for Sustainable Development, London: McGrow-Hill.

○ Pennings, J. M, Barkeman, H. & Douma S.(1994). "Organizational Learning and Divesification", Academy of Management Journal, vol.37, pp.608~640.

○ Prahalad, C. K. & Hamel, G.(1990). "The Core Competence of the Corporation", Harvard Business Review, May-June, pp.71~91.

○ Price, J. C.(1968). "Organization Effectiveness: A Inventory of Propositions", Homewood: Richard D. Irwin Inc.

○ Quinn R. E. & Rohrbaugh, J.(1983). "A Spatial Model of Effectiveness Criteria Toward a Competing Value Approach to Organization Analysis", Management Science, 29, pp.363~377.

○ Redding, J.(1997). "Hardwiring the Learning Organization", Training and

Development, American Society for Training and Development.

○ Redding, John C. & Ralph F. Catalanello(1994). Strategic Readiness: The Making of the Learning Organization, Jossey Bass Inc.

○ Romer, P. M.(1990). "Are Nonconvexities Important for Understanding Growth?", American Economics Review, vol.80, pp.97~103.

○ Robbins, S. P.(1983). "Organization Theory: The Structure and Design of Organization", Prentice Hall: Englewood Cliffs.

○ Robbins, S. P.(1990). "Organization Theory: Structure, Design, Applications", Prentice-Hall Co. 3ed.

○ Savage, C.(1990). Fifth Generation Management, Burlington, Mass: Digital Press.

○ Schwandt(1992). Thoughts on Organizational Learning Theory, Unpublished Paper.

○ Senge, P. M.(1990a). "The Fifth Discipline: The Art and Practice of the Learning Organization", New York: Doubleday/Currency.

○ Senge, P. M.(1990b). "The Leader's New Work: Building Learning Organizations", Sloan Management Review, Fall, pp.7~23.

○ Senge, P. M. et al.(1994). "The Fifth Discipline: Strategies and Tools for Building a Learning Organization", New York: Doubleday/Currency.

○ Simon, H. A.(1969). Science of the Artful, Cambridge, MA: M.I.T. Press.

○ Steers, P. M.(1977). "Antecedent and Outcome of Organizational Commitment", Administrative Science Quarterly, 22(1), pp.46~56.

○ Toffler, A.(1980). The Third Wave. New York: Morrow.

○ Van de Ven, A. H. & Ferry, D. L.(1980). Measuring and Assessing Organizations, Wiley-Interscience, New York.

○ Watkins, K. E. & Marsick, V. J.(1992). Building the learning organization: A new role for human resource developers, Studies in Continuing Education, 14(2), pp.115~129.

○ Watkins, K. E. & Marsick, V. J.(1993). Sculpting the Learning Organization: Lesson in the Art and Science of Systemic Change, San Francisco: Jossey-Bass.

○ Watkins, K. E. & Marsick, V. J.(1996). Creating the Learning Organization, In Action Series vol.1, VA: ASTD.

○ Webber, A.(1993). "What's So New About the New Economy", Harvard Business Review, January-February, pp.24~42.

○ Wick, Calhoun W.(1995). The Learning Edge: How Smart Managers and Smart Companies Stay Ahead, McGraw-Hill Book Co., Singapore.

○ Wiig, K. M.(1994). Knowledge Management: The Central Management Focus for Intelligent Organization, Schema Press.

○ Wishart, N. A., Elan J. J. & Roboy, D.(1996). "Redrawing the Portrait of a Learning Organization: Inside Knight-Rider, Inc.", Academy of Management Executive, vol.10. no.1.

○ http://www.lawkorea.com/(2001. 11.). 통계법.

생산부문의 학습조직 구축을 위한 설문지

(생산현장 근로자용)

안녕하십니까?

일선 산업현장에서 국가산업 발전을 위해 헌신하고 계시는 귀하의 노고에 경의를 표합니다.

금번 국민의 직업능력개발과 평생교육의 실현을 위하여 각종 연구업무를 수행하고 있는 정부 출연 연구기관인 한국직업능력개발원에서는, 생산부문에서 학습조직의 수준과 학습의 성과 간에는 어떠한 관련성이 있는지를 탐색하고 실천적인 학습조직의 구축방안을 연구 중에 있습니다. 본 설문지는 이러한 연구 분야의 목적을 달성하기 위하여 생산현장 근로자용으로 작성된 것입니다.

귀하께서 응답하신 내용은 연구목적 이외에는 사용되지 않을 것이며, 본 연구수행에 귀하의 협조가 절실히 요구되므로 바쁘시더라도 진솔하고 성의 있는 응답을 부탁드립니다.

귀하의 앞날에 무궁한 발전과 건승이 있으시기 바랍니다.

2001. 8. 연구자　김 수 원

■ 주　소: 135-102

　　　　서울특별시 강남구 청담2동 15-1

　　　　한국직업능력개발원 직업능력개발연구실

■ 연구자: 김수원(Tel.02-3485-5167, E-mail.swkim@krivet.re.kr)

　　　　정규석(Tel.031-250-6149, E-mail.KSCHUNG@kangwon.ac.kr)

<u>일러두기</u>

1. 학습조직이라는 용어는 학자 또는 기업에 따라 다양하게 정의되거나 실현되고 있습니다. 일반적으로 학습조직이란 "<u>일상적인 업무활동 속에서 새로운 지식 및 정보를 신속하고 효과적으로 창출·공유·활용하여 주위 환경의 변화와 위기에 대처함으로써 조직 및 조직원의 성과, 고객의 만족을 지속적으로 향상시켜 나가는 조직</u>"으로 정의할 수 있습니다.

   서구 산업계에서는 학습조직이 1990년대 초반부터 확산되고 있고, 우리나라에는 현재 일부의 대기업을 중심으로 도입하여 실행되고 있습니다. 따라서 대부분의 기업이나 사람들에게는 생소한 용어일 수도 있습니다.

   그러나 학습조직이라는 개념 속에는 대부분의 기업에서 그 동안 추진해온 <u>인력개발, 교육훈련, 연수, 업무 개선, 업무 순환, 연구개발, 기술 습득 및 도입, 생산성 배가 운동, TQM, 6시그마 운동, 무결점 운동, 분임조 활동, 고객감동 운동, 사업기회 개발, 비용절감 운동 등의 내용을 포함</u>하고 있습니다. 또한 많은 수의 우리나라 기업들은 경영환경의 변화, 특히 IMF 사태를 계기로 <u>개념의 도입이 없이</u> 자생적으로 학습조직의 형태를 형성해가고 있는 것으로 조사되었습니다.

   그러므로 귀하께서는 <u>학습조직이라는 용어 자체를 염두에 두지 마시고 본 설문지의 질문내용에 따라 진솔하고 성의 있는 답변</u>을 부탁드립니다.

2. 귀사에서 여러 개의 <u>사업장을 운영하고 있는 경우, 귀하께서 현재 근무하고 계시는 사업장을 중심으로 답변</u>하여 주시기 바랍니다.

> 다음은 귀하께서 근무하고 계시는 회사(사업장)의 '학습조직의 전반적인 사항'을 파악하고자 하는 내용(Ⅰ)입니다. 각 문항을 읽고, 해당 항목에 "∨" 표시하여 주시기 바랍니다.

Ⅰ. 학습조직의 일반수준

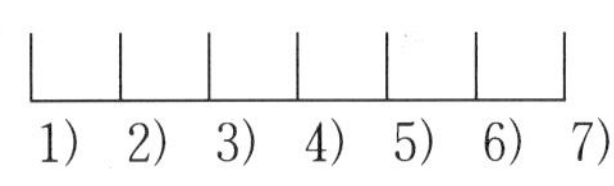

L1. 귀사(사업장)에서는 일상적인 업무활동 속에서 <u>새로운 지식 및 정보를 신속하고 효과적으로 창출·공유·활용</u>합니까?

L2. 귀사(사업장)에서는 새로운 지식 및 정보의 창출·공유·활용을 통하여 <u>주위 환경의 변화와 위기에 대처</u>하고 있습니까?

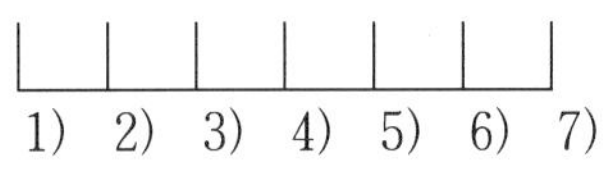

L3. 귀사(사업장)에서는 주위 환경의 변화와 위기에 대처함으로써 <u>조직 및 조직원의 성과, 고객의 만족을 지속적으로 향상</u>시켜가고 있습니까?

> 다음은 귀하께서 근무하고 계시는 회사(사업장)의 '학습조직의 활성화 정도 또는 수준'을 파악하고자 하는 내용(Ⅱ~Ⅲ)입니다. 각 문항을 읽고, 해당 항목에 "∨" 표시하여 주시기 바랍니다.

Ⅱ. 학습조직의 영역

Ⅱ-1. 개인차원

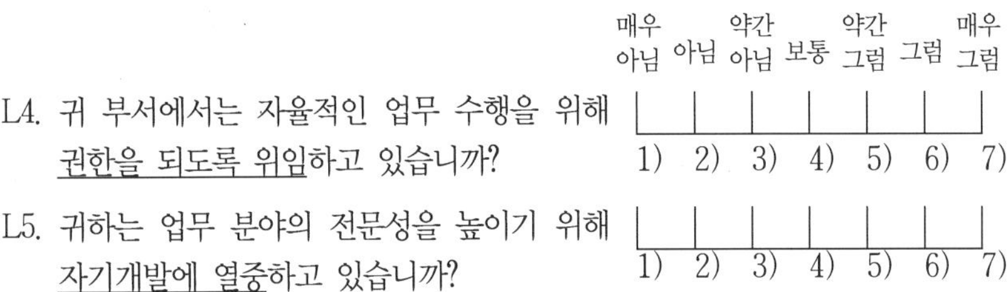

L4. 귀 부서에서는 자율적인 업무 수행을 위해 <u>권한을 되도록 위임</u>하고 있습니까?

L5. 귀하는 업무 분야의 전문성을 높이기 위해 <u>자기개발에 열중</u>하고 있습니까?

L6. 귀하는 과거나 현재 수준에 만족하지 않고 더 높은 수준에 도전하고 있습니까?

매우 아님 / 아님 / 약간 아님 / 보통 / 약간 그럼 / 그럼 / 매우 그럼
1) 2) 3) 4) 5) 6) 7)

L7. 귀하는 일정기간(분기 혹은 1년)마다 자신의 학습목표를 수립하고 달성해나갑니까?
1) 2) 3) 4) 5) 6) 7)

L8. 귀하는 자신의 실패 경험을 조직 및 개인의 학습기회로 활용하도록 합니까?
1) 2) 3) 4) 5) 6) 7)

Ⅱ-2. 업무차원

매우 아님 / 아님 / 약간 아님 / 보통 / 약간 그럼 / 그럼 / 매우 그럼

L9. 귀하는 업무를 통해서 배우는 기회가 많이 있습니까?
1) 2) 3) 4) 5) 6) 7)

L10. 귀 부서에서는 부서원 간에 업무의 내용이나 방법을 활발히 교류하고 서로 협력합니까?
1) 2) 3) 4) 5) 6) 7)

L11. 귀 부서에서는 부서의 목표나 과제를 달성하기 위하여 잘 단합됩니까?
1) 2) 3) 4) 5) 6) 7)

L12. 귀 부서에서는 업무에 대한 의견이나 관점이 다를지라도 이를 자유롭게 표현합니까?
1) 2) 3) 4) 5) 6) 7)

L13. 귀 부서에서는 필요시 업무와 관련한 교육이나 연수를 받을 수 있습니까?
1) 2) 3) 4) 5) 6) 7)

Ⅲ. 학습조직의 프로세스

Ⅲ-1. 지식창출

매우 아님 / 아님 / 약간 아님 / 보통 / 약간 그럼 / 그럼 / 매우 그럼

L14. 귀하의 생산현장 동료들은 자체적인 아이디어를 개발하여 업무 개선을 합니까?
1) 2) 3) 4) 5) 6) 7)

L15. 귀하의 생산현장 동료들은 <u>다른 회사의 우수사례, 교육, 연수 등에서 습득한 아이디어</u>를 통하여 업무 개선을 합니까?

L16. 귀하의 생산현장 동료들은 <u>자신의 전문적 노하우와 다른 회사 및 부서의 노하우를 결합하거나 공유</u>하여 업무 개선을 합니까?

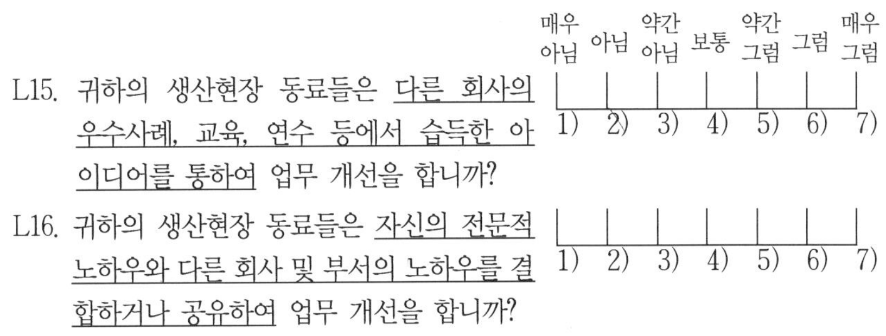

Ⅲ-2. 지식활용

L17. 귀하의 생산현장 동료들은 <u>다른 사람이 소유한 노하우나 지식, 정보 등을 효과적으로 활용</u>하고 있습니까?

L18. 귀하의 생산현장 동료들은 <u>다른 부서가 소유한 노하우나 지식, 정보 등을 효과적으로 활용</u>합니까?

L19. 귀하의 생산현장 동료들은 <u>사외의 노하우나 지식, 정보 등을 발굴하여 활용</u>합니까?

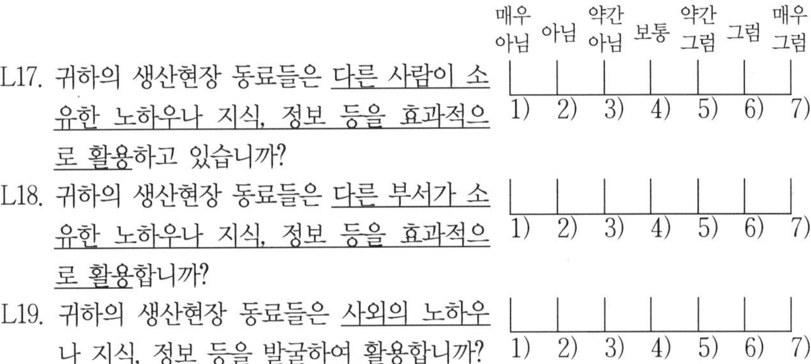

> 다음은 학습조직을 통하여 나타난 성과에 관한 내용(Ⅳ)입니다. 각 문항을 읽고, 1년 전과 비교하여 해당 항목에 "∨" 표시하여 주시기 바랍니다.

Ⅳ. 조직원차원의 성과

Ⅳ-1. 직무능력 향상

L20. 귀하는 <u>직무 분야의 전문지식 및 기술</u>이 향상되었습니까?

L21. 귀하는 직무수행에 필요한 <u>기초능력(컴퓨터, 외국어 등)</u>이 향상되었습니까?

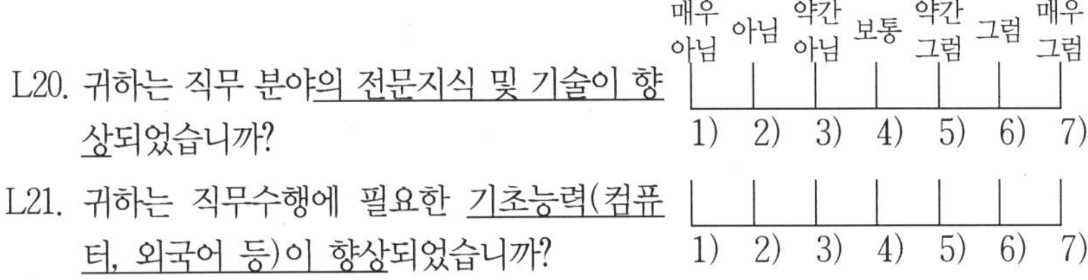

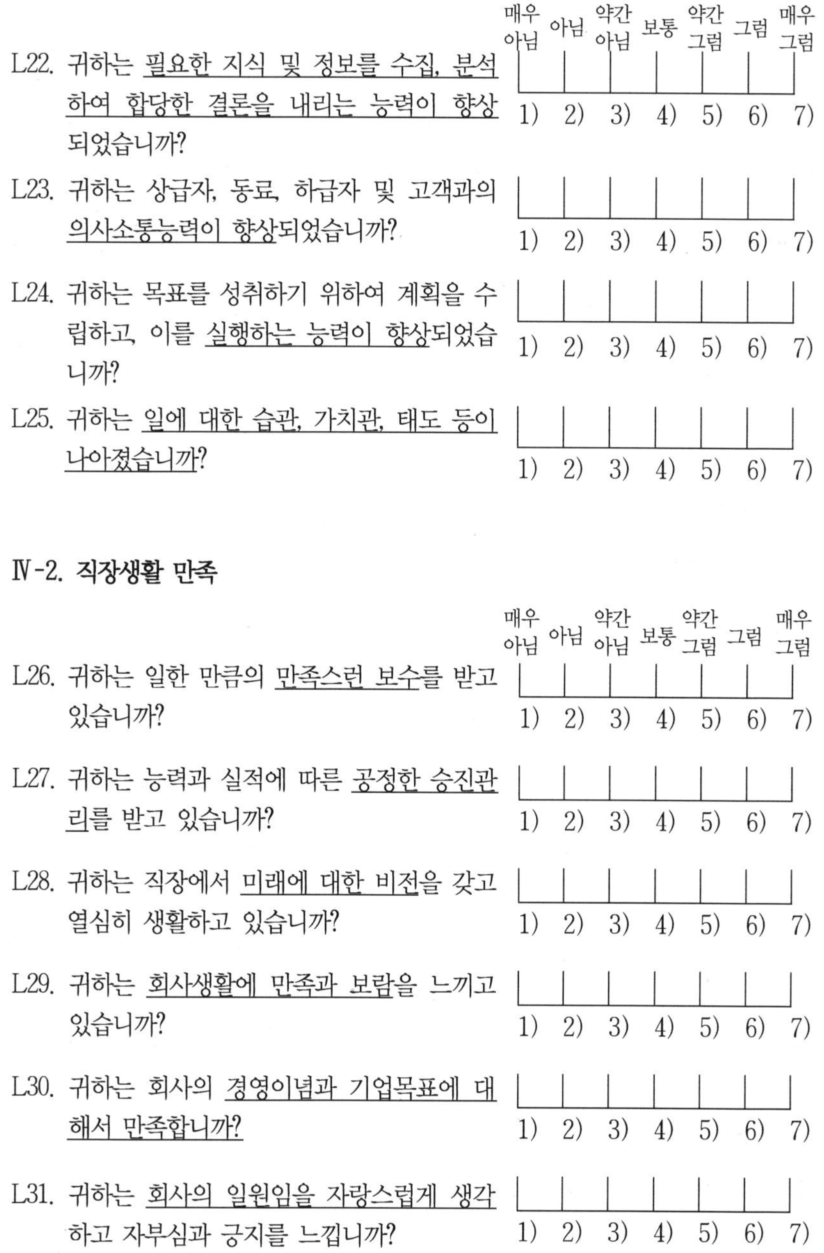

L22. 귀하는 <u>필요한 지식 및 정보를 수집, 분석하여 합당한 결론을 내리는 능력이 향상</u>되었습니까?

매우아님 / 아님 / 약간아님 / 보통 / 약간그럼 / 그럼 / 매우그럼
1) 2) 3) 4) 5) 6) 7)

L23. 귀하는 상급자, 동료, 하급자 및 고객과의 <u>의사소통능력이 향상</u>되었습니까?

1) 2) 3) 4) 5) 6) 7)

L24. 귀하는 목표를 성취하기 위하여 계획을 수립하고, 이를 <u>실행하는 능력이 향상</u>되었습니까?

1) 2) 3) 4) 5) 6) 7)

L25. 귀하는 <u>일에 대한 습관, 가치관, 태도 등이 나아졌습니까?</u>

1) 2) 3) 4) 5) 6) 7)

Ⅳ-2. 직장생활 만족

매우아님 / 아님 / 약간아님 / 보통 / 약간그럼 / 그럼 / 매우그럼

L26. 귀하는 일한 만큼의 <u>만족스런 보수를 받고</u> 있습니까?

1) 2) 3) 4) 5) 6) 7)

L27. 귀하는 능력과 실적에 따른 <u>공정한 승진관리를 받고</u> 있습니까?

1) 2) 3) 4) 5) 6) 7)

L28. 귀하는 직장에서 <u>미래에 대한 비전을 갖고</u> 열심히 생활하고 있습니까?

1) 2) 3) 4) 5) 6) 7)

L29. 귀하는 <u>회사생활에 만족과 보람을 느끼고</u> 있습니까?

1) 2) 3) 4) 5) 6) 7)

L30. 귀하는 회사의 <u>경영이념과 기업목표에 대해서 만족합니까?</u>

1) 2) 3) 4) 5) 6) 7)

L31. 귀하는 <u>회사의 일원임을 자랑스럽게 생각</u>하고 자부심과 긍지를 느낍니까?

1) 2) 3) 4) 5) 6) 7)

Ⅳ-3. 조직몰입

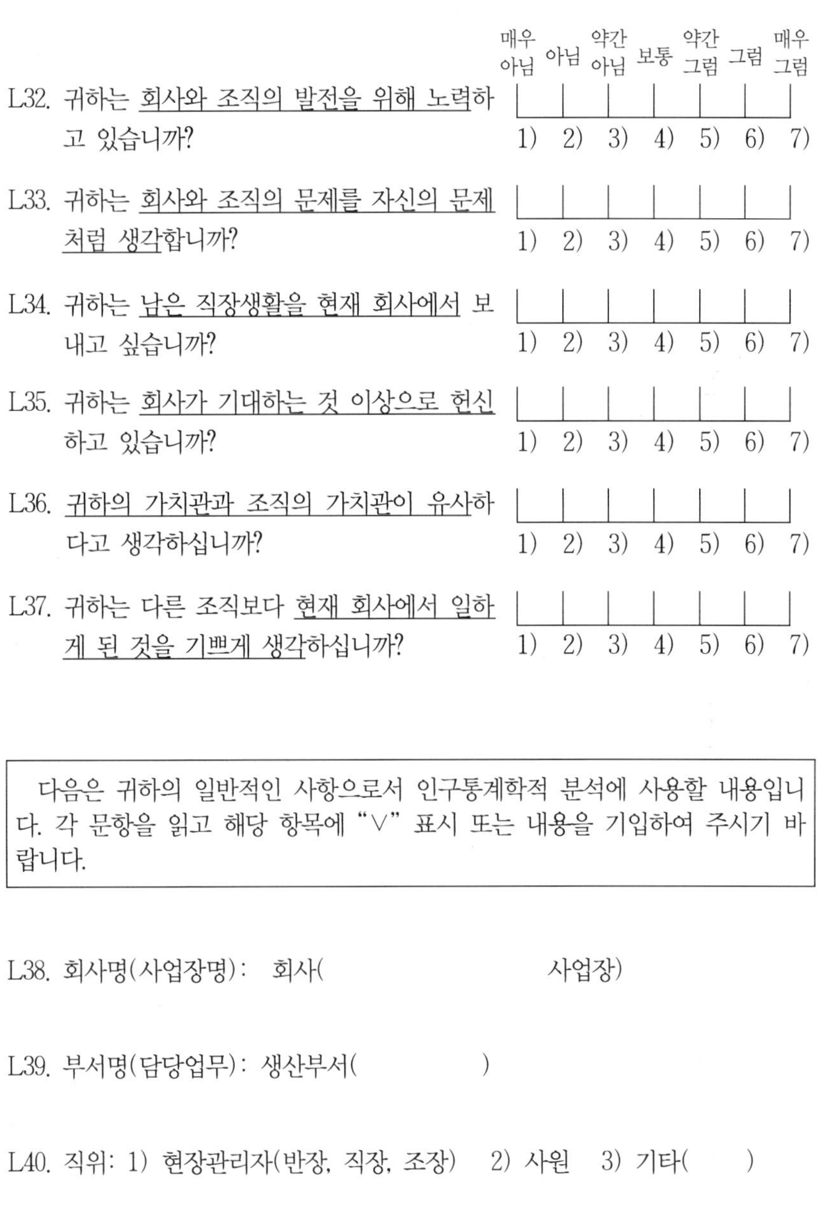

> 다음은 귀하의 일반적인 사항으로서 인구통계학적 분석에 사용할 내용입니다. 각 문항을 읽고 해당 항목에 "∨" 표시 또는 내용을 기입하여 주시기 바랍니다.

L38. 회사명(사업장명): 회사(사업장)

L39. 부서명(담당업무): 생산부서(   )

L40. 직위: 1) 현장관리자(반장, 직장, 조장) 2) 사원 3) 기타(   )

L41. 연령: 만   세

L42. 현 직장 근속년수:　　　　년　　　개월

L43. 최종학력:

＝설문에 응해주셔서 대단히 감사합니다＝

생산부문의 학습조직 구축을 위한 설문지

(생산부서 책임자용)

안녕하십니까?

일선 산업현장에서 국가산업 발전을 위해 헌신하고 계시는 귀하의 노고에 경의를 표합니다.

금번 국민의 직업능력개발과 평생교육의 실현을 위하여 각종 연구업무를 수행하고 있는 정부 출연 연구기관인 한국직업능력개발원에서는, 생산부문에서 학습조직의 수준과 학습의 성과 간에는 어떠한 관련성이 있는지를 탐색하고 실천적인 학습조직의 구축방안을 연구 중에 있습니다. 본 설문지는 이러한 연구 분야의 목적을 달성하기 위하여 **생산부서 책임자용**으로 작성된 것입니다.

귀하께서 응답하신 내용은 연구목적 이외에는 사용되지 않을 것이며, 본 연구수행에 귀하의 협조가 절실히 요구되므로 바쁘시더라도 진솔하고 성의 있는 응답을 부탁드립니다.

귀하의 앞날에 무궁한 발전과 건승이 있으시기 바랍니다.

2001. 8. 연구자 김 수 원

■ 주 소: 135-102

　　　서울특별시 강남구 청담2동 15-1

　　　한국직업능력개발원 직업능력개발연구실

■ 연구자: 김수원(Tel.02-3485-5167, E-mail.swkim@krivet.re.kr)

　　　정규석(Tel.031-250-6149, E-mail.KSCHUNG@kangwon.ac.kr)

일러두기

1. 학습조직이라는 용어는 학자 또는 기업에 따라 다양하게 정의되거나 실현되고 있습니다. 일반적으로 학습조직이란 "일상적인 업무활동 속에서 새로운 지식 및 정보를 신속하고 효과적으로 창출·공유·활용하여 주위 환경의 변화와 위기에 대처함으로써 조직 및 조직원의 성과, 고객의 만족을 지속적으로 향상시켜 나가는 조직"으로 정의할 수 있습니다.

   서구 산업계에서는 학습조직이 1990년대 초반부터 확산되고 있고, 우리나라에는 현재 일부의 대기업을 중심으로 도입하여 실행되고 있습니다. 따라서 대부분의 기업이나 사람들에게는 생소한 용어일 수도 있습니다.

   그러나 학습조직이라는 개념 속에는 대부분의 기업에서 그 동안 추진해온 인력개발, 교육훈련, 연수, 업무 개선, 업무 순환, 연구개발, 기술 습득 및 도입, 생산성 배가 운동, TQM, 6시그마 운동, 무결점 운동, 분임조 활동, 고객감동 운동, 사업기회 개발, 비용절감 운동 등의 내용을 포함하고 있습니다. 또한 많은 수의 우리나라 기업들은 경영환경의 변화, 특히 IMF 사태를 계기로 개념의 도입이 없이 자생적으로 학습조직의 형태를 형성해가고 있는 것으로 조사되었습니다.

   그러므로 귀하께서는 학습조직이라는 용어 자체를 염두에 두지 마시고 본 설문지의 질문내용에 따라 진솔하고 성의 있는 답변을 부탁드립니다.

2. 귀사에서 여러 개의 사업장을 운영하고 있는 경우, 귀하께서 현재 근무하고 계시는 사업장을 중심으로 답변하여 주시기 바랍니다.

3. 일부 문항(25번, 26번, 29번, 30번, 33번, 34번) 중에는 기존의 자료를 찾거나 계산을 해야 하는 불편함이 있을 것입니다. 그러나 본 설문조사의 중요성을 감안하시어 빠짐없이 성의 있는 답변을 부탁드립니다.

> 다음은 귀하께서 근무하고 계시는 회사(사업장)의 '학습조직의 전반적인 사항'을 파악하고자 하는 내용(Ⅰ)입니다. 각 문항을 읽고, 해당 항목에 "∨" 표시하여 주시기 바랍니다.

Ⅰ. 학습조직의 일반수준

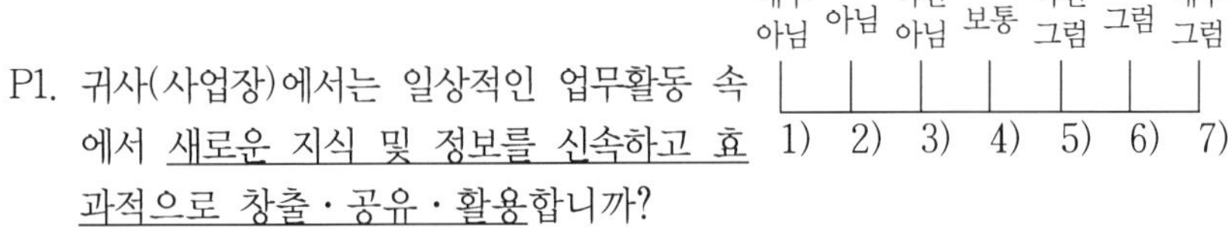

P1. 귀사(사업장)에서는 일상적인 업무활동 속에서 <u>새로운 지식 및 정보를 신속하고 효과적으로 창출·공유·활용</u>합니까?

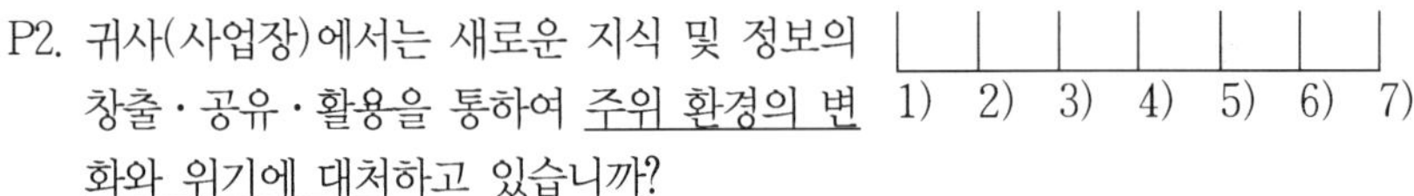

P2. 귀사(사업장)에서는 새로운 지식 및 정보의 창출·공유·활용을 통하여 <u>주위 환경의 변화와 위기에 대처</u>하고 있습니까?

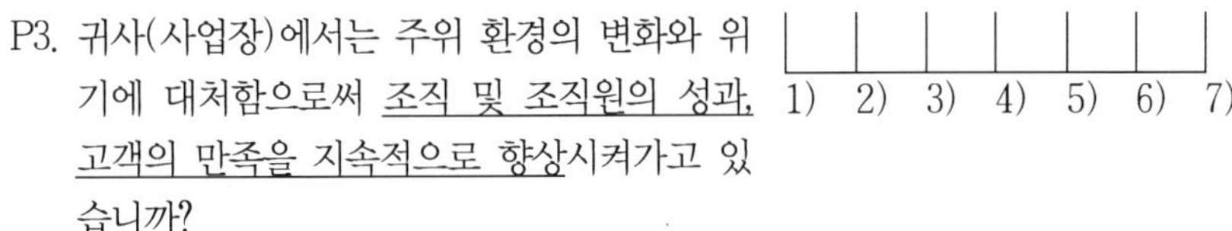

P3. 귀사(사업장)에서는 주위 환경의 변화와 위기에 대처함으로써 <u>조직 및 조직원의 성과, 고객의 만족을 지속적으로 향상</u>시켜가고 있습니까?

> 다음은 귀하께서 근무하고 계시는 회사(사업장)의 '학습조직의 활성화 정도 또는 수준'을 파악하고자 하는 내용(Ⅱ~Ⅳ)입니다. 각 문항을 읽고, 해당 항목에 "∨" 표시하여 주시기 바랍니다.

Ⅱ. 학습조직의 영역

Ⅱ-1. 조직차원

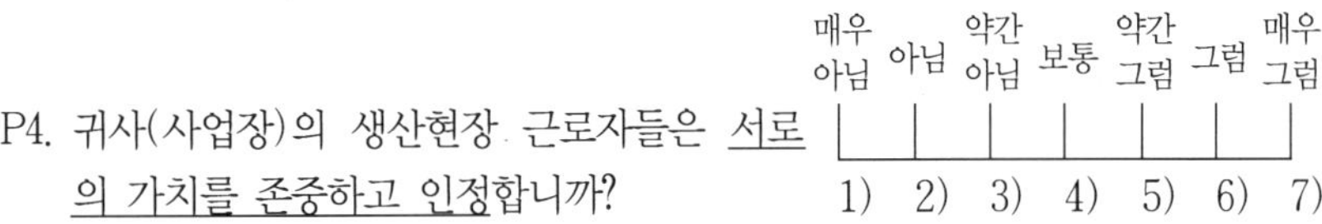

P4. 귀사(사업장)의 생산현장 근로자들은 <u>서로의 가치를 존중하고 인정</u>합니까?

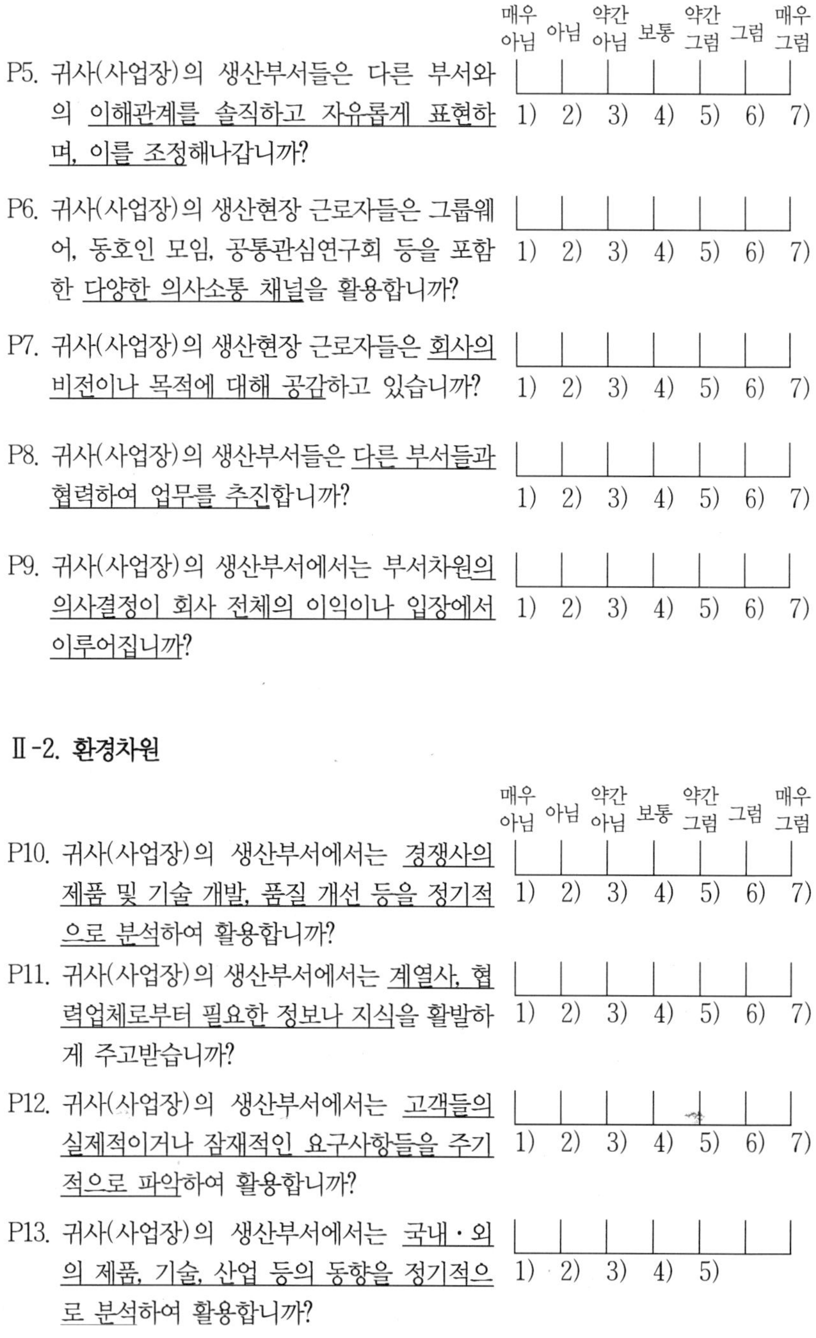

P5. 귀사(사업장)의 생산부서들은 다른 부서와의 <u>이해관계를 솔직하고 자유롭게 표현하며, 이를 조정해나갑니까?</u>

매우 아님 1) 아님 2) 약간 아님 3) 보통 4) 약간 그럼 5) 그럼 6) 매우 그럼 7)

P6. 귀사(사업장)의 생산현장 근로자들은 그룹웨어, 동호인 모임, 공통관심연구회 등을 포함한 <u>다양한 의사소통 채널을</u> 활용합니까?

매우 아님 1) 아님 2) 약간 아님 3) 보통 4) 약간 그럼 5) 그럼 6) 매우 그럼 7)

P7. 귀사(사업장)의 생산현장 근로자들은 <u>회사의 비전이나 목적에 대해 공감</u>하고 있습니까?

매우 아님 1) 아님 2) 약간 아님 3) 보통 4) 약간 그럼 5) 그럼 6) 매우 그럼 7)

P8. 귀사(사업장)의 생산부서들은 <u>다른 부서들과 협력</u>하여 업무를 추진합니까?

매우 아님 1) 아님 2) 약간 아님 3) 보통 4) 약간 그럼 5) 그럼 6) 매우 그럼 7)

P9. 귀사(사업장)의 생산부서에서는 부서차원의 <u>의사결정이 회사 전체의 이익이나 입장에서 이루어</u>집니까?

매우 아님 1) 아님 2) 약간 아님 3) 보통 4) 약간 그럼 5) 그럼 6) 매우 그럼 7)

Ⅱ-2. 환경차원

P10. 귀사(사업장)의 생산부서에서는 <u>경쟁사의 제품 및 기술 개발, 품질 개선 등을 정기적으로 분석</u>하여 활용합니까?

매우 아님 1) 아님 2) 약간 아님 3) 보통 4) 약간 그럼 5) 그럼 6) 매우 그럼 7)

P11. 귀사(사업장)의 생산부서에서는 <u>계열사, 협력업체로부터 필요한 정보나 지식을 활발하게 주고받</u>습니까?

매우 아님 1) 아님 2) 약간 아님 3) 보통 4) 약간 그럼 5) 그럼 6) 매우 그럼 7)

P12. 귀사(사업장)의 생산부서에서는 <u>고객들의 실제적이거나 잠재적인 요구사항들을 주기적으로 파악</u>하여 활용합니까?

매우 아님 1) 아님 2) 약간 아님 3) 보통 4) 약간 그럼 5) 그럼 6) 매우 그럼 7)

P13. 귀사(사업장)의 생산부서에서는 <u>국내·외의 제품, 기술, 산업 등의 동향을 정기적으로 분석</u>하여 활용합니까?

매우 아님 1) 아님 2) 약간 아님 3) 보통 4) 약간 그럼 5)

Ⅲ. 학습조직의 시스템

Ⅲ-1. 리더십

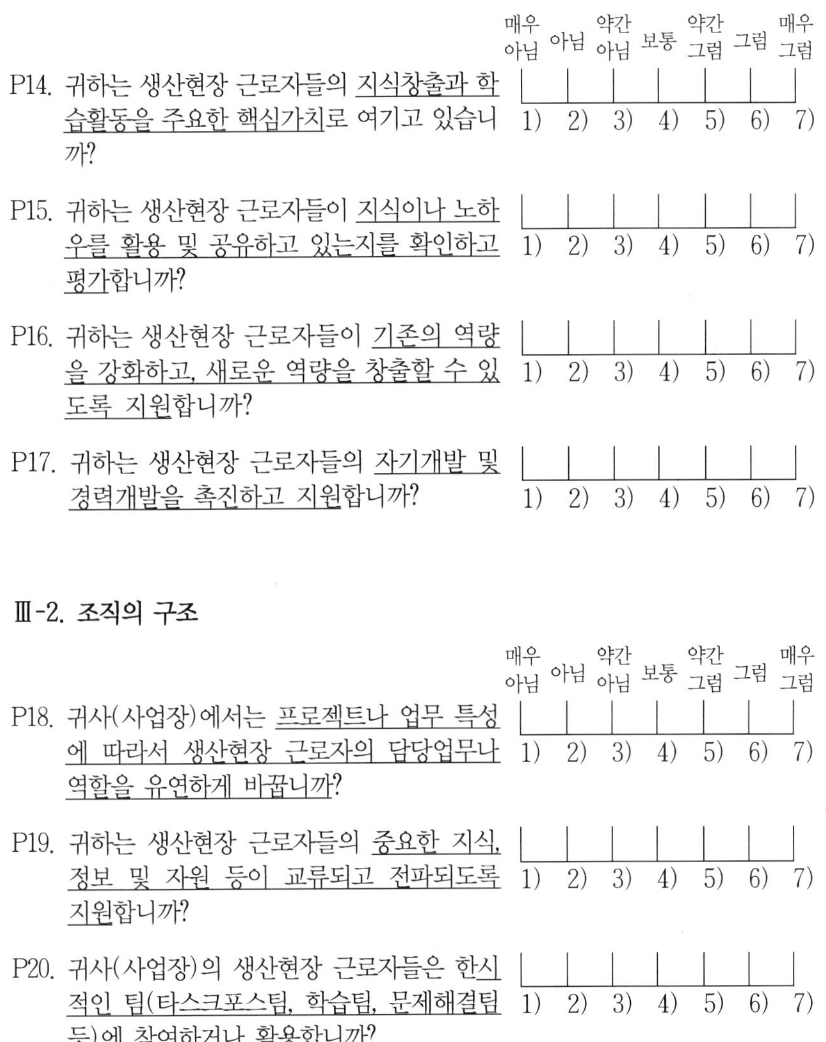

	매우 아님	아님	약간 아님	보통	약간 그럼	그럼	매우 그럼
P14. 귀하는 생산현장 근로자들의 지식창출과 학습활동을 주요한 핵심가치로 여기고 있습니까?	1)	2)	3)	4)	5)	6)	7)
P15. 귀하는 생산현장 근로자들이 지식이나 노하우를 활용 및 공유하고 있는지를 확인하고 평가합니까?	1)	2)	3)	4)	5)	6)	7)
P16. 귀하는 생산현장 근로자들이 기존의 역량을 강화하고, 새로운 역량을 창출할 수 있도록 지원합니까?	1)	2)	3)	4)	5)	6)	7)
P17. 귀하는 생산현장 근로자들의 자기개발 및 경력개발을 촉진하고 지원합니까?	1)	2)	3)	4)	5)	6)	7)

Ⅲ-2. 조직의 구조

	매우 아님	아님	약간 아님	보통	약간 그럼	그럼	매우 그럼
P18. 귀사(사업장)에서는 프로젝트나 업무 특성에 따라서 생산현장 근로자의 담당업무나 역할을 유연하게 바꿉니까?	1)	2)	3)	4)	5)	6)	7)
P19. 귀하는 생산현장 근로자들의 중요한 지식, 정보 및 자원 등이 교류되고 전파되도록 지원합니까?	1)	2)	3)	4)	5)	6)	7)
P20. 귀사(사업장)의 생산현장 근로자들은 한시적인 팀(타스크포스팀, 학습팀, 문제해결팀 등)에 참여하거나 활용합니까?	1)	2)	3)	4)	5)	6)	7)

Ⅳ. 학습조직의 프로세스

Ⅳ-1. 지식공유

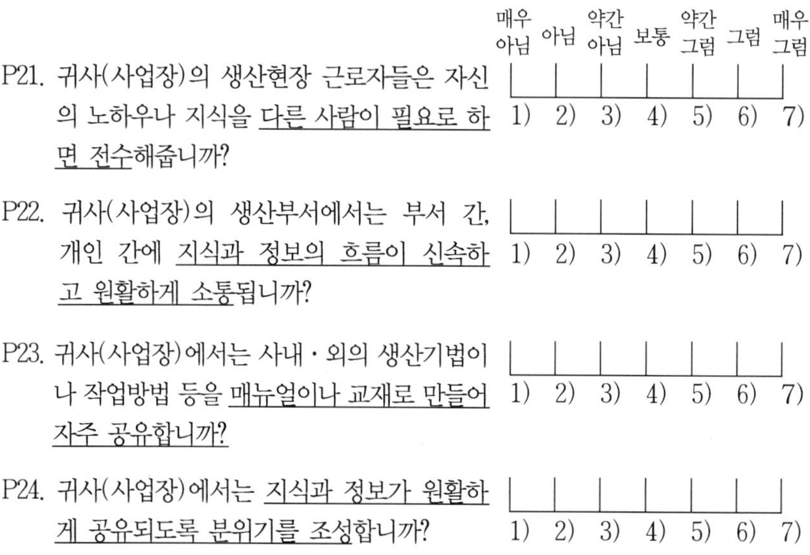

P21. 귀사(사업장)의 생산현장 근로자들은 자신의 노하우나 지식을 <u>다른 사람이 필요로 하면 전수해줍니까?</u>
1) 2) 3) 4) 5) 6) 7)

P22. 귀사(사업장)의 생산부서에서는 부서 간, 개인 간에 <u>지식과 정보의 흐름이 신속하고 원활하게 소통됩니까?</u>
1) 2) 3) 4) 5) 6) 7)

P23. 귀사(사업장)에서는 사내·외의 생산기법이나 작업방법 등을 <u>매뉴얼이나 교재로 만들어 자주 공유합니까?</u>
1) 2) 3) 4) 5) 6) 7)

P24. 귀사(사업장)에서는 <u>지식과 정보가 원활하게 공유되도록 분위기를 조성합니까?</u>
1) 2) 3) 4) 5) 6) 7)

> 다음은 학습조직을 통하여 나타난 성과에 관한 내용(Ⅴ)입니다. 각 문항을 읽고, 1년 전과 비교하여 해당 항목에 "∨" 표시하여 주시기 바랍니다. 또한 복수의 제품을 생산하는 경우 가중 평균한 기존의 자료에 의하거나, 기존의 자료가 없을 경우 대표 제품을 기준으로 응답하여 주시기 바랍니다.

Ⅴ. 조직차원의 성과

Ⅴ-1. 생산성 향상

P25. 귀사(사업장)의 '99년 대비 2000년의 <u>노동생산성(생산량/근로자수)</u> 증감정도는?   (   )%(증가, 감소)

P26. 귀사(사업장)에서 '99년 대비 2000년의 <u>제품 재고회전율((출고량/재고량)×100)</u> 증감정도는?   (   )%(증가, 감소)

P27. 귀사(사업장)에서 '99년 대비 2000년의 <u>제품</u>　（　　）
　　　<u>1개당 소요된 제조시간의 증감</u>은?(증가한
　　　경우는 +, 감소한 경우는 -로 표시)

P28. 귀사(사업장)에서 '99년 대비 2000년의 <u>제</u>　（　　）
　　　<u>품 1개당 제조비용의 증감</u>은?(증가한 경
　　　우는 +, 감소한 경우는 -로 표시)

V-2. 품질 향상

P29. 귀사(사업장)에서 '99년 대비 2000년의 <u>생산</u>　（　　）%(증가. 감소)
　　　<u>제품의 공정불량률((불량품/생산품)×100)</u>
　　　<u>증감정도</u>는?

P30. 귀사(사업장) 제품에 대한 '99년 대비 2000　（　　）%(증가, 감소)
　　　년의 <u>소비자의 클레임률((클레임수/판매</u>
　　　<u>량)×100) 증감정도</u>는?

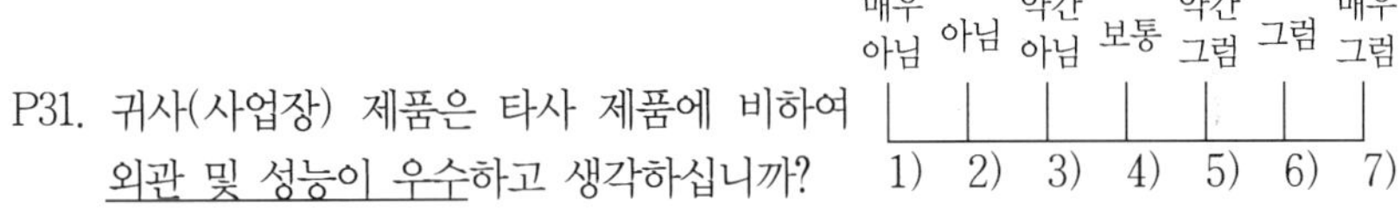

P31. 귀사(사업장) 제품은 타사 제품에 비하여
　　　<u>외관 및 성능이 우수</u>하고 생각하십니까?　　1)　2)　3)　4)　5)　6)　7)

P32. 귀하는 귀사(사업장) 제품이 <u>소비자들의</u>
　　　<u>욕구를 만족</u>시키고 있다고 생각하십니까?　1)　2)　3)　4)　5)　6)　7)

V-3. 생산혁신

P33. 귀사(사업장)에서 2000년에 접수된 <u>생산현</u>　（　　）건
　　　<u>장 근로자 1인당 제안건수</u>는 몇 건입니까?

P34. 귀사(사업장)의 생산현장에서 2000년에 실　（　　）회
　　　시한 <u>1분임조(개선팀, 문제해결팀)당 활동</u>
　　　은 몇 회 정도입니까?

| | 매우
아님 | 아님 | 약간
아님 | 보통 | 약간
그럼 | 그럼 | 매우
그럼 |

P35. 귀사(사업장)에서는 제안이나 분임조활동 등을 통한 생산혁신이 활발한 편입니까? 1) 2) 3) 4) 5) 6) 7)

P36. 귀사(사업장)에서 추진한 생산혁신이 효과적이라고 생각하십니까? 1) 2) 3) 4) 5) 6) 7)

P37. 귀사(사업장)의 생산혁신은 국내 경쟁사보다 앞서있다고 생각하십니까? 1) 2) 3) 4) 5) 6) 7)

> 다음은 귀하의 일반적인 사항으로서 인구통계학적 분석에 사용할 내용입니다. 각 문항을 읽고, 해당 항목에 "∨" 표시 또는 내용을 기입하여 주시기 바랍니다.

P38. 회사명(사업장명): 회사(사업장)

P39. 부서명(담당업무): 생산부서(   )

P40. 직위: 1) 생산부서 책임자(부장, 과장, 팀장)   2) 기타(   )

P41. 현 직장 근속년수: 년   개월

＝설문에 응해주셔서 대단히 감사합니다＝

생산부문의 학습조직 구축을 위한 설문지

(인력개발 책임자용)

안녕하십니까?

일선 산업현장에서 국가산업 발전을 위해 헌신하고 계시는 귀하의 노고에 경의를 표합니다.

금번 국민의 직업능력개발과 평생교육의 실현을 위하여 각종 연구업무를 수행하고 있는 정부 출연 연구기관인 한국직업능력개발원에서는, 생산부문에서 학습조직의 수준과 학습의 성과 간에는 어떠한 관련성이 있는지를 탐색하고 실천적인 학습조직의 구축방안에 대한 연구 중에 있습니다. 본 설문지는 이러한 연구 분야의 목적을 달성하기 위하여 **인력개발 책임자용**으로 작성된 것입니다.

귀하께서 응답하신 내용은 연구목적 이외에는 사용되지 않을 것이며, 본 연구수행에 귀하의 협조가 절실히 요구되므로 바쁘시더라도 진솔하고 성의 있는 응답을 부탁드립니다.

귀하의 앞날에 무궁한 발전과 건승이 있으시기 바랍니다.

2001. 8. 연구자 김 수 원

■ 주　소: 135-102

　　　　서울특별시 강남구 청담2동 15-1

　　　　한국직업능력개발원 직업능력개발연구실

■ 연구자: 김수원(Tel.02-3485-5167, E-mail.swkim@krivet.re.kr)

　　　　정규석(Tel.031-250-6149, E-mail.KSCHUNG@kangwon.ac.kr)

일러두기

1. 학습조직이라는 용어는 학자 또는 기업에 따라 다양하게 정의되거나 실현되고 있습니다. 일반적으로 학습조직이란 "일상적인 업무활동 속에서 새로운 지식 및 정보를 신속하고 효과적으로 창출·공유·활용하여 주위 환경의 변화와 위기에 대처함으로써 조직 및 조직원의 성과, 고객의 만족을 지속적으로 향상시켜 나가는 조직"으로 정의할 수 있습니다.

   서구 산업계에서는 학습조직이 1990년대 초반부터 확산되고 있고, 우리나라에는 현재 일부의 대기업을 중심으로 도입하여 실행되고 있습니다. 따라서 대부분의 기업이나 사람들에게는 생소한 용어일 수도 있습니다.

   그러나 학습조직이라는 개념 속에는 대부분의 기업에서 그 동안 추진해온 인력개발, 교육훈련, 연수, 업무 개선, 업무 순환, 연구개발, 기술 습득 및 도입, 생산성 배가 운동, TQM, 6시그마 운동, 무결점 운동, 분임조활동, 고객감동 운동, 사업기회 개발, 비용절감 운동 등의 내용을 포함하고 있습니다. 또한 많은 수의 우리나라 기업들은 경영환경의 변화, 특히 IMF 사태를 계기로 개념의 도입이 없이 자생적으로 학습조직의 형태를 형성해가고 있는 것으로 조사되었습니다.

   그러므로 귀하께서는 학습조직이라는 용어 자체를 염두에 두지 마시고 본 설문지의 질문내용에 따라 진솔하고 성의 있는 답변을 부탁드립니다.

2. 귀사에서 여러 개의 사업장을 운영하고 있는 경우, 귀하께서 현재 근무하고 계시는 사업장을 중심으로 답변하여 주시기 바랍니다. 단, 22번, 23번, 24번 문항은 회사 전체의 입장에서 답변하여 주시기 바랍니다.

> 다음은 귀하께서 근무하고 계시는 회사(사업장)의 '학습조직의 전반적인 사항'을 파악하고자 하는 내용(Ⅰ)입니다. 각 문항을 읽고, 해당 항목에 "∨" 표시하여 주시기 바랍니다.

Ⅰ. 학습조직의 일반수준

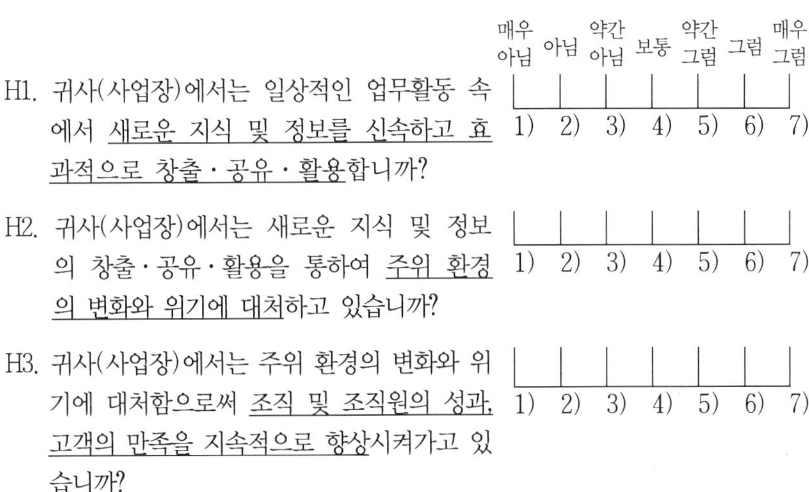

H1. 귀사(사업장)에서는 일상적인 업무활동 속에서 <u>새로운 지식 및 정보를 신속하고 효과적으로 창출·공유·활용</u>합니까?

H2. 귀사(사업장)에서는 새로운 지식 및 정보의 창출·공유·활용을 통하여 <u>주위 환경의 변화와 위기에 대처</u>하고 있습니까?

H3. 귀사(사업장)에서는 주위 환경의 변화와 위기에 대처함으로써 <u>조직 및 조직원의 성과, 고객의 만족을 지속적으로 향상</u>시켜가고 있습니까?

> 다음은 귀하께서 근무하고 계시는 회사(사업장)의 '학습조직의 활성화 정도 또는 수준'을 파악하고자 하는 내용(Ⅱ~Ⅲ)입니다. 각 문항을 읽고, 해당 항목에 "∨" 표시하여 주시기 바랍니다.

Ⅱ. 학습조직의 시스템

Ⅱ-1. 정보시스템

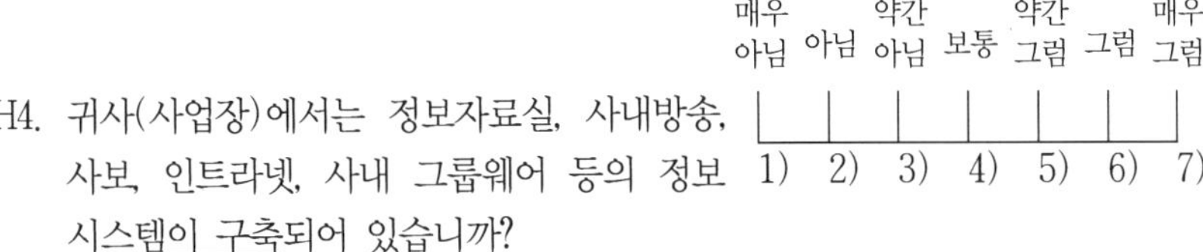

H4. 귀사(사업장)에서는 정보자료실, 사내방송, 사보, 인트라넷, 사내 그룹웨어 등의 정보시스템이 <u>구축</u>되어 있습니까?

매우　　　약간　　약간　　매우
아님　아님　아님　보통　그럼　그럼　그럼

H5. 귀사(사업장)의 생산현장 근로자들은 회사 내 정보시스템이나 장비 등에 손쉽게 접근할 수 있습니까?

　　1)　2)　3)　4)　5)　6)　7)

H6. 귀사(사업장)의 생산현장 근로자들은 회사 내 정보시스템의 이용방법을 알고, 이를 업무처리에 활용합니까?

　　1)　2)　3)　4)　5)　6)　7)

Ⅱ-2. 보상시스템

매우　　　약간　　약간　　매우
아님　아님　아님　보통　그럼　그럼　그럼

H7. 귀사(사업장)에서는 생산현장 근로자들이 새로운 아이디어를 창출하는 것을 평가하고 보상에 반영합니까?

　　1)　2)　3)　4)　5)　6)　7)

H8. 귀사(사업장)에서는 생산현장 근로자들이 새로운 지식이나 기술을 습득하는 것을 평가하고 보상에 반영합니까?

　　1)　2)　3)　4)　5)　6)　7)

H9. 귀사(사업장)에서는 생산현장 근로자들이 노하우나 전문지식을 전파하거나 공유하는 것을 평가하고 보상에 반영합니까?

　　1)　2)　3)　4)　5)　6)　7)

H10. 귀사(사업장)에서는 본인의 아이디어뿐만 아니라 다른 부서의 아이디어를 채택하여 실행하는 근로자도 인정해줍니까?

　　1)　2)　3)　4)　5)　6)　7)

Ⅲ. 학습조직의 프로세스

Ⅲ-1. 지식저장

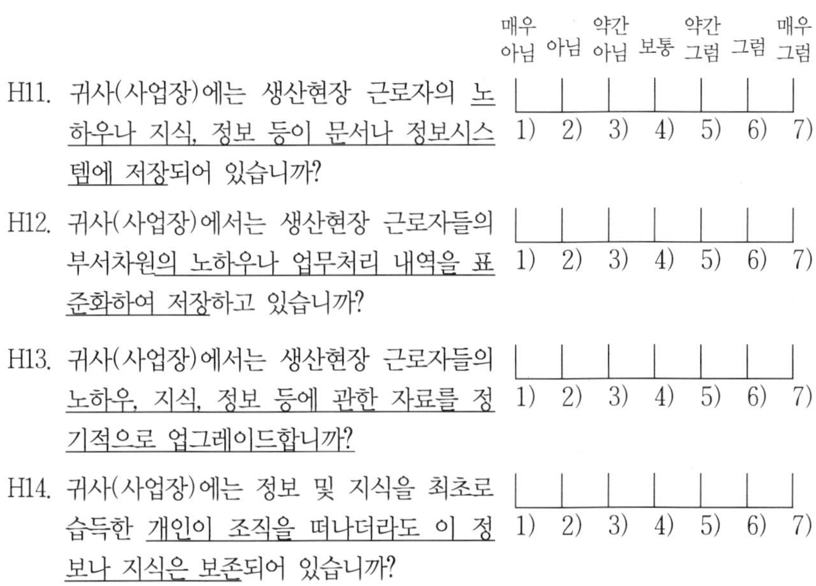

> 다음은 귀하께서 근무하고 계시는 회사(사업장)의 '학습조직 운영의 개선방
> 안'을 모색하고자 하는 내용(Ⅳ~Ⅴ)입니다. 각 문항을 읽고, 해당 항목에
> "∨" 표시하여 주시기 바랍니다.

Ⅳ. 학습조직의 운영 실태

H15. 귀사(사업장)에는 학습조직(인력개발, 교육훈련 포함) 관련 담당부서가
     있습니까?

1) 있다(16, 17번 문항에 응답하시고 19번 문항으로 가세요)

2) 없다(18번 문항에 응답하시고 19번 문항으로 가세요)

H16. 귀사(사업장)의 <u>학습조직(인력개발, 교육훈련 포함)</u> 관련 담당부서는 어느 수준에서 운영하고 있습니까?

    1) 임원급을 중심으로 운영한다.
    2) 부장급을 중심으로 운영한다.
    3) 과장급을 중심으로 운영한다.
    4) 기타(   )

H17. 귀사(사업장)의 학습조직<u>(인력개발, 교육훈련 포함)</u> 관련 담당부서 내 <u>생산부문 담당인력</u>은 몇 명 정도 있습니까?

    1) 2명 이상
    2) 1명
    3) 별도로 없다

H18. 귀사(사업장)의 <u>학습조직(인력개발, 교육훈련 포함)</u> 관련 담당부서는 어디에 해당됩니까?

    1) 담당조직은 없으나 담당자가 있다.
    2) 필요할 때 담당자를 임명한다.
    3) 담당부서와 담당자 모두 없다.
    4) 기타(   )

V. 학습조직 운영의 개선사항

H19. <u>생산부문의 학습조직('일러두기' 참조)</u>을 촉진하기 위하여 <u>개선되어야 할</u>
<u>사항</u>은 무엇이라고 생각하십니까?(3가지를 선택하여 괄호 속에 우선순위
를 1, 2, 3 등으로 기재하여 주십시오)

1순위(　　　) 2순위(　　　) 3순위(　　　)

1) 경영자의 인식이 바뀌어야 한다.
2) 근로자 개개인의 인식이 바뀌어야 한다.
3) 체계적인 계획이 설정되어야 한다.
4) 전담인력이 확보되어야 한다.
5) 정보시스템을 재구축하여야 한다.
6) 평가/보상 시스템을 재구축하여야 한다.
7) 회사의 조직구조가 유연하게 바뀌어야 한다.
8) 정부차원의 행·재정적 지원이 있어야 한다.
9) 연구자료 및 연수프로그램이 제공되어야 한다.
10) 기타(　　　　　　　　　　　　　　　　)

H20. <u>생산부문의 학습조직('일러두기' 참조)</u>을 구축하는 과정에서 <u>방해가 되는</u>
<u>요인</u>은 무엇이 있었습니까?(3가지를 선택하여 괄호 속에 우선순위를 1,
2, 3 등으로 기재하여 주십시오)

1순위(　　　) 2순위(　　　) 3순위(　　　)

1) 상호신뢰 부족
2) 원활하지 못한 의사소통
3) 제한된 비전 공유
4) 부문 간 협력 부족
5) 편협한 사고

6) 빈약한 리더십
7) 비효율적 정보시스템
8) 평가·보상체계 미비
9) 관료적 조직구조
10) 기타(   )

다음은 귀사 및 귀하의 일반적인 사항으로서 인구통계학적 분석을 위한 내용입니다. 각 문항을 읽고, 해당 항목에 "∨" 표시 또는 내용을 기입하여 주십시오.

H21. 회사명(사업장명): 회사(사업장)

H22. 회사의 설립년도: 년

H23. 회사의 총 종업원수: 명

H24. 회사의 2000년도 매출액: 억 원

H25. 부서명:

H26. 직위: 1) 부장, 과장, 팀장   2) 기타(   )

H27. 현 직장 근속년수: 년   개월

=설문에 응해주셔서 대단히 감사합니다=

· 저자 ·

정규석　**· 약　력 ·**
(鄭圭錫)　서울대학교 공과대학 조선공학과 졸업
　서울대학교 대학원 경영학과 석사과정 졸업
　한국과학기술원 산업공학과 석사과정 졸업
　한국과학기술원 경영과학과 박사과정 수료
　홍익대학교 대학원 경영학과 박사과정 졸업

　현재 강원대학교 경영학과 교수
　대우자동차 기획실 근무
　대우중공업 경영개선(TQC)추진본부 근무
　품질경영학회 이사, 기획위원장, 연구회분과위원장
　생산관리학회 이사, 부회장
　중소상공인 학회 부회장
　한국 PL 학회 부회장
　한국경영과학회 이사
　미국 남가주대(USC) 방문교수
　미국 일리노이대(어바나샴페인) 방문교수
　한국방침관리연구회 지도교수
　한국개선활동제안연구회(KIKAS) 지도교수
　품질경영(관리)대상 심사위원
　경영생산성대상(대통령상) 심사위원
　전국품질분임조경진대회 심사위원

· 주요논저 ·
「단기시계열 예측기법에 관한 비교연구」
「TQM의 전략적 특성에 관한 연구」
「방침관리 용어의 개념정립에 관한 연구」
「강원지역기업의 당면문제와 성장전략」
「성장곡선을 이용한 횡단면 분석에 의한 내구재의 장기수요예측 모형」
「교체수요 예측모형에 관한 연구」
「방침관리에 있어서 시책관리 모형 개발」
「Generalized Replacement Demand Forecasting to Complement Diffusion Models」
「우리나라 TQC추진의 반성과 품질경영 추진에서의 과제」
「QM은 TQC의 연속선상에 있는가?」
「총체적 품질과 품질개념의 체계화」
『방침관리 시스템 운영및 개선』
『품질경영 어떻게하나』(공저)
『QM 우수사례 조사연구』
『한국의 세계화 전략: 국가 및 기업의 경쟁력제고를 위하여』
『품질경영 장기발전방향 수립 연구』(공저)
『제조업 품질경쟁력 백서』(공저)
『품질경쟁력 모형과 평가지표』(공저)
외 다수

· **저자** ·

김수원　·**약　력**·
(金樹源)

동아대학교 경영대학 경영학과 졸업
강원대학교 대학원 경영학과 석사과정 졸업
강원대학교 대학원 경영학과 박사과정 졸업

현재 한국직업능력개발원 연구원
한국산업인력공단 연구개발실, 부산기능대학 근무
통일부 하나원 강사
강원대학교 경영학과 시간강사
춘천기능대학 생산관리 시간강사
인천기능대학 생산관리 시간강사
직업과고용서비스연구회 회장
한국교육개발원 교육현안문제 모니터위원
중소기업직업훈련컨소시엄 심사위원

·**주요논저**·

「기업의 현장훈련 실태와 정책적 추진과제」
「기업의 학습공동체 실태 분석과 과제」(공저)
「기업의 인적자원개발을 위한 교육훈련 투자 행태 분석」(공저)
「우리나라 기업체의 인적자원개발 실태분석」(공저)
「생산부문에서의 학습조직 구축을 위한 조직원 차원의 성공요인」(공저)
「생산부문에서의 학습조직 구축을 위한 지원시스템 성공요인에 관한 연구」(공저)
「지식정보화 사회에서의 산학협동교육 방향에 관한 고찰」
「기업내 근로자훈련의 현황 및 실태 분석」(공저)
『인적자원개발 중심의 산학협력체제 구축』(공저)
『청소년직장체험프로그램 사업의 효과성 조사』(공저)
『산업단지 근로자의 인적자원개발 실태 및 수요 분석』(공저)
『기업 조직구성원의 전문성 지원을 위한 학습공동체 구축방안』(공저)
『기능인력의 근로조건 및 노동과정 실태와 근로생활의 질(QWL) 향상방안』(공저)
『산업구조 및 노동시장 환경변화를 고려한 재직근로자훈련의 역할 정립과
　개선방안』(공저)
『e-Learning시스템에서의 학습자의 자기효능감에 대한 기술 수용영향 분석』
『기업인사제도에서의 기술·기능 장려방안』(공저)
외 다수

생산부문 학습조직, 어떻게 구축할 것인가?
- 생산부문 학습조직의 결정요인 -

• 초판 인쇄	2006년 3월 27일
• 초판 발행	2006년 3월 27일
• 지 은 이	정규석 · 김수원
• 펴 낸 이	채종준
• 펴 낸 곳	한국학술정보㈜
	경기도 파주시 교하읍 문발리 526-2
	파주출판문화정보산업단지
	전화　031) 908-3181(대표) · 팩스　031) 908-3189
	홈페이지　http://www.kstudy.com
	e-mail(e-Book사업부)　ebook@kstudy.com
• 등　　록	제일산-115호(2000. 6. 19)
• 가　　격	17,000원

ISBN　89-534-4872-7 93320 (Paper Book)
　　　　89-534-4873-5 98320 (e-Book)